天大法学文库

孙佑海 主编

本书受天津市2021年度哲学社会科学规划课题《乡村振兴战略下放活宅基地使用权的法律实现研究》资助，项目编号：TJFX21-006

城乡融合的建设用地统一市场构建研究

杨雅婷 —— 著

法律出版社 | LAW PRESS

—— 北京 ——

图书在版编目(CIP)数据

城乡融合的建设用地统一市场构建研究 / 杨雅婷著
. -- 北京 : 法律出版社, 2023
(天大法学文库 / 孙佑海主编)
ISBN 978 -7 -5197 -7955 -9

Ⅰ. ①城… Ⅱ. ①杨… Ⅲ. ①城乡建设–土地利用–土地市场–土地管理法–研究–中国 Ⅳ. ①D922.324

中国国家版本馆 CIP 数据核字(2023)第 091901 号

天大法学文库	**城乡融合的建设用地统一市场构建研究** **CHENGXIANG RONGHE DE JIANSHE YONGDI TONGYI SHICHANG GOUJIAN YANJIU**	杨雅婷 著	策划编辑 似 玉 责任编辑 似 玉 装帧设计 鲍龙卉

出版发行 法律出版社
编辑统筹 法律应用出版分社
责任校对 王 丰 郭艳萍
责任印制 刘晓伟
经　　销 新华书店

开本 710 毫米×1000 毫米 1/16
印张 19.5 **字数** 288 千
版本 2023 年 6 月第 1 版
印次 2023 年 6 月第 1 次印刷
印刷 北京建宏印刷有限公司

地址:北京市丰台区莲花池西里 7 号(100073)
网址:www.lawpress.com.cn
投稿邮箱:info@lawpress.com.cn
举报盗版邮箱:jbwq@lawpress.com.cn
销售电话:010 - 83938349
客服电话:010 - 83938350
咨询电话:010 - 63939796

书号:ISBN 978 - 7 - 5197 - 7955 - 9
定价:78.00 元

凡购买本社图书,如有印装错误,我社负责退换。电话:010 - 83938349

总　序

作为中国第一所现代化大学，天津大学已经走过了一百二十余载的风雨历程，其前身北洋大学是中国教育史乃至整个近现代史的一座伟大丰碑。如今，当人们谈起这座位于渤海之滨的学术殿堂时，首先想到的或许是其工科特色。的确，天津大学的建筑、精密仪器等学科远近闻名。然而，天津大学不仅有严谨、担当的工科，还有深厚的法科底蕴。在北洋大学创办之初，法科（律例学门）就位列各学科之首，开创了中国现代高等法学教育的先河。作为中国的第一所现代化大学，天津大学颁发出我国第一张大学文凭不足为奇，巧合的是，第一张大学文凭的获得者恰恰是法科学生——王宠惠，这不仅是天大法学人的骄傲，更是值得中国法学界铭记的历史时刻。

北洋法学有着辉煌的历史，曾培养出张太雷、王宠惠、徐谟、王正廷等杰出校友。张太雷同志是杰出的无产阶级革命家，著名的政治活动家、宣传家，中国共产党和人民军队早期重要领导人之一，为中国革命做出卓越贡献。王宠惠先生曾将德文版《德国民法典》译成英文作为英美法系国家的法学教材，并赢得法学界的广泛赞誉，他还代表中国参加《开罗宣言》的起草，代表中国参加《联合国宪章》的签署，为维护国家利益进行了不懈斗争。徐谟先生学贯中西，国际法功底深厚，曾担任国际法院大法官。王正廷先生是著名的国际法学家，为废除不平等条约做出重要贡献，还积极推动奥林匹克运动在中国的发展，被誉为“中国奥运之父”。

由于种种原因，天津大学的法科教育一度中断。直到1994年设立经济法专业，1997年成立法学系。2015年是天大法学的重要时刻，在党和国家领导人与学校的大力支持下，天津大学正式复建法学院。自学院复建以来，在全体教师共同努力和社会各界支持下，天津大学法学院在教书育人、高水平论文、科研项目、国际化、新法科建设等方面都取得重要突破。2019年，在社会各界的大力支持下，天津大学获批法学一级学科博士学位授予权，这既是对天津大学法学的肯定，也是对我们的鞭策。

“天大法学文库”旨在继承和发扬前辈艰苦奋斗、勇于创新的精神，鼓励和促进天津大学法学院教师探索学术前沿、勇攀科学高峰，展示天大法学人的研究成果，加强与学界同人的交流与合作，为中国的法治事业略尽绵薄之力。

孙佑海

2019年12月

前　言

改革开放四十多年来,随着我国社会主义市场经济的逐步发展,土地的稀缺性及其资产特性越来越受到关注,土地也由既往的无偿、无期限、无流动使用模式趋变为有偿、有限期、可流动的使用。作为市场中的一种特殊资产,土地使用权进入市场流通,受市场机制调整成为一种必然。

自 20 世纪 90 年代以来,我国城市国有建设用地使用权流转市场逐步建立并形成,国有建设用地使用权在市场配置中的范围和数量不断扩大。2002 年原国土资源部出台了《招标拍卖挂牌出让国有土地使用权规定》,使国有土地使用权的市场配置实现了新的突破。该年,有偿使用和市场配置的国有土地面积占城市国有建设用地总面积的比例由 1992 年的不足 2% 上升到了 24%;全国招标拍卖挂牌出让的国有土地面积达到 1.8 万公顷,是 2001 年的 273.8%;已有 1258 个市县建立了土地收购储备机制,1198 个市县建立了国有土地有形市场。[①] 此后,全国通过招拍

① 参见国土资源部:《2002 年中国国土资源公报》,载中华人民共和国自然资源部官网:http://www.mnr.gov.cn/sj/tjgb/201807/t20180704_1997932.html,最后访问日期:2021 年 8 月 28 日。

挂出让的土地面积占出让总面积的比例也在逐年上升。①（见图1）

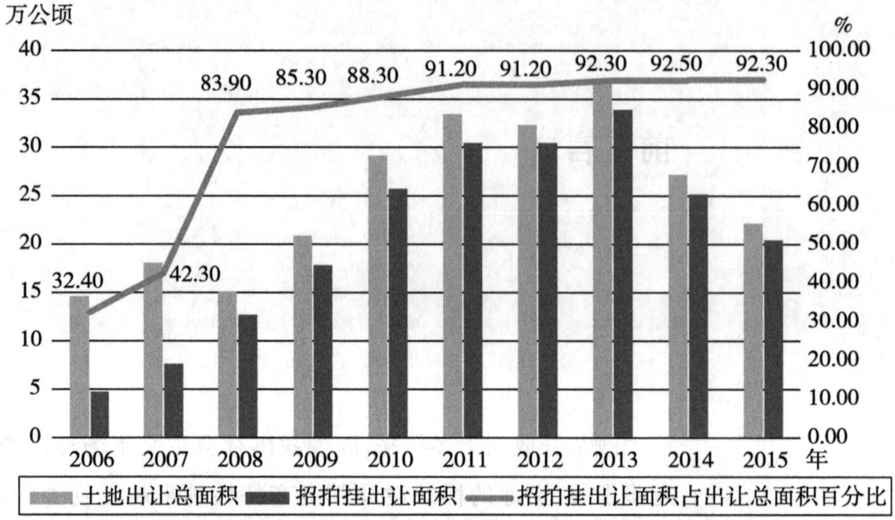

图1 2006～2015年招拍挂出让土地面积占出让总面积的比例

随着招拍挂竞价出让土地制度的推行，我国城市国有建设用地市场运行机制也逐渐建立并成熟。国有土地使用权通过公开市场交易手段进行流转，最大限度地保障了国有建设用地所有权人即国家的利益，并通过市场方式实现了国有土地资源的优化配置。但与此同时，国土市场竞价带来的城市房地产价格的快速上涨也在一定程度上显现了土地市场存在的问题，其中备受诟病的就是国有土地供应的垄断性。

我国拥有广袤的农村土地，从用途上看分为农用地、建设用地和未利用地。而农村的集体建设用地与国有土地一样用作非农建设，却长期被法律禁锢，不能入市流转。② 很长一段时期内集体建设用地进行流转的唯一合法途径就是通过征收程序变为国家所有。在城镇化快速发展阶段，农村土地被恣意

① 参见自然资源部网站各年国土资源公报。2016年及以后国土统计数据中不再显示招拍挂比例。

② 2019年修订之前的《土地管理法》第63条规定：农民集体所有的土地的使用权不得出让、转让或者出租用于非农业建设；但是，符合土地利用总体规划并依法取得建设用地的企业，因破产、兼并等情形致使土地使用权依法发生转移的除外。

征收严重,征收补偿标准过低、土地用途转换增值收益分配不公等问题突出,农民利益遭到巨大损失。陈锡文曾指出:如果说计划经济时代的“剪刀差”让农民付出了6000亿~8000亿元的代价的话,那么改革开放以来通过低价征用农民的土地,最少使农民蒙受了2万亿元的损失。① 党国英更是推算:仅以2002年为例,中国农民无偿放弃的土地财产权价值相当于26万亿元人民币。② 随着土地价值的不断凸显,集体土地只能被征收后进入建设市场的制度安排因引发日趋激化的社会矛盾而备受诟病。农民和政府在困境中积极探索,试图寻求一条更具公平和效率的土地流转路径。

20世纪90年代初,在经济最先起步的东南沿海地区开始出现了集体建设用地的自发流转。1999年,安徽芜湖被原国土资源部确立为全国第一个农民集体建设用地流转试点市,以探索集体建设用地流转的运行机制和管理模式。此后各地纷纷涌现了以出让、转让、出租、作价(入股)投资等形式进行的集体建设用地流转现象,逐渐形成了关系错综复杂而庞大的集体建设用地“隐形市场”。

2005年,广东省以集体与国有建设用地“同地、同价、同权”的号角吹响了允许集体建设用地合法入市,与国有土地纳入统一土地市场的华丽篇章。广东省政府出台的《集体建设用地使用权流转管理办法》在一定程度上解决了土地制度滞后于经济发展所产生的矛盾,率先打破了政府垄断土地一级市场格局,改变了城乡分割的二元土地制度,形成以私权保护农民土地权益的法律体系,对我国土地制度的创新和发展具有重大意义。

在广东省“同地、同价、同权”的思想号召下,各地纷纷出台了集体建设用地流转管理办法,为集体建设用地流转提供地方性法规依据。2008年党的十七届三中全会发布的《中共中央关于推进农村改革发展若干重大问题的决定》提出要逐步建立城乡统一的建设用地市场,对依法取得的农村集体经营性建设用地,必须通过统一有形的土地市场、以公开规范的方式转让土地使用权,在符合规划的前提下与国有土地享有平等权益。2014年中央全面深化改革领

① 陈锡文:《农民增收需打破制度障碍》,载《经济前沿》2002年第11期。

② 党国英:《城乡差距的非公正性及其矫正》,载《改革》2011年第6期。

导小组第七次会议审议的《关于农村土地征收、集体经营性建设用地入市、宅基地制度改革试点工作的意见》中指出："针对农村集体经营性建设用地权能不完整，不能同等入市、同权同价和交易规则亟待健全等问题，要完善农村集体经营性建设用地产权制度，赋予农村集体经营性建设用地出让、租赁、入股权能；明确农村集体经营性建设用地入市范围和途径；建立健全市场交易规则和服务监管制度。"在上述政策指导下，2015 年原国土资源部启动新一轮农村土地制度改革，设立 33 个试点市县，暂停适用当时《土地管理法》第 63 条和《城市房地产管理法》第 9 条关于集体建设用地使用权不得出让等规定，探索集体经营性建设用地入市。截至 2018 年年底试点工作结束时，集体经营性建设用地已入市地块 1 万余宗，面积 9 万余亩，总价款约 257 亿元，收取调节金 28.6 亿元，办理集体经营性建设用地抵押贷款 228 宗、38.6 亿元。[①] 试点地区在集体经营性建设用地入市方面因地制宜、大胆探索、总结经验，形成了制度性成果，取得了显著成效，为《土地管理法》等法规的修改提供了实践依据。

基于此，2019 年 8 月《土地管理法》修正，删除了集体建设用地严格限制流转的规定，明确土地利用总体规划、城乡规划确定为工业、商业等经营性用途，并经依法登记的集体经营性建设用地，土地所有权人可以通过出让、出租等方式交由单位或者个人使用，确立了集体经营性建设用地流转入市制度。结束了多年来集体建设用地不能与国有建设用地同权同价同等入市的二元体制，为推进城乡一体化发展扫清了法律障碍。这里需要注意的是，集体建设用地使用权入市限于经营性用地，用于建造住宅的农村宅基地是不包括在内的。关于宅基地仅在试点中探索了宅基地审批权下放、有偿使用和自愿有偿退出等制度，并在《土地管理法》修改中予以了体现。但涉及宅基地流转的"三权分置"改革因在 2018 年中央一号文件《中共中央、国务院关于实施乡村振兴战略的意见》中才作出部署，试点范围还比较窄，时间比较短，尚未形成可复制和推

---

① 参见《国务院关于农村土地征收、集体经营性建设用地入市、宅基地制度改革试点情况的总结报告》。

广的制度经验,因此,并未在立法中进行规范,尚处在实践探索阶段。①

在集体经营性建设用地刚刚允许入市,宅基地"三权分置"放活使用权尚在改革的背景下,集体建设用地使用权流转市场尚未完全建立起来,诸多产权问题、市场运行和收益分配等机制尚亟待澄清和规范,与国有建设用地使用权市场的对接和协调发展仍需厘清思路,城乡建设用地统一市场的构建和培育依然任重而道远。

乡村振兴战略下,城乡融合的建设用地统一市场构建的关键在于集体经营性建设用地入市制度的完善和宅基地流转制度的改革。关于集体经营性建设用地入市制度,学术界讨论已久。对集体建设用地流转问题的研究开始于20世纪90年代中期,当时研究的重心主要体现为两个问题:一是集体建设用地是否应该进入土地市场,即集体建设用地入市是否具有合理性和必然性;二是集体建设用地应该怎样进入土地市场,即集体建设用地市场的运行模式问题。在对第一个问题的回答上虽曾有集体建设用地不得进入市场和应当入市流转的两种相反观点的争辩,但随着我国土地使用制度改革政策的逐步推进,关于集体建设用地能否流转的问题日趋明朗,理论界大多数学者认为,为适应市场经济的确立和运行,集体建设用地进入市场流转具有其合理性和必然性。对于第二个问题即集体建设用地应怎样进入土地市场的回答则存在较大的分歧,主要有"转权让利"与"保权让利"之争。前者认为,②应将流转中的集体建设用地,包括新增用地和存量用地,全部征为国有后再统一出让给土地使用者。为促进转权的顺利进行,在转权的过程中,给予原土地所有者、使用者、乡镇基础设施投资者以合理补偿,即让利。让利的方式有返还土地出让金,返还土地使用权,免收地租等方式。后者则认为,③集体土地所有权与国家土地所有权在民事地位上平等,所有权的权能充分,应当同等对待。具体来说,即仿照国有土地有偿使用的方式,在不违反城乡规划、不冲击基本农田保护区的前

① 2020年6月,中央全面深化改革委员会第十四次会议审议通过了《深化农村宅基地制度改革试点方案》,再次部署试点工作探索落实宅基地"三权分置"。

② 参见马保庆等:《非农业建设土地使用制度改革研究及应用》,载《中国土地科学》1998年第4期。

③ 参见王卫国:《中国土地权利研究》,中国政法大学出版社1997年版,第190页。

提下,由集体经济组织将一定年限的集体建设用地使用权转让、出租或以其他方式提供给其他使用者,并获得相应土地收益。这些土地进入市场后,集体所有权的性质不变,集体所获土地收益可在国家与集体之间分配。①

随着中央政策对集体经营性建设用地入市流转的肯定,学术界对该制度的探讨逐渐转向入市涉及的具体问题之上。在产权方面,有学者提出,集体土地所有权与使用权在法律性质上的双重模糊性系"农地入市"乱象丛生的症结所在,"农地"产权由虚变实、由弱变强,是破解困境之路。② 亦有学者指出,明确"集体建设用地使用权"的用益物权地位是实现集体经营性建设用地"同等入市"改革目标的法制保障,③集体建设用地使用权应是建设用地使用权的下位阶概念,与国有建设用地使用权一样,可依出让或划拨方式设立,分别对应于经营性和非经营性用途,经登记而设立的集体建设用地使用权同样具有转让、出租、出资、赠与、抵押和继承等权能。④ 在入市规则方面,有学者从交易主体、客体范围、流转方式等方面进行了系统构建,⑤也有学者从规划、估价、税收等市场环境方面提出建立集体经营性建设用地市场有序、健康运行的制度保障。⑥ 有学者专门探讨了集体经营性建设用地收益分配机制,⑦也有学者重点研究了入市模式问题。⑧ 可以说,集体经营性建设用地入市流转制度近年来始

① 参见林建伟:《房地产法基本问题》,法律出版社 2006 年版,第 130 页。

② 参见侯银萍:《产权性质视角下的"农地入市"困境破解》,载《法学》2014 年第 5 期。

③ 参见温世扬:《集体经营性建设用地"同等入市"的法制革新》,载《中国法学》2015 年第 4 期。

④ 参见高圣平:《论集体建设用地使用权的法律构造》,载《法学杂志》2019 年第 4 期。

⑤ 参见宋志红:《集体建设用地使用权设立的难点问题探讨——兼析〈民法典〉和〈土地管理法〉有关规则的理解与适用》,载《中外法学》2020 年第 4 期;陈耀东:《集体经营性建设用地入市流转的法律进路与规则设计》,载《东岳论丛》2019 年第 10 期。

⑥ 参见张鹏:《当前农村集体经营性建设用地制度改革若干构想》,载《苏州大学学报(哲学社会科学版)》2014 年第 3 期。

⑦ 参见杨雅婷:《农村集体经营性建设用地流转收益分配机制的法经济学分析》,载《西北农林科技大学学报(社会科学版)》2015 年第 2 期;樊帆:《集体经营性建设用地流转收益分配研究——基于政府规制失灵的视角》,载《湖北社会科学》2016 年第 11 期;吴昭军:《集体经营性建设用地土地增值收益分配:试点总结与制度设计》,载《法学杂志》2019 年第 4 期。

⑧ 参见胡如梅、谭荣:《集体经营性建设用地统筹入市的模式选择》,载《中国土地科学》2021 年第 4 期;吕萍、于璐源、丁富军:《集体经营性建设用地入市模式及其市场定位分析》,载《农村经济》2018 年第 7 期。

终是学术界关注的焦点问题,也形成了较为成熟的研究成果。

关于宅基地流转改革的研究,随着法规政策的变化有不同侧重,大致可划分为三个阶段。

一是以《物权法》制定为背景的宅基地流转研究阶段(2000~2006年)。这一阶段成果不多,学者主要以《物权法》制定为契机对宅基地使用权应如何入法进行讨论。对于宅基地流转,有学者认为宅基地交易不是一个《物权法》可自作主张的问题。① 亦有学者认为不宜完全放开也不能完全禁止,而应允许流转下进行限制;②设置土地租赁权流转;③流转须遵循严格的条件和程序;④合理规范流转秩序。⑤ 也有学者认为应突破现行规定,允许宅基地进入土地交易市场,公开交易,自由流转。⑥

二是以小产权房治理为背景的宅基地流转研究阶段(2007~2014年)。该阶段实践中小产权房方兴未艾,但中央政策始终以对宅基地严格管理为主要基调。学术界多从小产权房现象为切入点探讨宅基地流转问题。在流转正当性方面,多数学者认为应当放开流转,⑦放开具有法理依据、⑧经济基础⑨和

---

① 参见孟勤国:《物权法开禁农村宅基地交易之辩》,载《法学评论》2005年第4期。

② 参见朱岩:《"宅基地使用权"评释 评〈物权法草案〉第十三章》,载《中外法学》2006年第1期。

③ 参见韩世远:《宅基地的立法问题——兼析物权法草案第十三章"宅基地使用权"》,载《政治与法律》2005年第5期。

④ 参见王崇敏、孙静:《农村宅基地使用权流转析论》,载《海南大学学报(人文社会科学版)》2006年第2期。

⑤ 参见刘广明:《农村宅基地的法理思考与制度完善》,载李昌麒主编:《经济法论坛》第2卷,群众出版社2004年版,第560~572页。

⑥ 参见张建华:《农村宅基地使用权流转模式探讨》,载《中国房地产》2005年第3期。

⑦ 参见宋宗宇、王热:《宅基地使用权的制度缺失与现实选择》,载《科学经济社会》2008年第1期;冯果、陈国进:《小产权房的法律问题分析及出路研究》,载《求索》2014年第5期。

⑧ 参见喻文莉:《转型期宅基地使用权流转之法理分析》,载《中国土地科学》2013年第2期;罗光宇、欧阳晨:《农村宅基地使用权流转的合法性探析》,载《西北农林科技大学学报(社会科学版)》2013年第2期。

⑨ 参见刘守英:《中国城乡二元土地制度的特征、问题与改革》,载《国际经济评论》2014年第3期;曹泮天:《宅基地使用权隐形流转的制度经济学分析》,载《现代经济探讨》2013年第4期。

实践要求,[①]但要有条件,[②]把握好相关的“度”。[③] 流转路径方面,学者在借鉴天津、温州、成都等实践模式基础上,[④]形成以下主要观点:通过设定法定租赁权,[⑤]设立长期居住权以化解宅基地限制流转困境;[⑥]赋予宅基地使用权处分权能;[⑦]允许流转但应赋权于本集体内部成员优先购买;[⑧]建立宅基地收回制度,农户与本集体共同对房屋和宅基地作出处分,[⑨]或储备为集体建设用地。[⑩]

三是以农地试点改革为背景的宅基地流转研究阶段(2015 年至今)。2015 年开启了 33 个市县农村土地制度试点改革,但在宅基地方面主要试点了有偿使用和有偿退出,在流转方面仍延续之前的研究思路。[⑪] 2018 年年初中央提出宅基地“三权分置”政策。自此,学界对宅基地的研究多转向“三权分置”。法

---

① 参见孙建伟:《农村宅基地实践背后的路径分析》,载《天府新论》2010 年第 3 期;贺雪峰:《土地问题的事实与认识》,载《中国农业大学学报(社会科学版)》2012 年第 2 期。

② 参见宋志红:《城市化进程中集体土地的整体转权》,载《国家行政学院学报》2010 年第 4 期。

③ 参见郑尚元:《宅基地使用权性质及农民居住权利之保障》,载《中国法学》2014 年第 2 期。

④ 参见崔宝敏:《天津市“以宅基地换房”的农村集体建设用地流转新模式》,载《中国土地科学》2010 年第 5 期;万广军:《宅基地使用权流转的新路径——成都“联建”政策的法经济学分析》,载《中州学刊》2011 年第 4 期;章合运:《基于成都联建房的宅基地联建房产权流动的实践、法律困境与突破》,载《中国土地科学》2013 年第 10 期。

⑤ 参见刘凯湘:《法定租赁权对农村宅基地制度改革的意义与构想》,载《法学论坛》2010 年第 1 期;陈耀东、吴彬:《“小产权”房及其买卖的法律困境与解决》,载《法学论坛》2010 年第 1 期。

⑥ 参见陶钟太朗:《论宅基地使用权的“另类”流转》,载《前沿》2009 年第 13 期。

⑦ 参见丁关良、蒋莉:《我国农村宅基地使用权转让制度改革研究》,载《中州学刊》2010 年第 5 期;吕军书:《物权效率视角下我国农村宅基地市场配置探微——兼论宅基地市场配置的风险防范》,载《法学杂志》2011 年第 7 期。

⑧ 参见陈小君、蒋省三:《宅基地使用权制度:规范解析、实践挑战及其立法回应》,载《管理世界》2010 年第 10 期。

⑨ 参见韩松:《新农村建设中土地流转的现实问题及其对策》,载《中国法学》2012 年第 1 期。

⑩ 参见刘双良:《农村宅基地使用权的流转与退出机制》,载《重庆社会科学》2010 年第 6 期。

⑪ 参见房绍坤:《农村集体经营性建设用地入市的几个法律问题》,载《烟台大学学报(哲学社会科学版)》2015 年第 3 期;高圣平:《宅基地制度改革试点的法律逻辑》,载《烟台大学学报(哲学社会科学版)》2015 年第 3 期;宋志红:《宅基地使用权流转的困境与出路》,载《中国土地科学》2016 年第 5 期。

学学者主要从宅基地"三权"的权利构造和法律表达进行了研究。[①] 在此背景下，亦不乏对宅基地流转的专门研究，形成以下观点：流转应采用"退出—出让"模式；[②]应逐渐扩大范围，允许在县域内集体成员之间转让；[③]宅基地物权性流转不会产生"三权"，只能在债权性流转中形成"三权分置"。[④]

在对农村集体建设用地流转制度进行研究的同时，学者对城乡土地市场问题亦有所关注。研究始于20世纪90年代，但直至进入21世纪以来，由于工业化、城镇化的加快，对于建立全国土地市场及土地资源市场化配置的专门研究才日渐增多。当时有学者提出要加快建立全国统一市场，但未涉及城乡土地市场的二元结构问题，对如何发展土地要素市场也未予讨论。[⑤] 之后，有学者对统一市场的研究开始涉及土地生产要素市场化问题，但对此并未给出有力的理论解释和政策建议。[⑥] 当时对我国土地市场的专门研究并不多见，大多就事论事，没能进行深入的理论探讨。[⑦]

自党的十七届三中全会提出要逐步建立城乡统一的建设用地市场以来，

---

① 参见宋志红：《宅基地"三权分置"的法律内涵和制度设计》，载《法学评论》2018年第4期；温世扬、梅维佳：《宅基地"三权分置"的法律意蕴与制度实现》，载《法学》2018年第9期；韩松：《宅基地立法政策与宅基地使用权制度改革》，载《法学研究》2019年第6期；高海：《宅基地"三权分置"的法实现》，载《法学家》2019年第4期；肖鹏、王朝霞：《宅基地"三权分置"的制度演进、政策背景与权利构造》，载《云南大学学报（社会科学版）》2020年第3期。

② 参见李凤章：《宅基地使用权流转应采用"退出—出让"模式》，载《政治与法律》2020年第9期。

③ 参见岳永兵：《宅基地使用权转让政策嬗变、实践突破与路径选择》，载《西北农林科技大学学报（社会科学版）》2020年第6期。

④ 参见丁关良：《"三权分置"政策下宅基地流转方式运行机理的剖析和思考》，载《农业经济与管理》2020年第4期。

⑤ 参见张卓元：《进一步提高国民经济市场化程度》，载《南京社会科学》2001年第1期；李剑阁：《加快建设全国统一市场》，载《〈中共中央完善社会主义市场经济体制若干问题的决定〉辅导读本》，人民出版社2003年版，第142～151页；任兴州等：《"十一五"时期市场体系发育中面临的突出问题与对策建议》，载王梦奎主编：《中国中长期发展的重要问题（2006～2020年）》，中国发展出版社2005年版，第316～326页。

⑥ 参见徐善长：《生产要素市场化与经济体制改革》，人民出版社2005年版，第105～303页；周晓唯：《资源市场化配置的法学分析》，中国社会科学出版社2005年版，第39～184页。

⑦ 参见李云：《关于我国土地市场发展若干问题探析》，载《中共四川省委省级机关党校学报》2004年第3期；侯学平：《广东省土地市场运作模式与相关政策分析》，载《广东土地科学》2006年第4期。

国内学者开始出现对城乡用地市场的探讨。主要集中在以下四个方面。

一是构建城乡统一用地市场的重大意义。经济学者首先对此进行了论证,从市场的垄断结构、分割与整合、公平与效率、社会福利等方面指出了城乡土地二元结构的弊端,以及城乡统一建设用地市场构建的必要性。① 二是构建城乡统一用地市场存在的困境。学者对此问题进行了深入剖析,并指出 2004 年《土地管理法》对集体建设用地使用权流转的严格限制是最主要的制度障碍。② 法学学者认为城乡统一建设用地市场的法律困境主要在于集体建设用地入市制度的欠缺,集中在集体经营性建设用地法律性质定位不清、流转规划法律制度不健全、流转中政府职责(权力)定位不明、流转收益分配法律制度欠科学等问题上。③ 经管学者认为城乡统一建设用地市场的运行困境主要在于城乡的二元结构,呈现出城乡分割效应大于融合效应、用地交易成本高、供需存在矛盾、市场失灵和信息不对称导致交易过程权利主体机会主义行为等问题。④ 三是构建城乡统一用地市场的实践考察。有学者基于对某些地区的调

---

① 参见钱忠好、马凯:《我国城乡非农建设用地市场:垄断、分割与整合》,载《管理世界》2007 年第 6 期;刘祥琪、陈耀东:《构建城乡统筹建设用地市场的思考——基于公平与效率分析》,载《理论与现代化》2010 年第 1 期;陈燕:《中国城乡建设用地市场一体化是历史的必然》,载《福建论坛(人文社会科学版)》2011 年第 11 期。

② 参见倪维秋、俞滨洋:《基于城乡统筹的城乡统一建设用地市场构建》,载《商业研究》2010 年第 10 期;郑振源:《建立开放、竞争、城乡统一而有序的土地市场》,载《中国土地科学》2012 年第 2 期;刘守英:《中国城乡二元土地制度的特征、问题与改革》,载《国际经济评论》2014 年第 3 期;戴双兴、李建建:《建立城乡统一的建设用地市场:前提、步骤及保障》,载《中国特色社会主义研究》2014 年第 5 期。

③ 参见罗亚海:《城乡统一建设用地法律管理制度构建》,载《求索》2016 年第 4 期;汪晓华:《构建城乡统一建设用地市场:法律困境与制度创新》,载《江西社会科学》2016 年第 11 期;沈开举、邢昕:《加快建立城乡统一的建设用地市场》,载《人民论坛》2019 年第 27 期;吴义龙:《集体经营性建设用地入市的现实困境与理论误区——以"同地同权"切入》,载《学术月刊》2020 年第 4 期。

④ 参见李永乐、舒帮荣、石晓平:《城乡建设用地市场:分割效应、融合关键与统一路径》,载《南京农业大学学报(社会科学版)》2017 年第 3 期;文兰娇、张安录:《论我国城乡建设用地市场发展、困境和整合思路》,载《华中科技大学学报(社会科学版)》2017 年第 6 期;刘亚辉:《农村集体经营性建设用地使用权入市的进展、突出问题与对策》,载《农村经济》2018 年第 12 期。

研材料对城乡用地市场进行研究。[①] 其中对增减挂钩政策及实践的研究较为集中。[②] 四是构建城乡统一用地市场的思路建议。有学者提出从“运行机制、规划试点、主体培育、分步推进、风险防控”五个层面统一城乡建设用地市场的战略构思。[③] 有学者指出构建城乡统一的建设用地市场核心在于优化土地增值收益分配制度,对农地产权还权赋能是先决制度条件,调整好政府在建设用地市场交易中的职能和定位,让政府回归保障契约和服务监管本位,是可行的路径选择。[④] 有学者从产权演进、土地市场发展、市场成本三个角度对构建城乡统一的建设用地市场的内涵进行诠释并提出建议,[⑤]亦有学者将城乡统一建设用地市场构建的核心集体建设用地流转区分为实物和指标(地票)流转,提出在实物交易上,应放开宅基地使用权流转的限制并放松集体建设用地的使用管制;在指标交易上,应逐步构建全国统一的地票交易市场。[⑥]

由此可见,城乡统一建设用地市场构建以及关键的集体建设用地包括宅基地使用权的流转问题长期以来备受关注,形成的研究成果亦颇为丰硕,但多是从某一角度的探讨和总结,系统化梳理较少。本书将从法学和经济学的交叉视角,以市场运行机制为核心深入探讨城乡建设用地统一市场的构建,以期

---

① 参见王玥、卢新海、贺飞菲:《集体经营性建设用地入市试点政策选择研究——基于14个试点地区的政策文本分析》,载《学习与实践》2021年第5期;郄瑞卿、石强:《建立城乡统一建设用地市场的研究——基于吉林省的现状调查分析》,载《东北师大学报(哲学社会科学版)》2016年第5期;宋迎昌、王建武、倪艳亭:《建立城乡统一的建设用地市场研究——基于北京若干案例的调查分析》,载《杭州师范大学学报(社会科学版)》2015年第2期。

② 参见田孟:《城乡建设用地增减挂钩政策与实践模式的演进——基于成都市的考察》,载《湖南农业大学学报(社会科学版)》2014年第6期;林国斌等:《住宅市场影响下的天津市城乡建设用地增减挂钩风险分析》,载《中国土地科学》2014年第5期;王振波、方创琳、王婧:《城乡建设用地增减挂钩政策观察与思考》,载《中国人口·资源与环境》2012年第1期;邱继勤、邱道持、石永明:《城乡建设用地挂钩指标的市场配置》,载《城市问题》2010年第7期。

③ 参见王汉杰、刘畅、于晓华:《长三角一体化背景下的城乡统一建设用地市场:理论逻辑、现实困境与推进路径》,载《中国软科学》2021年第1期。

④ 参见杨振、韩磊:《城乡统一建设用地市场构建:制度困境与变革策略》,载《学习与实践》2020年第7期。

⑤ 参见林超、刘宝香:《“构建城乡统一的建设用地市场”内涵再认识》,载《世界农业》2019年第3期。

⑥ 参见黄忠:《城乡统一建设用地市场的构建:现状、模式与问题分析》,载《社会科学研究》2018年第2期。

为城乡融合的实践提供全面且体系化的理论支撑。

在2019年《土地管理法》允许集体经营性建设用地入市的法制背景下，对城乡建设用地统一市场的探讨不应再停留在必要性和可行性的层面，而应当对市场构建的各方面制度规则结合进一步深化改革的方向进行更为深入的研究。长久以来城乡二元结构是城乡融合发展的障碍，而导致城乡建设用地市场二元结构的根本问题在于城乡土地产权及其权能上的差异。土地市场交易的标的是土地，但实质上是土地之上的权利，在我国交易的是土地使用权。当处于城乡不同区域的建设用地权利人对其土地使用权的处置能力不同时，必然导致他们无法享有平等入市权利，适用相同的交易规则。因此，要建立统一的城乡建设用地市场就必须首先明晰集体建设用地产权主体，赋予其与国有建设用地相同的产权权能。在“同地同权”的基础上，如何使城乡建设用地“同价”；在集体建设用地巨大的流转利益驱动下，如何保护耕地；在集体建设用地与国有建设用地同样作为土地供给源的统一市场下，集体用地入市如何受到国家调控，是否应与国有建设用地流转建立一体化交易所和交易规则，等等。这些有关城乡统一建设用地市场运行机制问题，需要进一步深入探讨并解决。在构建城乡建设用地市场一体化过程中，另一个最重要的问题就是如何保护好农民利益，如何平衡好农民、农民集体和地方政府之间的关系。这一问题关系到城乡统一建设用地市场建设的成败，一旦处理不好各方之间的博弈，统一市场的建立将举步维艰。通过对上述问题的剖析和总结，构建出集产权重构、市场运行机制、流转收益分配策略、国家统筹管理于一体的城乡建设用地统一市场框架，提出具体制度安排和配套措施，形成城乡建设用地两市场的成功对接，以实现乡村振兴及城乡的融合发展。

目录

第一章 城乡建设用地统一市场构建的理论概述：基本概念与基础理论

第一节 基本概念内涵

一、城乡建设用地

（一）土地

何为土地？由于土地概念本身的多学科性及其在所属不同学科中所具有的不同语境，人们土地的认识很难统一。《土地大辞典》中从自然科学、经济学、法学等不同角度阐述了土地概念。其中从经济学观点看，土地是未经人的协助而自然存在的一切劳动对象，作为一切活动的一般空间基础，在农业中是主要生产资料。① 从法学观点看，土地是指地球表层的特定空间（包括地下矿产）。② 有的西方经济学家认为，土地是指大自然为了帮助人类，在陆地、海

① 《马克思恩格斯全集》（第23卷），人民出版社1974年版，第668页。

② 参见马克伟主编：《土地大辞典》，长春出版社1991年版，第802页。

上空气、光和热各方面所赠与的物质和力量；[①]还有的学者认为，是指自然资源或自然的力量，不是单指地球的表面，并且包括地面以上和地面以下的一切物质。[②] 归纳起来，对土地概念的理解，有资源价值说、土地价值说、土地物权说、几何分析说、综合体观说、土地地理学说、系统综合说等。[③]

各国和各地区立法对土地概念的法律界定也存在差异。如我国台湾地区“土地法”第1条规定，土地为水陆及天然富源。水是指水陆，陆指陆地；天然富源指天然资源。美国《加利福尼亚州民法典》第659条规定：“土地为混土以及含有沙土、石头或其他成分而组成的物质，它包括地面以上和地面以下一定距离的开放或有建筑物的空间，其高度和深度由法律规定的空间决定，或由法律允许行使的空间权利决定。”应该认识到，随着人类对土地开发利用的发展，人类对土地的本质和价值有了更深层次的理解。土地的概念应是三维立体空间的构成及该三维空间中自然资源的组合，如1999年美国《布莱克法律词典》对土地下的定义是：“土地是由地表、地上空间及地下空间三个部分所构成的一个不可移动的和不可毁灭的三维立体空间，包括在此空间内生长的所有生物及永久地附着于此空间内的所有物质。”

总之，本书认为土地是一个自然综合体，指具有四至范围的地球表面、地面上空及地下，包括各种类型的土地，如建设用地、耕地、自留地、自留山、林地、坡地、荒地等，以及水域、滩涂、岛屿等。所以，土地的范围既包括地表，也包括地表上下一定范围之空间，可称为土地的横向范围和纵向范围。土地还是个时间概念，体现了物尽其用的效率规则。由于在不同时期人类对土地所施加的影响，强烈地改变了土地的自然性质和面貌，在不妨碍权利人行使土地权利的前提下，通过利用土地而不断提高土地的空间效率。例如，为解决城市交通问题设置的立体交叉桥、高架铁路、地下商场等，便是高效使用土地空间的典型例证。

根据《土地管理法》第4条的规定，我国将土地分为农用地、建设用地和未

---

① ［英］马歇尔：《经济学原理》，廉运杰译，华夏出版社2005年版，第121页。

② 参见［美］伊利、莫尔豪斯：《土地经济学原理》，滕维藻译，商务印书馆1982年版，第19页。

③ 参见徐汉明：《中国农民土地持有产权制度研究》，社会科学文献出版社2004年版，第28～29页。

利用土地。此外，土地按照不同标准可以进行多种划分，比如按照所有制不同分为国有土地和集体土地；按照经济用途不同分为承载用地（如建设用地）、养力用地（如种植、养殖用地）、富源地（如矿藏地），按照对土地开发和开发利用的程度分为过生地、生地、熟地、过熟地；按照与城市经济连接的紧密程度分为农村土地和城市土地；根据土地产业结构的不同分为工业用地、商业用地、公用事业用地、居住用地、军事用地等。

土地的基本特征包括自然特征和经济特征。前者是土地自然属性的反映，与人类对土地利用与否没有必然的联系；后者是人类在对土地利用过程中产生的。土地的自然特征有：位置的固定性、面积的有限性、质量的差异性、功能的永久性；土地的经济特征有：土地供给的稀缺性、土地利用方式的相对分散性、土地利用方向变更的困难性、土地利用报酬递减的可能性、土地利用后果的社会性。① 有学者还认为，土地的经济特征除此还有区位效益性和边际产出递减性。② 作为自然力所禀赋的土地，其功能表现有：承载功能、资源功能和生产功能。③

（二）建设用地

建设用地是土地的一种类型，是承载房屋和其他地上物的土地，主要是相对于农业用地而言，它是人类利用、改造土地的反映，体现了土地的经济特征。根据《土地管理法》第 4 条的规定，国家编制土地利用总体规划，规定土地用途，将土地分为农用地、建设用地和未利用地。其中，农用地是指直接用于农业生产的土地，包括耕地、林地、草地、农田水利用地、养殖水面等。未利用地是指农用地和建设用地以外的土地。建设用地是指建造建筑物、构筑物的土地，包括城乡住宅和公共设施用地、工矿用地、交通水利设施用地、旅游用地、军事设施用地等。这里所谓建筑物一般主要是人们进行生产生活或其他活动的房屋或场所，如农业建筑、工业建筑、民用建筑和园林建筑等。而构筑物只是指人

① 参见毕宝德主编：《土地经济学》（第 4 版），中国人民大学出版社 2001 年版，第 3 ~ 6 页。

② 参见王霞、尤建新编著：《城市土地经济学》，复旦大学出版社 2004 年版，第 5 页。

③ 参见徐汉明：《中国农民土地持有产权制度研究》，社会科学文献出版社 2004 年版，第 31 页。

们一般不直接在内进行生产和生活活动的建筑,如堤坝、栈桥、囤仓、水塔、蓄水池等。建设用地利用的是土地的承载力、操作场地和空间,把土地作为生产、生活场所,土地不是直接参与生产的要素,其利用的结果是非生态性的附着物。

按照土地用途进行划分,我国的建设用地可划分为居住用地、工商业用地以及公共和公益事业用地。居住用地分为三种情况:一是旧有体制下遗留的公有房屋占据的住宅用地;二是经过商业化开发建成的商品房住宅用地;三是建造私有房屋的宅基地。从土地的最终用途而言,工商业用地主要指饭店、写字楼、宾馆、工商业用房所使用的建设用地。与前述两种用于私益目的使用建设用地不同,各类政府机关使用的土地,用于教、科、文、卫、体、医等公益事业或非营利性事业而使用的建设用地属于公共和公益事业用地。

建设用地的开发与其他动产产品的生产一样,也是对未来市场的预期,由于房地产市场的易变性,容易导致建设用地开发的不确定性。此外,建设用地的开发还具有经济供给的空间弹性和外部性等特征。

与其他类型的土地相比,建设用地的特点有:具有非生态利用的特性(不考虑土地的肥沃程度)、建设用地的可逆性差(将农用地变为建设用地相对较易,而将建设用地再复垦为农地则较为困难)、对区位的选择性强(地质条件、地理位置、交通条件、矿产资源的分布等因素对建设用地的选择具有重要的影响)、土地利用价值高(形成建设用地后经开发与再开发,能够不断提高土地的利用率和产出率,也会产生很强的外部性)。①

(三)城乡建设用地

1. 城乡之界定

所谓城乡,简单来说就是指城市和农村,是个行政区划概念。但随着我国城市化进程的不断加快,城乡界限划分越来越不明显,城乡土地概念区别越来越不清晰。因此,只能用城乡土地做一般性描述,对土地制度深入研究需要界定更加准确的概念。这里所说城乡土地,实际上是指一般地处城市的国有土地和一般地处农村的集体土地。所以,从所有权角度划分土地并以此进行研

① 参见陈利根主编:《土地法学》,中国农业出版社2002年版,第98~99页。

究更为严谨。

根据我国《土地管理法》的规定,建设用地按照土地所有制的性质可以分为国家所有建设用地和农民集体所有建设用地。国家所有建设用地即指国有建设用地,是国家进行各项经济、文化、国防建设以及举办社会公共事业所需要占用和使用的土地,包括国家建设项目的建设工程占用及其使用范围内的土地。依《土地管理法》的规定,国家建设项目是按照国家规划已经列入国家固定资产投资计划的,或者准许建设的经济、文化、国防设施,以及兴办社会公共事业和公益事业的各种国家建设项目。依其建设位置和性质的不同,国有建设用地一般可分为七类:第一,城镇居民住宅用地和公共设施用地;第二,工矿区用地;第三,交通用地;第四,水利建设用地;第五,旅游区用地;第六,军事用地;第七,其他用地(其他用地指一些有特殊要求的用地,包括单独成立的国防、名胜古迹、风景旅游、陵墓、监狱、看守所等建设项目的用地)。

这里需要说明的是,城市国有土地一般都是用来进行建设的,即国有土地一般都是国有建设用地。从法律上的概念来看,《民法典》物权编将建设用地使用权作为独立概念确定下来,取代了以前房地产相关法律中宽泛的"土地使用权"概念,但从实质来看二者所指客体是相同,应作承续性理解。

农民集体所有的建设用地可以称为集体建设用地。但对于"集体建设用地"这一概念我国在法律上一直没有明确使用。《民法典》物权编在用益物权一章规定了建设用地使用权,但仅将建设用地限定为国有土地,只在第 344 条提到了集体所有的土地作为建设用地的情况。此外,1998 年修订的《土地管理法》将 1986 年《土地管理法》中的"国家建设用地"和"乡(镇)村建设用地"两章合并为第五章"建设用地",不再使用"乡(镇)村建设用地"一词,"集体建设用地"一词也未予使用。可见,在我国制定法层面上"集体建设用地"未能以特定的概念确定下来。但从法条内容上看,《民法典》物权编很清楚地将建设用地分为了国家所有和集体所有两类。所以,使用集体建设用地的概念来明确建设用地所有权属的区别是适当的,不仅蕴含于法律法规中,而且也符合实践用法。根据《民法典》《土地管理法》等相关法律规定,可以明确集体建设用地这一概念,它是指一般地处农村的,建筑物、构筑物及其附属设施占用的,所有权属于集体组织的农民集体所有的土地,包括乡镇农民集体、村农民集体及村内两个以上的集体组织所有的建设用地。

2. 集体建设用地之澄清

《土地管理法》在有关条文中对与"集体建设用地"相关的问题作了若干规定,从这些相关规定可以看出"集体建设用地"具有以下特征:第一,它不是国有土地;第二,它不是农用土地;第三,它不是未利用土地;第四,它是依法经批准由农用地转成的建设用地,是合法的而不是非法的建设用地;第五,它的所有权属于农民集体,而不是属于国家。① 概括起来,"集体建设用地"即指建筑物、构筑物及其附属设施占用的所有权属于集体组织的农民集体所有的土地,包括乡镇农民集体、村农民集体及村内两个以上的集体组织所有的建设用地。② 学界也称其为"集体非农建设用地",或将其简称为"农村建设用地""集体建设用地"。

依照《土地管理法》的相关规定并结合广大农村的现实状况,从土地建设用途角度来看,集体建设用地可分为三种具体类型。③

(1)农村居民住宅建设用地,即农村宅基地。通常是指农村居民个人(也包括回乡落户的干部、职工、军人、城镇居民及归侨、港澳台同胞等)为建造住宅而占用的土地。④ 主要包括建筑物(居民住房)、构筑物及其附属建筑(厨房、厕所、畜舍等)以及房屋周围为独家使用的土地等,依法取得使用权但仍未开工建造房屋的土地也属于宅基地。

(2)乡(镇)村企业建设用地。它包括乡(镇)、村(行政村或村民小组)两级农业集体经济举办的企业,农民集资联办的企业,农民个体企业和以集体土地使用权作为联营条件,由农村集体经济组织同其他类型企业共同兴办的联营企业所使用的集体土地。

(3)乡(镇)村公共设施和公益事业建设用地。乡(镇)村公共设施用地主

① 参见董礼洁:《地方政府土地管理权》,法律出版社 2009 年版,第 113 页。
② 参见濮励杰、彭补拙主编:《土地资源管理》,南京大学出版社 2002 年版,第 121 页。
③ 参见蒋晓玲、李慧英、张建:《农村土地使用权流转法律问题研究》,法律出版社 2011 年版,第 89 页。
④ 参见欧名豪主编:《土地利用管理》,中国农业出版社 2011 年版,第 241 页。

要是指乡村为满足农村村民生产、生活需要而修建的基础设施占用的土地，如道路、桥梁、电力通信设备等占用的土地；乡（镇）村公益事业用地是指在乡（镇）中为满足农村农民文化、教育、医疗的需要而举办的公益事业占用的土地，如学校、卫生所、幼儿园、敬老院等占用的土地。

3. 集体经营性建设用地之辨析

集体经营性建设用地是党的十七届三中全会《中共中央关于推进农村改革发展若干重大问题的决定》中提出的新概念，随后在十八届三中全会《中共中央关于全面深化改革若干重大问题的决定》、2018 年中央一号文件《中共中央、国务院关于实施乡村振兴战略的意见》等一系列党中央重要文件中提及并在相关政策和地方性法规中使用。那么什么是集体经营性建设用地？它与上述分类中三种集体建设用地是什么样的关系呢？

按照法律体系解释的规则，集体经营性建设用地应属于集体建设用地的下位概念。[①]《土地管理法》对第 63 条进行了修改，将集体经营性建设用地定义为"土地利用总体规划、城乡规划确定为工业、商业等经营性用途，并经依法登记的集体经营性建设用地"。有学者将集体经营性建设用地的内涵界定为：以营利性目的使用的农村建设用地。[②] 根据这种界定，宅基地和集体公益性用地应当不属于集体经营性建设用地。但为提高资源利用效率，在保障农民基本居住和公共利益实现的前提下，是否可以允许宅基地和集体公益性用地与经营性用地之间的转化？从集体经营性建设用地的外延来看，是否仅指乡镇村企业用地，还是应当参照国有经营性建设用地的外延进行界定？[③] 上述问题亟待澄清。

第一，集体经营性建设用地与宅基地的关系。从用地属性来看，集体经营性建设用地须具有营利属性，而宅基地与成员权联系在一起，是一种基于无偿

---

① 参见杨遂全、孙阿凡：《农村集体经营性建设用地流转范围探讨》，载《西北农林科技大学学报（社会科学版）》2015 年第 6 期。

② 参见冯果、陈国进：《集体建设用地使用权流转之客体研究》，载《武汉大学学报（哲学社会科学版）》2013 年第 6 期。

③ 参见綦磊：《集体经营性建设用地使用权流转法律问题研究》，法律出版社 2016 年版，第 43 页。

分配从而保证农户基本居住条件的具有福利性和保障性的用地。[①] 二者相区别,集体经营性建设用地一般不含宅基地。但随着农村土地制度改革的不断深化,对宅基地一些经营性利用,如“农家乐”,特别是那些规模化经营且完全改变了宅基地保障性的“农家乐”,虽占用的是宅基地,但应当认定为集体经营性建设用地。此外,宅基地“三权分置”的探索,也将对宅基地与集体经营性建设用地的界限提出挑战。总体而言,集体经营性建设用地与宅基地相区别,一般没有包含关系。《土地管理法》中将宅基地作为集体建设用地的一种进行规定,而《民法典》物权编又在用益物权中将宅基地使用权单独提出,并区别于建设用地使用权。在这样的法规体系下,通过集体经营性建设用地区别集体建设用地这一大概念,以区别宅基地,能够使概念界定和划分更加准确。

第二,集体经营性建设用地与集体公益性用地的关系。这两类用地的划分标准具有一致性,即能否用于营利项目,因此,区别和界限也是显而易见的。按照《土地管理法》的规定,集体公益性建设用地主要是指乡(镇)村公共设施和公益事业建设用地。从目前的政策指导和地方实践来看,集体公益性建设用地都被排除在按市场化规则运作的土地范围之外,被认为不能流转。集体公益性建设用地是发展集体公益事业和公共基础设施所必备的条件,禁止其流转具有一定的合理性。当集体公益性建设用地退出公益用途或公益目的不能实现时,可以将该部分土地转变为集体经营性建设用地,以实现土地的高效集约利用。

第三,集体经营性建设用地与乡(镇)村企业用地的关系。按照《土地管理法》第 59 条对集体建设用地的分类,如将宅基地和集体公益性建设用地排除在集体经营性建设用地的范围外,那么就只剩下乡镇企业用地属于集体经营性建设用地了。那么集体经营性建设用地是否仅限于乡镇企业用地？首先,集体经营性建设用地包括乡镇企业用地,但不应限于乡镇企业用地。《乡镇企业法》第 2 条第 1、2 款规定:“本法所称乡镇企业,是指农村集体经济组织或者农民投资为主,在乡镇(包括所辖村)举办的承担支援农业义务的各类企业。

---

① 参见马俊驹、余延满:《民法原论》(第 4 版),法律出版社 2010 年版,第 390 页。

前款所称投资为主,是指农村集体经济组织或者农民投资超过50%,或者虽不足50%,但能起到控股或者实际支配作用。"20世纪90年代以来,乡镇企业发生了巨大变化,原有乡镇企业通过改制、重组、兼并、破产和产业格局转变,已从单一集体企业转变为私营企业、股份合作制、公司制及"三资"企业等多种性质并存,在以出租、入股、抵押等方式转制时,企业土地也从完全自用变为共用、租赁、拍卖等多种形态共存①,严格意义上的乡镇企业用地已不多见,如将集体经营性建设用地限定在乡镇企业用地,集体建设用地流转制度的改革成效将大打折扣。② 因此,集体经营性建设用地不应限定在乡镇企业用地,应是除宅基地和公益性用地以外的集体建设用地。③ 其次,乡镇企业用地应被认定为集体经营性建设用地。根据《土地管理法》第63条可知,在符合土地和城乡规划,依法登记且符合用途管制的情形下,集体经营性建设用地可以进行流转,参照同类用途的国有建设用地执行。将其认定为集体经营性建设用地,允许与国有土地同价同权入市,既可以盘活这部分数量巨大的闲置或低效利用的集体建设用地,在不征用耕地的情况下,满足工商业用地需要,有效避免征地冲突的发生,还可以充分利用现已成熟的开发,降低企业成本。④ 因此,乡镇企业用地应当直接认定为集体经营性建设用地,但不应将集体经营性建设用地范围限于乡镇企业用地。

二、城乡建设用地统一市场

(一)土地市场

土地市场的概念有狭义和广义之分。狭义的土地市场是指进行土地交易的专门场所,如土地交易所、不动产交易所等。广义的土地市场则是指因土地交易所引起的一切商品交换关系的总和。从土地市场的产品特征来看,土地

---

① 参见杨遂全、孙阿凡:《农村集体经营性建设用地流转范围探讨》,载《西北农林科技大学学报(社会科学版)》2015年第6期。

② 参见肖顺武:《从管制到规制:集体经营性建设用地入市的理念转变与制度构造》,载《现代法学》2018年第3期。

③ 参见陆剑、陈振涛:《集体经营性建设用地入市改革试点的困境与出路》,载《南京农业大学学报(社会科学版)》2019年第2期。

④ 参见祝天智:《集体经营性建设用地入市与征地制度改革的突破口》,载《现代经济探讨》2014年第4期。

本身所具有的价值大、位置固定等特点,使其难以集中到固定的场所去交换,土地市场的内涵一般难以用狭义的市场定义来概括。土地市场主体是土地交易双方,客体是土地,但由于各国制度和法律的不同,市场上交换的土地权利有所不同,有的是土地所有权,有的是土地使用权。

土地市场形成的前提是土地可供交易。我国土地市场经历了从无到有的过程,是伴随着经济体制改革而形成和发展起来的。改革开放以前,在计划经济体制下,我国土地不允许进行交易,土地市场亦无从谈起。改革开放初期,由于经济建设特别是中外合资经营的需要,逐渐开始允许一些合资企业以缴纳土地使用费的方式获得土地,这是城市土地使用制度向着市场化方向改革的重要环节和第一步。[①] 1988 年,我国城市土地的使用开始由无偿使用向有偿使用转变,出现大量可供交易的土地。但直到 21 世纪初,大量的建设用地仍然实行划拨供地,形成划拨制度与有偿使用制度并存局面,且划拨制度的覆盖面大于有偿制度,土地市场尚未真正建立。[②] 2002 年以后,国家以法规形式严格限制了无偿划拨供地的情形,并明确了"招拍挂"公开竞价有偿使用土地方式,"公平、公开、公正"的土地市场真正建立起来,市场机制取代行政计划成为我国土地市场的调控的主要手段。但应当看到,目前我国所形成的土地市场仅限于城镇国有土地,而农村土地因法规制度限制仍不可交易,无农村土地市场可言。

(二)建设用地流转

如前所述,土地市场形成的前提是有可供交易的土地。经济学上将土地交易称为土地流转。"流转"属于中性词,在做动词使用时,有两种解释:第一,流动转移,不固定在一个地方;第二,指商品或资金在流通过程中的周转。就土地流转而言,是指土地的转让和流通。我国现行法在土地方面使用"流转"一词,最早见于 2002 年 8 月 29 日颁布的《农村土地承包法》,该法第二章第五节即为"土地承包经营权的流转",其第 32 条规定:"通过家庭承包取得的土地

---

① 参见马克伟主编:《中国改革全书(1978—1991)土地制度改革卷》,大连出版社 1992 年版,第 34 ~43 页。

② 参见廖永林、雷爱先、唐健:《土地市场改革:回顾与展望》,载《中国土地》2008 年第 12 期。

承包经营权可以依法采取转包、出租、互换、转让或者其他方式流转。”之后,原《物权法》也使用了“流转”一词,该法第128条第1、2句规定:“土地承包经营权人依照农村土地承包法的规定,有权将土地承包经营权采取转包、互换、转让等方式流转。流转的期限不得超过承包期的剩余期限。”

土地流转,从广义上理解,可分为土地权利流转和土地功能流转。[①] 土地功能流转主要指土地用途的转变,而通常所说的土地流转主要是指土地权利的流转,即土地产权在不同经济主体之间的流动和转让。根据土地产权类型不同,土地权利流转又可分为土地所有权流转,如农村集体土地被征收为国有土地;以及土地使用权流转,如土地的出让、转让、出租、抵押等。结合我国土地权利特点,我国土地所有权的流转具有单向性和实现途径的唯一性,即只能由集体土地向国有土地流转,而不能反向流转,且只能通过国家征收这一种渠道实现。因此,通常直接用“土地征收”概念来描述土地所有权的流转,而对于土地使用权的转让和流通使用“土地流转”。

由此,本书所研究的“建设用地流转”,是指在土地所有权不变的前提下,建设用地使用权发生转移、再转移的行为,包括出让、转让、出租、作价入股、抵押等。具有如下特征。首先,它是指建设用地权利的流转,而不是土地功能的流转。这里所说的建设用地流转是指依法对建设用地享有的占有、经营、使用、收益、部分处分等权利在不同民事主体之间的转移。土地权利流转的过程中通常会伴随土地功能的转变。建设用地的用途流转包括农用地转为建设用地以及建设用地在商业、工业、住宅等不同用地功能之间转换这两个方面。其次,它是指建设用地使用权的流转,而不是土地所有权的流转。从我国现行法律来看,国有建设用地是最终的所有权归属,即国有土地不可能转变为集体土地,不存在所有权上的变动;而我国已建立起来的国有建设用地出让出租等有偿使用制度实际上就是用地使用权的流转。对于集体建设用地而言,其所有权可以向国家转移,即通过征收的方式将集体所有土地转为国有,这也是集体建设用地目前唯一合法的权利变动途径;本书所关注的集体建设用地流转实

① 参见来晨霏、田贵良:《中国二元经济中水资源流转模式研究》,载《中国人口·资源与环境》2012年第8期。

际上是用地使用权在不同主体间的转移,不包括所有权变动的征收制度。最后,它既包括建设用地使用权的首次流转,也包括再次流转。所谓建设用地使用权首次流转,是指国家或集体将土地使用权从所有权中剥离出来,通过出让、租赁、折价入股等形式,有偿或者无偿地转移给其他单位和个人的行为。所谓建设用地使用权再次流转,是指已经得到建设用地使用权的单位和个人,在法定或合同约定的使用期限届满之前,以一定的形式(如转租或者折价入股),将该用地使用权再转移给其他单位和个人的行为。

简言之,建设用地流转是指在土地所有权不变的前提下,将用地使用权让渡出来并转移给他人的行为,其实质是建设用地使用权主体的变更。①

(三)城乡建设用地统一市场

城乡建设用地统一市场是城乡一体化的一个重要方面。所谓城乡一体化,是指城市化发展的一个新阶段,是随着生产力的发展而促进城乡居民生产方式、生活方式和居住方式变化的过程,是城乡人口、技术、资本、资源等要素相互融合,互为资源,互为市场,互相服务,逐步达到城乡之间在经济、社会、文化、生态上协调发展的过程。城乡一体化就是要把工业与农业、城市与乡村、城镇居民与农村居民作为一个整体,统筹谋划、综合研究,通过体制改革和政策调整,促进城乡在规划建设、产业发展、市场信息、政策措施、生态环境保护、社会事业方面发展的一体化,改变长期形成的城乡二元经济结构,实现城乡在政策上的平等、产业发展上的互补、国民待遇上的一致,让农民享受到与城镇居民同样的文明和实惠,使整个城乡经济社会全面、协调、可持续发展。② 可见,城乡一体化是一个较为宽泛的概念,涉及社会经济、生态环境、文化生活、空间景观等多个方面。③ 其中,城乡统一土地市场就是城乡一体化的一个方面,是在城乡一体化思想要求下的土地市场模式。

目前我国实行的是城乡分治的二元土地制度。一方面,农村与城市土地

---

① 参见王志彬:《农民土地权益立法保护研究》,西北农林科技大学出版社 2011 年版,第 136 页。

② 参见孙加秀:《统筹城乡经济社会一体化发展研究》,电子科技大学出版社 2008 年版,第 84~90 页。

③ 参见王景新等:《明日中国:走向城乡一体化》,中国经济出版社 2005 年版,第 56 页。

分别适用不同的法律规则,形成不同的市场和权利体系;另一方面,除乡镇企业、乡(镇)村公共设施、公益事业、农村村民住宅等乡(镇)村建设可以使用农村集体土地之外,任何单位和个人进行建设,需要使用土地的,都必须依法申请使用国有土地。① 也就是说,国有建设用地具有垄断地位,而集体建设用地被排斥在土地市场之外。城乡分治的二元土地制度引发的社会矛盾在我国20世纪80年代以来就开始逐步呈现,近几年出现的"小产权房"问题使这种矛盾进一步加大。尽管近年来在政策上对于集体经营性建设用地的流转有所突破,并在试点地区试行,但大范围的农村用地市场尚未形成,城乡二元用地格局带来的经济法律社会问题加剧。由此,城乡一体化思想逐渐受到重视,建立城乡一体化的土地市场也势在必行。

所谓城乡一体化并不是消除城乡界限,将农村转化为城市或城市乡村化,而是使城乡融合,共同发展,达到同样生活条件的一种状态。因此,城乡统一建设用地市场也不是将集体土地全部转化为国有土地,而是赋予集体土地和国有土地同等权利,进入统一的土地市场,建立相同的土地法律规则,消除城乡土地权利差异,实现全国土地市场的一体化和融合发展。

第二节　基础理论之阐释

一、城乡融合理论

(一)马克思主义城乡融合理论

1. 马克思主义城乡融合理论的产生背景

(1)历史背景

马克思主义城乡融合理论是在工业革命和城市化带来的尖锐的城乡对立这一现实状况下产生的。18世纪60年代至19世纪中期,资本主义国家进行着第一次工业革命,机器大工业代替工场手工业,促进了生产力的大发展,"引

① 参见张金明、陈利根:《农村土地政策的多维重塑》,载《经济导刊》2010年第5期。

起了世界社会的前所未有的城市化”。从城市的历史来看,“从新石器时代起就有了,当时农业的发明导致能供养城市中心的余粮的产生,在以后的数千年间,城市的规模取决于周围地区所能产生的粮食的数量”①。可见,农业社会中城市的数量和规模都与农业发展程度相关,受到生产力低下的限制。工业革命之后,城市发展不再局限于农业供给,而是成为工业聚集中心。恩格斯认为,工业革命直接推动了公路、铁路、水路等交通基础设施的发展,使城乡之间的联系不断加强,“这样一来,国内那些从前一直和整个世界隔绝的偏僻地区,现在全都往来通达了”②,这就使人财物的流动因便捷而促进了城市化的迅速发展。如英国,工业革命之前,城市人口仅占全国总人口的25%,工业革命之后的19世纪初增加到33.8%,到1851年城市人口比例上升到50.2%,首次超过农村人口,这一比值到1911年达到了78.1%;而农村人口从1750年的75%下降到1911年的21.9%。在机器大工业推动下,出现了曼彻斯特、伯明翰、利兹、利物浦等新兴工业化城市。③ 恩格斯认为城市化表现了集聚效应和带动作用,他指出城市化使大量农村人口在工业文明和城市文明的熏陶下逐渐脱离了愚昧状态,通过产业工人的集聚使城市生产力呈几何倍数增长,城市的辐射作用带动了农村的经济文化发展。但是,工业革命也拉大了工农业之间和城乡之间的差距,加剧了城乡对立。“它破坏了农村居民的精神发展基础和城市居民的体力发展基础。”“使农村人口陷于数千年的愚昧状况,使城市居民受到各自的专门手艺的奴役。”④在这种城市化迅速发展和城乡对立加剧的历史背景下,产生了马克思主义的城乡融合理论。

(2)理论背景

工业革命之后,大工业的发展推动了城市化进程,在城市的生产生活高度发展的同时,乡村愈加陷入贫穷落后,这进一步拉大了城乡差距,加剧了城乡

---

① [美]斯塔夫里阿诺斯:《全球通史:1500年以后的世界》,吴象婴、梁赤民译,上海社会科学院出版社1999年版,第300~302页。

② 《马克思恩格斯选集》(第1卷),人民出版社1995年版,第34页。

③ 参见纪晓岚:《英国城市化历史过程分析与启示》,载《华东理工大学学报(社会科学版)》2004年第2期。

④ 《马克思恩格斯选集》(第3卷),人民出版社1972年版,第330页。

对立。为解决由此带来的一系列社会经济问题，马克思恩格斯就城乡关系进行了大量论述。马克思主义城乡融合理论的产生有其历史背景，亦有其理论基础，可以说，19世纪初以圣西门、傅立叶和欧文为代表的空想社会主义和李比希的农业化学思想，都对马恩城乡融合思想的形成起到了重要作用。

19世纪初空想社会主义者阐述了他们对资本主义社会的尖锐批判和对未来社会的向往，并把未来社会的本质同城乡结合密切地联系在一起。圣西门的"实业制度"提出了一种组织原则，即按最有利于生产的方式组织实业，包括农业。他主张由工商业资本家来主导发展农业资本主义，同时兼顾农民和农业的利益，以调和城乡矛盾。傅立叶提出的"农业法郎吉"实际是一种组织形式，是在一定地域内以一定数目的家庭为主体的工农业联合体。这种未来社会的组织形式是奠基在情欲人性论基础之上的，它改变了劳动的性质，实现的是一种自觉自愿的社会分工和协作。他认为，工业和农业结合的首要问题"在于要在工业生产和农业生产之间建立互相适应的关系，从而使这两种劳动互相促进"①。在这种协作制度下工业在产业中只居第二位，它是农业体系的一种附带业务和补充。欧文的"农业新村"是在现代工业基础上建立起来的集城市和农村的优势于一体的新型共同体，即以公有制为基础的一种集体劳动的工农合作公社。欧文当时所在的英国在很大程度上已经实现了农业工业化和乡村城市化，在此历史背景下提出的"农业新村"理论，是为了解决工业城市和落后乡村各自的弊病，明确把工业奠定为农业新村的物质基础，并把实现了城乡结合的农业新村看成解决现代城乡矛盾的希望之所。②

马克思和恩格斯批判性地吸收了空想社会主义者城乡结合思想中的合理成分，认为空想社会主义者已经清楚地认识到城乡对立尖锐化的根源在于资本主义社会制度，且根除城乡之间的对立在资本主义条件下是无法进行的，而空想难以实现的原因在于他们所处资本主义时代的生产发达程度较低，但无

---

① ［法］傅立叶：《傅立叶选集》（第1卷），赵俊欣等译，商务印书馆1982年版，第244页。

② 参见屈婷：《现代城乡关系与农业现代化何以可能——重读19世纪空想社会主义学说》，载《连云港师范高等专科学校学报》2014年第2期。

论如何这些思想为马克思主义城乡融合发展理论的形成起到了思想启示作用。①

此外,李比希的农业化学思想亦受到马克思恩格斯的高度重视。他提出的农业补偿学说指出,由于人类在土地上种植作物并把这些产物拿走,这就必然会使地力逐渐下降,从而土壤所含的养分将会越来越少。因此要恢复地力就必须归还从土壤拿走的全部东西,不然就难以指望再获得过去那样高的产量,为了增加产量就应该向土壤施加肥分。他充分肯定了厩肥、人粪尿等有机肥的作用,因为它能够把从土壤中取走的部分作物产量再归还给土壤。该学说的提出是在产业革命后城市人口对农畜产品需要日益增长的背景下,一方面改进农业技术促进生产发展,另一方面城乡对立加深使得从土地取走的养分更难以完全归还,地力问题更加突出。② 李比希的补偿学说在马克思主义城乡融合发展理论中得到重要体现。

2. 马克思主义城乡融合理论的主要内容

城乡融合是马克思、恩格斯对于未来社会中理想的城乡关系的构想,城乡融合理论基本内涵可以概括为"把城市和农村生活方式的优点结合起来,避免二者的片面性和缺点"③,即实现工业和农业的结合、城市与农村生活方式的结合,人口在城市与农村均衡分布,从而消除城乡对立带来的弊端。马克思恩格斯认为实现城乡融合的必然性在于,第一,资本主义制度下城乡对立的矛盾日益尖锐,阻碍了社会化大生产。城乡差别不断拉大,农村和农业的地位边缘化,资本主义大机器生产运用到农业后,从事农业的人口减少,部分农民进城成为雇佣工人,造成了城乡分离、工农分离。同时,资本主义生产也破坏了人与土地之间的物质交换;劳动力被压榨,屈从于分工而缺少个人的全面的发展;资本家与工人的阶级矛盾被激化,造成社会不稳定。第二,城乡对立的矛盾,必然随着生产力的发展得到解决。"乡村农业人口的分散和大城市工业人

---

① 参见李红玉、梁尚鹏:《马克思主义城乡融合发展理论探析》,载《城市与环境研究》2016 年第 2 期。

② 参见董恺忱:《李比希的农学思想》,载《世界农业》1981 年第 9 期。

③ 《马克思恩格斯选集》(第 1 卷),人民出版社 2012 年版,第 305 页。

口的集中，仅仅适应于工农业水平还不够高的阶段”①，“消灭这种对立日益成为工业生产和农业生产的实际需求”②，因此，城乡对立是生产力发展不充分阶段的社会现象。当生产力得到高度发展，私有制和旧的社会分工将被消灭，城乡、工农之间的差别也会随之消失，城乡关系的发展趋势必然是从分离与对立的状态最终走向融合。③

关于实现城乡融合的实现方式，马克思恩格斯有如下表述，“消灭城乡之间的对立，是社会统一的首要条件之一，这个条件又取决于许多物质前提……”④“城乡对立彻底消失，也就是生产资料私有制和劳动分工消失，人从旧式分工中解放出来……”⑤因此，实现城乡融合首要条件是生产力得到高度发展。首先，发展生产力的关键是“把农业和工业结合起来，促使城乡对立的逐步消灭”，要在全国平衡布局大工业，促进工业与农业的有机结合。重视农业的基础性地位，发展现代化农业。其次，要确立生产资料公有制，消灭旧的社会分工。由公民公社从事工业和农业生产，“从事农业和工业劳动的将是同一些人，而不是两个不同的阶级”⑥，没有阶级对立和剥削，劳动者能与生产资料直接结合，真正享有社会创造出来的全部物质财富和精神财富。最后，减少旧的社会分工对于个人发展限制，教育与劳动生产相结合，进行产业教育，使全体社会成员能实现全面而自由的发展。

（二）城乡融合理论在中国的实践与发展

毛泽东提出城乡兼顾思想，“城乡必须兼顾，必须使城市工作和乡村工作，使工人和农民，使工业和农业紧密联系起来。”⑦在新中国成立初期，为实现工业化，经济发展中心由农村转移到城市，同时也注重农村、农业发展在工业化过程中的地位，提出走农业合作化道路，实现农业机械化，促进农业、轻工业、

---

① 《马克思恩格斯选集》（第1卷），人民出版社2012年版，第308页。

② 《马克思恩格斯选集》（第1卷），人民出版社2012年版，第215页。

③ 参见张晖：《马克思恩格斯城乡融合理论与我国城乡关系的演进路径》，载《学术交流》2018年第12期。

④ 《马克思恩格斯选集》（第1卷），人民出版社2012年版，第557页。

⑤ 《马克思恩格斯选集》（第1卷），人民出版社2012年版，第679页。

⑥ 《马克思恩格斯选集》（第1卷），人民出版社2012年版，第308页。

⑦ 《毛泽东选集》（第4卷），人民出版社1991年版，第1427页。

重工业的协调发展。毛泽东结合当时中国城乡发展实际情况,提出城乡兼顾的思想,通过城乡互助,“说服工业部门面向农村、支援农业”[①],加强城市与农村的联系,互相鼓励,交流经验,重视农村社会事业的发展,致力于缩小城乡差距,实现马克思主义城乡融合理论的中国化。

改革开放以后,社会发展与城乡关系呈现的二元化结构,束缚了经济社会的发展,我国领导人在原有的理论基础上提出了新的城乡思想。邓小平提出改革生产关系以解放生产力,重视提高科学技术广泛运用于工农业发展。发展乡镇企业加强城乡互助,乡镇企业不仅与周围的农村紧密联系,能吸引农村劳动力促进城镇化,还作为城乡联系的重要渠道,实现工业支援农业,促进了农村工业化、现代化。社会主义市场经济体制确立后,资源呈现由农村向城市的单方向流动更为显著,农村地区由于资本匮乏致使农村非农产业发展困难重重,城乡收入差距不断扩大,城乡发展失衡问题依然存在。[②] 党的十六大提出“统筹城乡经济社会发展,建设现代农业,发展农村经济,增加农民收入”,强调农业在国民经济中的基础地位,要依靠科技进步和提高劳动者素质来促进农业发展。党的十六届三中全会中,胡锦涛进一步提出“科学发展观”,要统筹兼顾城乡发展,实现城乡一体化。并在十六届四中全会上,提出了“两个趋向”的重要论断,通过以工促农、以城带乡破除城乡二元结构,实现城乡、工农业的协调发展,构建新型工农城乡关系,这是党在新形势下对工农关系、城乡关系的进一步认识。

党的十八大以来,习近平总书记对于如何处理好城乡关系进行了一系列的论述。当前城乡发展仍是不平衡不充分的,针对城乡差距不断拉大的趋势没有得到根本扭转的现状,应重塑城乡关系,走城乡融合之路。在党的十九大报告中,习近平基于新的时代特点提出要实施乡村振兴战略,“建立健全城乡融合发展机制体制和政策体系,加快推进农业农村现代化”。党的十九届五中全会提出要全面实施乡村振兴战略,“强化以工补农、以城带乡,推动形成工农

---

① 《毛泽东选集》(第7卷),人民出版社1999年版,第200页。

② 参见张晖:《马克思恩格斯城乡融合理论与我国城乡关系的演进路径》,载《学术交流》2018年第12期。

互促、城乡互补、协调发展、共同繁荣的新型工农城乡关系”。党的二十大报告指出，“要坚持以推动高质量发展为主题”“着力推进城乡融合和区域协调发展，推动经济实现质的有效提升和量的合理增长”。新时代城乡融合，要求激发农村活力，推动新型城镇化和新农村建设，实现乡村的自主发展，通过深化改革，巩固和完善农村基本经营制度，坚持土地集体所有，完善集体产权权能，建立现代农业产业体系，以激发农村发展的内生动力。建立健全城乡发展一体化体制机制，消除城乡间的制度性障碍，从而促进人才、土地、资本等要素呈双向流动和平等交换，加快户籍制度改革，完善社会保障制度，保障城乡居民基本权益平等化，从而实现城乡协调发展。

二、土地市场理论

（一）土地市场的特点

1. 土地市场的一般特点

从经济学角度来看，土地市场一般具有以下特点。（1）从客体来看，土地市场具有地域性。土地位置是固定的，每宗土地都是唯一的，没有两宗土地在实体上完全相同，在土地交易中即使某些土地具有替代性，但因其位置的差异和不可移动性，使完全突破地域性的土地流转难以形成。一般而言，土地市场具有强烈的地域性，各地域性市场之间相互影响较小。（2）从供给来看，土地市场具有供给滞后和弹性较小的特点。土地开发一般需要大量资金和较长周期，土地用途一旦确定难以改变，当市场需求发生变化时，土地供给对需求的调整较慢，呈现滞后性。从总体上说，土地资源一般不可再生，土地自然供给没有弹性，土地的经济供给弹性也相对较小。在同一地域性市场内，土地价格主要由需求来决定。（3）从竞争来看，土地市场具有不充分性和低效率性。土地价值较高，一般需要较大的资金支持，因此土地市场参与者不多，在一定时间内，只有少数购买者和出售者，市场竞争并不充分。同时土地市场参与者投资决策受价格以外因素，如提供融资的各种条件等的影响较大，而且同一用途不同区域的土地具有较小的替代性，因而土地市场效率较低。（4）从监管来看，土地市场具有政府管制较严的特点。土地是一个国家重要的资源，对一国经济的发展和社会的稳定具有十分重大的作用，因而各国政府都对土地权利、利用、交易等制度作出较多规制，对土地市场运行进行较严格监管。①

2. 我国土地市场特点

如上所述，土地市场具有较强的地域性，且政府管制较严。因此，各国的土地政策及土地市场存在差异。在我国，土地的公有制决定了我国的土地市场在主体、客体等方面都具有特殊性。②

(1)我国土地市场主体特点

土地市场主体是指土地市场的参与者(法人、其他组织和自然人)，包括供给者、需求者、中介者和管理者等。①供给者。供给者是向土地市场提供交易对象的经济行为主体，主要是土地所有者和开发者、使用者(含经营者)。②需求者。需求者是通过土地交易取得土地所有权、使用权、租赁权、抵押权等土地权利的单位和个人。③中介者。由于土地市场信息缺乏，交易过程需大量的专业知识，而普通买者并非经常参与土地交易。因此在土地市场上，通过土地供求双方直接面议成交的仅为少数。对于大量的土地交易，土地供求双方往往通过土地交易中介机构(如经纪人等)来完成。可见，土地交易中介者是土地市场中的一个重要主体。④管理者。市场管理者的基本任务在于维持交易秩序，提供交易质量和效率，协调土地交易关系。管理者包括国家的有关部门，如土地、房地产、物价、工商行政、税务等管理部门。除必要的行政手段外，主要通过价格、税收、信贷、利率等经济杠杆进行管理。

在我国，土地的所有者是国家或集体，因此我国土地市场上土地的最初供给者不可能是个人或单位，只能是国家或集体，这导致我国土地供给者在源头上的单一性和集体性。此外，由于我国土地公有，很多情况下土地市场的供给者和管理者重叠，也就是说在国有土地进入土地市场时，作为土地的所有者——国家是国有土地的最初供给者，同时国家的有关部门又是土地市场的另一主体——管理者，这就使得国家在土地市场上具有双重身份。正因如此，其管理者的监管职能常受到质疑。

---

①　参见何芳编著：《城市土地经济与利用》，同济大学出版社2004年版，第162页。

②　参见刘小玲：《制度变迁中的城乡土地市场发育研究》，中山大学出版社2005年版，第34页。

(2)我国土地市场客体特点

市场客体是市场交易的对象。土地市场运行中的客体，就是土地本身及其权利关系。土地最基本的特点是土地在流通过程中，流通或转移的不仅是土地物质体，更重要的是土地权利关系。

在改革开放以前，我国不存在真正意义上的土地市场。① 1988 年宪法修正案明确规定，土地的使用权可以依照法律的规定转让。自此，我国建立法定意义上的土地市场才有了充分的法律依据，土地作为生产要素之一，才真正进入市场进行流通，如土地使用权出让、转让、出租、抵押等。但依据当时的法律，土地市场的交易对象仅限于国有土地使用权。

从我国现行国家层面的法律来看，集体土地除被征收为国有土地而改变土地所有权的情形外，我国土地的所有权是不能进入市场进行转移的。因此，在我国土地市场上可以交易的仅限于与土地所有权相分离的土地使用权。从地域角度看，国家层面法律肯定的土地市场的客体也仅限于城镇国有土地使用权以及农村土地承包经营权，换句话说，集体所有的建设用地使用权和宅基地使用权尚未被现行基本法纳入可交易的土地市场之中。

(二)土地市场分类

我国土地市场可以根据不同的标准进行不同的分类，主要有以下几种。

第一，按土地所有权主体划分，分为国有土地使用权市场和集体土地使用权市场。我国土地按所有权主体划分可分为国有土地和集体土地。相应地，土地市场就可以分为以国有土地使用权为客体的土地市场和以集体土地使用权为客体的土地市场。从我国现行法律规定来看，随着《城镇国有土地使用权出让和转让暂行条例》的颁布，国有土地使用权市场逐步建立，我国土地市场的客体限于国有土地使用权。集体土地使用权市场在现行法律层面尚未放开，但在实践中已形成隐形市场，并迫切需要政策法律的肯定，以建立和完善集体土地使用权市场。

第二，按土地市场主体身份划分，分为涉外(国外或境外)土地市场和境内

---

① 参见胡彬：《制度变迁中的中国房地产业——理论分析与政策评价》，上海财经大学出版社 2002 年版，第 62 页。

(我国大陆)土地市场。我国《城镇国有土地使用权出让和转让暂行条例》第3条规定:“中华人民共和国境内外的公司、企业、其他组织和个人,除法律另有规定者外,均可依照本条例的规定取得土地使用权,进行土地开发、利用、经营。”可见,我国国有土地使用权市场中的主体也包括国外或境外的自然人、法人或其他组织。因此,土地交易中的一方主体是境外的单位或个人的应属于涉外土地市场;交易双方都是境内单位、个人的应属于境内土地市场。就集体土地使用权的流转而言,目前仅存在境内土地市场,尚无境外土地市场。

第三,按土地市场交易梯次划分,分为土地一级市场和二级市场。土地一级市场主要指土地使用权出让、出租市场,即土地所有者将一定期限内的土地使用权让与或出租给土地使用者而形成的市场,反映的是土地所有者和土地使用者之间的经济关系。[①] 土地一级市场上的主要市场活动是国家以土地所有者的身份,将土地使用权按规划要求和投资计划及使用年限,出让或出租给土地使用者或开发商。由土地所有制所决定,现行我国土地一级市场是国家垄断的市场。[②] 政府通过土地供应计划和规划,对出让土地的建设规模、土地开发计划、土地的位置及面积、土地的使用要求作出规定,并根据这些规定和需要,对土地出让活动实行直接调控。

土地二级市场是土地使用权在土地使用者之间流转所形成的市场,主要指土地使用权的转让、转租和抵押等。土地二级市场上的主要市场活动是开发商根据政府的有关规定和出让、出租合同要求,对土地进行开发和建设,并将经过开发的土地使用权连同地上定着物进行转让、转租或抵押。其受让方可以是二手的开发经营者,也可以是直接的土地使用者。

我国集体土地流转尚未被允许,尚未建立合法规范的市场机制,属于还未开放的土地市场。但在集体土地流转试点地区,其一级市场和二级市场均已形成。

第四,按土地类型划分,分为农用地市场和建设用地市场。根据《土地管

---

① 参见陈巍:《我国城市土地流转机制初探》,载《福建农林大学学报(哲学社会科学版)》2002年第4期。

② 参见刘祥元:《关于土地经济问题的思考》,载《齐鲁学刊》2007年第2期。

理法》第4条的规定，土地可按用途分为农用地、建设用地和未利用地。相应地，土地市场可以划分为农用地市场和建设用地市场。由于未利用地只能先转化为农用地或建设用地后再进入市场，因此不会形成未利用地市场。从我国目前的土地状况来看，农用地多数为集体所有的土地，因此农用地市场也是集体土地使用权市场的一部分，除农地承包权可依法流转外，农地向其他功能用地的转变等仍受到极大限制。

（三）土地市场模式

目前西方发达国家的土地市场运行模式归纳起来可分为两类，即以土地私有制为基础的市场模式和以土地国家所有制为基础的市场模式。[①] 以土地私有制为基础的市场模式以美国、日本、法国等国家为典型，在这些国家，土地是私有的，土地可在市场上自由买卖，价格由土地市场供求等因素决定。以国家所有制为基础的市场模式则以英国和英联邦国家或地区为代表，如新加坡，土地所有权属于政府，但若干年的土地使用权以有偿、有期、有条件的方式通过市场"批租"出去，政府拥有最终业权和支配权，并通过市场调节土地的利用。

比较上述两种土地市场模式可以看出，他们都是以市场经济为基础，通过市场机制来配置土地资源的。具体而言，土地价格由土地市场的供给和需求决定。土地的供给与需求通过市场机制的作用确定土地的均衡价格，一定的价格水平反过来又通过市场机制来决定土地的供给与需求。同时，土地市场的进出是自由的。土地市场的主体可以是任何土地所有者、使用者和经营者，只要有交易土地的意愿都可以自由地进入土地市场。当然，无论是以土地私有制为基础的市场模式还是以土地国家所有制为基础的市场模式，虽具有较高的市场化程度，但鉴于土地资源的稀缺性及土地在国民经济中的特殊地位和作用，各国政府仍对土地市场实施干预和监管。

上述两种土地市场模式虽有诸多相同之处，但毕竟土地所有制不同，其土地市场亦有所差别。首先，土地市场交易客体不同。土地私有制国家中，大部分土地属于私人所有，因此，土地所有权及其派生的各种权利可在土地市场上

---

① 参见王霞、尤建新编著：《城市土地经济学》，复旦大学出版社2004年版，第157页。

自由交换,是土地市场的客体。但是土地国家所有制的地区,土地所有权属于国家,不能进入市场交易,可供土地市场交易的只有土地所有权以外的其他权利,如土地使用权、抵押权、租赁权等。其次,土地市场竞争程度不同。虽然两种土地市场模式下的市场化程度都很高,但比较而言,土地私有制比土地国家所有制下的土地市场更具有完整性和竞争性。因为在土地国有制下,土地使用权的获得大多需要通过政府以"批租"方式取得,政府就能以此控制土地市场供给,使市场竞争程度受到一定的限制。①

上述两种土地市场模式从实际运行效率角度看,都是同等有效的,市场机制对土地资源的配置都发挥着同样的作用。鉴于土地所有制的特点,以土地国家所有制为基础的发达国家土地市场模式对我国更具有借鉴意义。

(四)土地市场运行机制

土地市场运行机制就是在土地市场系统各种市场要素之间的相互联系、相互依存、相互作用以及土地市场运动的内在机理。土地的价格机制和供求机制是土地市场运行机制的核心。②

1.土地市场价格机制

价格机制是实现价值规律作用的基本形式。价格机制由四个层次构成:一是作为其核心的价格形成机制,即各类经济组织对价格形成参与权的配置结构,以及由此决定的价格形成方式、价格形式和价格体系;二是价格运行机制,主要指价格如何与其他经济要素相联系,从而对市场和经济运行发挥调节作用;三是价格约束机制,主要是通过法律、法规对价格行为的规范;四是价格调控机制,包括国家对市场价格实行间接调控的组织原则、方式和方法等。

土地市场价格机制就是在土地市场竞争过程中市场价格变动与商品供求变动之间的有机联系和相互作用。在完全竞争的土地市场价格运行过程中,"供求—价格—供求"形成一个自我调节的循环,市场价格不断地偏离供求均衡点,又不断地趋向新的供求均衡点,从而形成一个内在的使价格趋向合理的

① 参见王克强、王洪卫、刘红梅主编:《土地经济学》,上海财经大学出版社2005年版,第130~131页。

② 参见何芳编著:《城市土地经济与利用》,同济大学出版社2004年版,第168页。

自动调节机制。

2. 土地市场供求机制

土地供给是在某一特定时间内、在某一土地市场上、某类用途土地在某一价格下出售或出租的数量，这是一种有效的供给。土地市场是一个地域性市场，土地价格相同，不同的地域市场内土地供给不同；土地用途不同，即使在同一地域市场内，市场价格也不相同。

一般而言，无论市场上土地价格如何变动，土地的自然供给是不变的，即土地自然供给基本无弹性。但是，由于土地用途是可以改变的，因此对某一用途的土地而言，土地的供给也是可以变化的，这就是土地的经济供给，它一定程度上是有弹性的。但是由于土地开发资金量大，时间长，且土地用途在短期内很难改变，土地经济供给一般跟不上需求变化，具有滞后性。于是在短期内，土地的经济供给也很难改变，表现为无弹性或弹性很小。

影响土地经济供给量的因素有很多，具有决定性的有如下几方面：土地的自然供给、土地价格、国家的税收政策、土地利用计划和规划、土地开发成本和建筑技术水平等。①

土地需求是在某一特定时间内，在某一土地市场，某类用途土地在某一价格下被购买或出租的数量。土地作为一种生产要素，其需求是一种引致需求。② 由于土地的产品，如农产品、房屋等，是消费者的最终消费品，人们对其消费，能给投资者带来利润。消费者对土地产品的欲望和需求最终引致投资者对土地的需求。土地市场是有弹性的，如住宅价格的上涨，使住宅投资利润增加，从而吸引更多的社会资金投资住宅生产，最终导致对城市住宅用地需求的增加。

3. 土地市场竞争机制

所谓竞争，就是发生在交换主体之间的物质经济利益关系，竞争存在的前提是交换双方存在土地的经济利益。竞争的结果是优胜劣汰，实现资源的优

---

① 参见简德三、王洪卫主编：《房地产经济学》，上海财经大学出版社2003年版，第188页。

② 参见刘润秋、蒋永穆：《论房价决定地价——兼论当前房地产宏观调控政策》，载《社会科学研究》2005年第6期。

化配置和生产要素的优化组合。土地市场的竞争表现在以下几个方面。

首先,土地市场竞争最直接的表现是土地供需双方围绕交易条件而展开的讨价还价。一方面,在土地交易过程中,供给方喊出一定的“要价”,就意味着需求方只有付出相应的代价才能获得所需的土地,这种代价成为一种压力制约着需求方的行动。另一方面,需求方总希望以尽可能低的代价获得供给方的土地。这样,供给方就会收到需求方“还价”的压力。土地供需双方就表现为供需双方所拥有的“议价力量”的较量。

其次,土地市场的竞争还表现在供给方之间的竞争和需求方之间的竞争。供给方之间会通过竞争争取以较高的价格供给土地;需求方之间会通过竞争获得自己需要的土地。

最后,土地市场的竞争还表现在土地用途之间的竞争,就是土地区位选择最佳用途的竞争。由于在同一区位上,不同用途获得的收益是不同的,同一用途在不同区位上所能获得的收益也有较大的差异。土地需求者具有选择最佳区位和最适用于进行生产经营用地的动机,各用途土地区位上的竞争必定会产生。

(五)土地市场的宏观调控

1. 土地市场宏观调控的必要性

市场配置土地资源具有巨大的优越性,应当充分发挥市场机制在土地资源配置中的基础性作用。但市场配置仍然需要国家的宏观调控,这是因为市场配置有其局限性,如外部性问题和土地市场调节的滞后性等,在土地市场失灵的地方,需要通过政府宏观调控来弥补。

2. 土地市场宏观调控的特点

市场经济体制下政府对土地市场进行的宏观调控,是由政府事先决策的、有目的、有计划的行动,是政府对市场经济活动所采取的各种调控、干预和管理措施的总和。与计划经济体制下的政府调节相比,市场经济体制下土地市场的宏观调控具有其自身的特点。

首先,市场经济体制下的政府调控是为了补充土地市场配置的不足,弥补市场失灵,政府调控的范围限于市场失灵的区域,主要是宏观经济领域。在微观经济领域则充分发挥市场机制作用,政府尽可能少地干预。

其次，市场经济体制下的政府调控是以市场机制为基础，遵循市场规律，通过各种手段对市场运行加以引导，促进土地市场发挥其基础性作用，限制其消极作用，弥补市场的不足。因此，它是以间接调控为主的宏观调控体系，它并不排斥土地市场机制，而是与市场机制相兼容。从一定意义上说，政府的宏观调控是土地市场更好发挥作用的条件。

最后，市场经济体制下的市场调节和政府调控都是覆盖全部土地交易和土地利用活动的。政府调控要以土地市场机制为基础，通过对土地市场的影响发挥作用，不能"板块式"地划地而治，如城市国有建设用地由市场配置，农村集体建设用地由计划配置；土地一级市场由政府计划配置，二级市场由市场机制配置。这种城乡割裂、一级市场和二级市场分割，统一的土地资源分别由两种不同的机制进行配置的格局不是市场经济体制，也不可能实现土地资源的合理配置。

明确市场经济下国家宏观调控与土地市场配置的关系，才能正确理解土地资源市场化配置中宏观调控的内涵和作用，才能更有利于土地的合理与高效利用。对于土地资源的配置，既要充分发挥市场机制的作用，又要加强政府的宏观调控和引导，二者不是对立的，而是相辅相成、缺一不可的。

三、产权理论

（一）产权内涵

在对产权的研究进程中，经济学家及法学家们从不同角度对产权进行了考察，作出了许多的经典解释，其中具有代表性的概括起来主要有以下几种。

1. 从所有权角度对产权的理解

用所有权概念来解释产权是对产权内涵最直接、最核心的阐述，但就产权和所有权间的关系，又产生了如下两种观点。

一是认为产权即对财产的所有权。《牛津法律大词典》定义产权为"亦称财产所有权，是指存在于任何客体之中或之上的完全权利，它包括占有权、使用权、出借权、转让权、用尽权、消费权和其他与财产有关的权利"。西方学者菲吕博腾（E. G. Furubotn）和平乔维奇（S. Pejovich）认为："产权不是指人与物之间的关系，而是指由物的存在及关于他们的使用权所引起的人们之间互相认可的行为关系。产权安排确立了每个人相应于物时的行为规范,每个人都必须遵守他与其他人之间的相互关系,或承担不遵守这种关系的成本。"①这种规范或准则即为罗马法中的所有权,平乔维奇认为,所有权包括四方面的权利:(1)使用属于自身资产的权利和在一定条件下使用他人资产的权利,统称使用权;(2)从资产中获得收益的权利,包括从自己所有的资产上取得收益和租用他人资产并从中获得收益的权利,统称收益权;(3)变化资产的形式和本质的权利,即处置权;(4)全部让渡或部分让渡资产的权利,即交易权。平乔维奇等人关于产权即为所有权的定义,与罗马法、普通法关于产权的定义是一致的,即产权对财产的所有权,它是由对财产所有关系而产生的包括占有权、支配权、使用权、处分权和收益权在内的权利束。

二是认为产权是一个比所有权更为宽泛,包括一切关于财产权能在内的范畴。西方学者 P. 阿贝尔(P. Abel)认为产权是包括所有权、使用权、管理权、收益权、转让权、处置权等在内的权利,其范畴比所有权宽泛得多。这种观点认为产权即财产权,与所有权不同。产权不仅包含所有权的各项权能,而且包括所有权以外的与财产相关的权利,如与所有权相分离的使用权,对财产的抵押权,对财产的控制、指挥权等。在我国也有一些学者把所有权作为产权的一部分,如黄少安认为,产权是对特定财产的一组权利,掌握全部产权的主体可以通过把所有权以外的其他产权分离出去的方式来行使产权,可见产权的范畴比所有权更宽泛。②

2. 从其自身的社会特性角度对产权的理解

对产权的诠释,另一类角度是摆脱与所有权的纠结,从产权自身的社会特性出发,从不同角度理解产权的内涵,主要有以下几种观点。

一是从权利的规范性角度看,产权是法律或国家强制性规定下人对物的权利。法国民法规定,产权就是国家或政府强制规定的,在法律允许下可以最

① [美]E. G. 菲吕博腾、[南]S. 平乔维奇:《产权与经济理论:近期文献的一个综述》,载[美]R. 科斯等著:《财产权利与制度变迁——产权学派与新制度学派译文集》,刘守英等译,格致出版社、上海三联书店、上海人民出版社 2014 年版,第 148 页。

② 黄少安:《产权·产权制度·所有制》,载《经济评论》1993 年第 2 期。

独断的方式处理物品的权利。在我国，法学学者普遍认为，产权就是《民法典》中的财产所有权及与财产所有权有关的财产权，包括物权、债权、知识产权和股权等，其中物权是产权的核心内容，包括自物权和他物权。产权中的财产所有权相当于自物权，是权利主体对自己的所有物享有的权利；与所有权有关的财产权相当于他物权，是在他人所有权基础上产生和设立的权利，主要包括用益物权如使用权、承包经营权等，亦包括担保物权如抵押权、质押权等。

二是从社会功能角度看，产权是人们在交易活动中确定自身行为的依据。定义产权需要从其功能作用出发加以概括，而不能抽象地定义为所有权，因为"所有权"本身的概念在经济上无足轻重，可有可无，只有当其以分解后的具体权利状态存在时，才有实际的意义。可以说，脱离功能分析的产权定义是缺乏解释能力的。德姆塞茨（H. Demsetz）指出："产权是一种社会工具，其重要性在于事实上它们能帮助一个人形成与其他人进行交易时的合理预期……产权的所有者拥有他的同时同意他以特定的方式行事的权利。""产权包括一个人或其他人收益或受损的权利……产权是界定人们如何收益及如何受损，因而谁必须向谁提供补偿以使他修正人们所采取的行动"①。通过对产权功能的概括，德姆塞茨将产权归结为一种协调人们关系的社会工具。

三是从权利客体角度看，产权不只是人对财产本身的所有关系，也是在对物的利用过程中所产生的人与人生产关系的体现。西班牙学者 P. 施瓦茨（P. Schwartz）认为：产权不仅是指人们对有形物的所有权，同时还包括人们有权决定行使市场投票方式的权利、行使特许权、履行契约的权利以及专利和著作权。该观点把无形的权利也作为一种财产，视为产权的客体，极大地扩大了产权的内涵，如企业承包经营权、矿山开采权以及各种广告传播权等也可视为产权。在这些情况下，财产的所有者仍然保留着对财产的所有权，但财产的使用权已转让给他人行使，后者即成为使用权这项权利的所有者，也包括对各种合法权利如著作权、专利权的支配、使用、处置和收益等。

通过上述对产权认识观点的归纳和总结，可以看出，基于不同的出发点和

---

① H. Demsetz, *Toward a Theory of Property Rights*, The American Economic Review, Vol. 57, No. 2.

考察问题的角度,产权的含义有所不同,每一种观点均根据具体研究需要和特定条件而得来,亦不可能全面而准确。本书力图从产权的本质出发,综合前人研究成果并结合自身的研究需要,对产权作如下界定,以作为本书对土地产权讨论的逻辑起点和研究基石。

产权是包含所有权等一系列权利在内并呈现一定权能结构的权利束,财产交换的本质是附于财产之上的权利交易。

产权是指存在于任何客体之上的全部权利,包括占有权、使用权、消费权、收益权、转让权、出借权和其他与财产有关的权利。产权是上述若干独立权利的集合,其中的一些,甚至很多独立权利可以在不丧失所有权的情况下让与。

(二)产权与经济效率

产权制度是一种基础性的经济制度。它不仅独自对经济效率有重要影响,而且又构成市场制度以及其他许多制度安排的基础。因此,界定产权的产权制度应当以效率为基本价值取向。根据效率最大化的产权观,资源应当配置到能够产生财富最大化的地方,且要尽量减少资源使用行为的外部负效应。这些要求既与资源配置方式即市场化问题有关,又与资源配置结果即产权法律制度安排有关。

从产权制度安排来看,波斯纳提出了符合效率的产权界定和性质方面的三个标准:(1)产权的确定性。这包括两层含义:一是所有资源都应当有其产权主体;二是产权主体的权利界定应当清晰明确。产权的确定性,一方面可以避免无主资源遭到无节制利用和浪费,通过法律界定产权主体使有用资源得到有效利用;另一方面可以避免权利界限不清的多方主体对资源的争夺,从而在产权明晰的条件下提高对资源的利用效率。(2)产权的排他性。该特性不仅是产权人排除他人对资源的利用,更主要的是其对利用资源所产生收益的排他性享用。对资源的利用是为了获得收益,产权具有排他性,才能刺激产权人对资源的投入,使成本与收益内部化,提高产权效率。(3)产权的可转让性,即资源可以在不同的权利人之间进行转移。市场经济最基本的特征是权利的自由交易。产权的可转让性使得权利资源交易的前提条件得以具备。产权的自由转让,能够诱使资源转移到最具有生产效率的人手中,一方面资源通过转让由较低价值用途转向较高价值用途,实现财产增值;另一方面产权转让可以实现产权重组,改善单个财产所有者经营的不利益,从而实现规模效益。

可见,产权的确定性、排他性和可转让性有利于实现资源配置优化,同时也是产权完整和安全的必备条件,而产权的完整性的意义就在于产权效率的发挥。① 在现实的经济运行中,产权的完整性体现为经营决策权、资产处置权和收益享用权。产权是否完整,主要可以从产权是否具有排他性和可转让性来衡量,如果权利所有者对他所拥有的权利有排他性的使用权、收入的独享权和自由的转让权,就可以认为他拥有的产权是完整的;反之,如果他的这方面的权能受到限制或禁止,他所拥有的产权就是残缺的。因此,所谓对产权的"保护",不仅仅是保护它们不被"充公",而且还要保护人们能够得到更加完整的产权权能,特别是使人们能够对其财产拥有自由处分权或交易权,只有这样才能在产权制度安排上保证资源配置效率的实现。

(三)土地产权的性质

土地产权的范畴应包括微观和宏观两个方面。从微观角度看,土地产权就是有关土地财产一切权利的总和,它包括土地所有权、土地使用权、土地抵押权、土地租赁权等一系列权利,且该权利束呈现一定的权能结构,土地产权交易就是产权权利主体之间的产权权能的转移。从宏观角度看,土地产权亦指随经济发展而变迁的土地产权制度及其权利制度结构,如土地所有制、土地使用制等。土地产权制度是一个国家土地产权体系构成及其实施方式的制度规范。一个国家土地产权制度的变化或改革深刻影响着该国土地产权,既包括土地所有权又包括从所有权中分离出来的他项权利的内涵及实现。

在市场经济下,进入市场交易的土地产权,可以是分解的若干独立的权利或其组合,同时进行交易的"权利束"会随产权市场化的发展而有所变化。② 土地产权的界定,不仅应包括对土地所有权和土地使用权从主体到内容的明确界定,同时还必须确定其他土地权利,如土地租赁权、土地抵押权、土地发展

① 参见张合林:《实现农民的土地财产权益是增加农村居民财产性收入的根本途径》,载《城市发展研究》2008 年第 5 期。

② 参见刘新芝等:《城市土地产权制度的改革研究》,载《山东社会科学》2006 年第 3 期。

权、地役权等。具体而言,土地产权具有如下性质。

1. 土地产权从主体上看具有排他性

产权的排他性是指产权主体享有排除他人对产权客体进行干涉的权利。对土地产权而言,其排他性表现在两个方面。一是一块土地上的某特定权利只能有一个主体。这意味着同一块土地不能有两个以上权利内容互不相容的主体,如同一块土地不能有两个所有权人。但同一块土地上可能存在权利内容相容的不同主体,如土地所有权人和使用权人可以共存,但各自的权能范围不同且有明确界限。二是土地产权主体及其权利范围一旦被确定,土地产权人就可以直接支配其享有的土地之上的权利,阻止他人进入其特定的权利领域,而其他人对土地产权人负有不可侵害和妨害的义务,任何人侵害其权利时,土地产权人可以行使请求权,以排除他人侵害并恢复产权的圆满支配状态。①

2. 土地产权在内容上具有多样性

土地产权的多样性主要体现在两个方面。一是从土地空间利用上看,土地产权具有类型多样性,随着资源配置效率的提高,人类对土地的利用已经不再局限于土地表面,而是朝着立体方向发展。在城市,高层建筑、高压线缆、高架道路、地铁及地下停车场等陆续出现;在农村,也出现了高压线缆、航空飞行、高架桥梁、地下排水管道、隧道、地下水利用等。我国《民法典》物权编明确规定土地可分层次加以利用,进一步确定了土地空间权,使地上或地下空间的利用成为决定土地价值和使用价值的重要因素,并构成土地权利不可分割的重要部分。二是从土地权利权能上看,土地产权具有内容多样性。权能是产权的主体对财产的权利或职能,说明产权主体与财产的关系和对财产应有的处理方式。② 根据土地产权权能的不同,可将土地产权横向细分为土地所有权、使用权、收益权和处分权等。土地各项权能的分离可构成不同的产权形式,如建设用地的所有权与使用权相分离构成地上权;使用权与收益权相分离

---

① 参见周林彬、李胜兰:《物权新论——一种法与经济学分析的思路》,载《湘潭大学社会科学学报》2000 年第 6 期。

② 参见马国强:《产权与民间投资的激励》,载《中南财经政法大学学报》2003 年第 4 期。

构成土地租赁权；使用权与处分权相分离构成土地抵押权等。此外，从纵向角度看，土地产权还可细分为土地出资权、土地经营权和土地管理权等。

3. 土地产权从客体上看具有特定性和可交易性

土地产权是有关土地财产一切权利的总和。因此，土地产权的客体具有特定性，即土地资源包括地上、地表、地下空间，每一个产权都特指某一土地资源上的特定权利内容。在同一块土地资源上可同时存在多个权利，如土地所有权、土地使用权、土地租赁权、土地抵押权等，多个权利的存在使得产权界定日益重要，各权利主体需要有明确的权利界限，才能在既定的规则下共同行使权利，达到各自的利用目的。

土地资源从地理角度看是一成不变、不可移动的，但是从经济角度看，其是可以在不同主体之间进行流动和配置的，即土地具有可交易性。土地交易的实质就是土地产权的流转，可分为土地产权的永久性交易和有限期交易。土地所有权交易必然是永久性交易，土地所有权以外的土地产权交易必然是有限期交易。有限期交易的主要特点是：相应的土地产权只在合同期内让渡，合同期满时，又回归原主体。土地作为一种特殊的稀缺资源，是人类赖以生存的条件，为了提高其资源的利用效率，必须促使土地产权进行交易并努力实现市场化，以实现土地资源的最优化配置。

四、地租地价理论

（一）马克思主义的地租地价理论

地租理论起源于西方古典经济学。17 世纪后期，英国古典经济学创始人威廉·配第（William Petty）在其著作《赋税论》中指出，劳动是财富之父，土地是财富之母，并认为地租是劳动产品扣除生产投入、维持劳动者生活必需后的余额。他首次提出了级差地租的概念，从土地肥力及土地位置即距离市场远近的差异角度对其进行了分析，为级差地租理论的建立奠定了基础，做出了开拓性的贡献。此后，杜尔阁（Anne Robert Jacques Turgot）、亚当·斯密（Adam Smith）、大卫·李嘉图（David Ricardo）、詹姆斯·安德森（James Anderson）等对地租理论进行了更加系统的研究。特别是英国经济学家安德森在前人的基础上最早研究了级差地租的基本特征，对级差地租理论做出了巨大贡献。

马克思在对西方古典经济学派的批判和继承中创立了马克思主义地租地价理论，以劳动价值论、生产价格论和剩余价值论为理论基础，科学地阐述了资本主义土地私有制下地租地价的本质。

马克思主义地租地价理论认为，地租是土地所有权与使用权分离的结果，是土地所有权在经济上的实现。就其实质而言，地租是超额利润的转化形式，是农业资本家获得了平均利润后，交给土地所有者的超额利润，是剩余劳动产物。从农业资本家来看，资本进入农业部类要确保它至少能获得社会平均利润，如果获得不了，资本就会从农业部类退出，转而投资于工业等其他部类。从土地所有者来看，将土地租给农业资本家使用就是为了能获得一定的地租，否则宁愿让土地荒芜。由此，农业资本家所获得的剩余价值就必须要大于社会平均利润，其中超过平均利润的那部分价值或者说超额利润，就是农业资本家付给土地所有者的地租。

马克思主义地租理论是以资本主义经济为主要对象，以农业地租为典型的。马克思将资本主义地租分为绝对地租、级差地租和垄断地租。在土地私有权存在的条件下，不管土地的肥沃程度和位置优劣如何，农业资本家租用任何一块土地，哪怕是最差的土地，都必须要给土地所有者支付地租，这就是绝对地租。在土地所有权的垄断下，农业资本家不向土地所有者提供绝对地租便不可能使用土地进行农业活动，可以说，土地所有权对土地的投资起着绝对的限制作用，绝对地租是土地所有权垄断的直接结果。土地存在差异性和有限性，是形成级差地租的自然基础，由土地有限而产生的土地经营垄断是级差地租产生的真正原因。从构成来看，由于土地肥力和位置（距市场远近）的不同，以及在土地上连续追加投资引起的劳动生产率的差别所产生的超额利润构成级差地租，前者是级差地租Ⅰ，后者是级差地租Ⅱ。垄断地租源于因对具有少数特别优越自然条件的土地的垄断而形成的产品垄断价格所带来的超额利润。这种产品垄断价格只由购买者的购买欲和支付能力决定，而与一般生产价格或产品价值所决定的价格无关，所产生的超额利润由于土地所有者拥有对这种具有特殊性质的土地所有权，因而转化为垄断地租，落入土地所有者手中。由此，地租＝绝对地租＋级差地租Ⅰ＋级差地租Ⅱ＋垄断地租。

对于土地价格,马克思主义地租地价理论认为,土地不是劳动产品,从而没有价值,但由于土地具有特殊的使用价值,在生产过程中,土地作为不可缺少的生产要素一经投入劳动,可以永续地提供产品和服务即产生地租,正因为有了地租,才产生了土地价格。实际上,土地价格不是土地的购买价格,而是土地所提供的地租的购买价格。土地价格的实质是地租的资本化,是一次提前付清的未来的地租。土地价格的基本公式是:土地价格 = 地租/土地还原利率。

(二)现代西方经济学地租地价代表理论

1. 土地供求理论

以供需均衡理论分析地租地价的代表人物有马歇尔(Alfred Marshall)、萨缪尔森(Paul A. Samuelson)等。英国经济学家马歇尔在边际效用价格理论基础上,应用古典学派的供应——成本模型分析地租地价,认为供给与需求同时对价格发生作用,完善市场机制使价值、价格与成本达到均衡,构建了市场均衡价格理论。美国现代经济学家萨缪尔森认为,土地的自然供给是无弹性的,而土地的需求是一种引致需求,土地的价格由土地的市场供给和市场需求决定。由于土地供给数量是固定的,因而地租量或地价完全取决于土地需求者之间的竞争。

土地供求理论认为地租地价的成因是土地的效用、土地供给的相对稀缺性与有效需求不断增长相互作用的结果,其核心是土地市场的供求关系决定土地价格。以 L 表示土地数量,P 表示土地价格。从整个社会来看,土地数量是固定的,土地供给是无弹性的,得到如图 1.1 所示的供给曲线 S,需求曲线 D 与供给曲线 S 相交于 E 点,即于价格 P 点达到市场均衡。但就某一具体用途的土地来说,其供给量并不是不变的,当某一用途的土地能产生较高收益时,就会有更多土地投入到该用途上来,这样,某一具体用途土地的供给是有弹性的,如图 1.2 所示。由于土地利用方向变更的困难性,因此某一具体用途下土地的供给弹性也较小,表现为较为陡峭的供给曲线 S′,仍与需求曲线 D′相互作用,达到相交的市场均衡点 E′,形成土地的市场价格 P′。

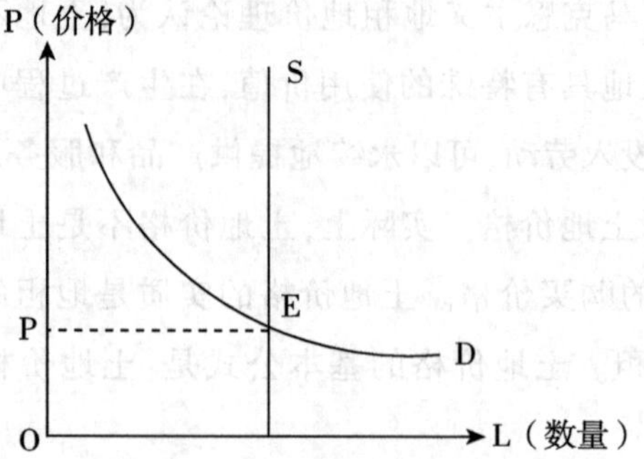

图 1.1　土地供给无弹性情况

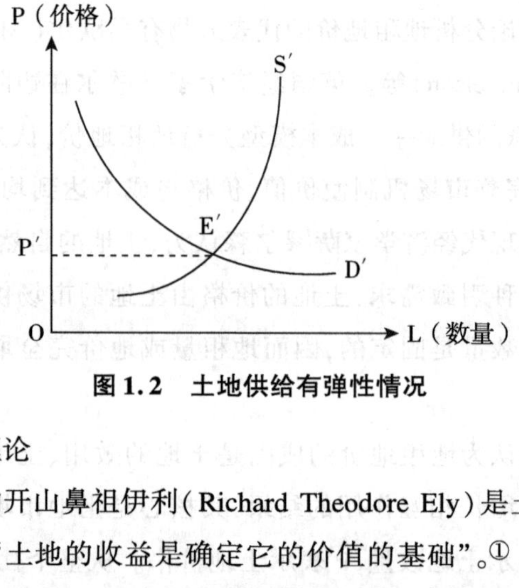

图 1.2　土地供给有弹性情况

2. 土地收益理论

土地经济学的开山鼻祖伊利（Richard Theodore Ely）是土地收益理论的代表人物。他指出："土地的收益是确定它的价值的基础"。① 这里，土地收益是指正常情况下的土地收益，处于最佳利用方向的土地收益。而地租是指经济地租，即土地总收益扣除总成本的余额。如果土地的"总收入刚够劳力和其他费用的开销，而土地则毫无收益，因此我们说没有地租可言"。

伊利认为，由于土地可以年复一年地产生收益，这便是"土地年收益系列"，或称为"地租流"。那么，"把预期的年收益系列资本化而成为一笔价值基金，这在经济学上就称为土地的资本价值，在流行词汇中则称为土地的售价"。② 他指

① ［美］伊利、莫尔豪斯：《土地经济学原理》，滕维藻译，商务印书馆 1982 年版，第 223 页。
② ［美］伊利、莫尔豪斯：《土地经济学原理》，滕维藻译，商务印书馆 1982 年版，第 225 页。

出:"应当注意,并不是资产价值决定收益,而是收益决定资本价值。"即土地价格就是土地收益的资本化。用公式表示为:

$$P = \frac{R - C}{r}$$

式中,P 为土地价格;R 为预期总收益,指正常管理水平、正常市场状况、最佳土地利用形态时的收益;C 为预期总成本,包括各种税收、运营成本、建筑物折旧费等;r 为土地还原率。

3. 土地竞标理论

有关竞标地租的理论最早出现在冯·屠能(Johann Heinrich von Thünen)的著作中,其后以威廉·阿伦索(William Alonso)为代表的西方城市土地经济学家进一步予以了完善。屠能作为农业区位理论的创始人对地租地价理论的贡献是重点说明了土地位置与地租的关系。他认为,某一种产品的价格常与产地至消费中心市场间的距离密切相关,即某产品中心市场价格通常等于产地价格与产地至中心市场运输费用的总和。这个运费实际上就是区位地租。他通过建立模型得到地租与产地至中心市场距离的线性函数关系,画出了向下倾斜的"竞价地租曲线",如图 1.3 所示。可见,L* 为临界距离,超过这一界线,该种农产品生产将无利可图。屠能把这种分析扩大到任意多种农作物,对于每一种农作物来说,都有一条竞标地租曲线,在竞争条件下,土地将分配给愿意出最高价格的使用者,这样在每一土地位置上便形成最高竞标租金,即其市场均衡租金。

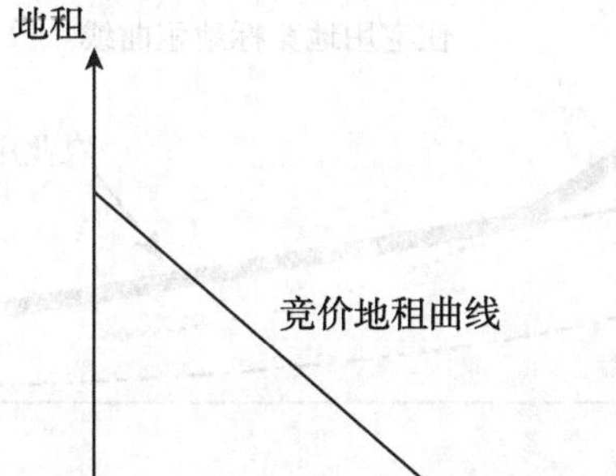

图 1.3　屠能竞价地租曲线

阿伦索作为英国著名的经济地理学家,成本—市场学派的主要代表人物,其主要贡献在于首次引进了区位平衡概念,将基地规模加入地价分析,将空间作为地租问题的一个核心进行了探讨。阿伦索的竞价地租理论以城市土地为主要研究对象,他先根据城市土地的不同用途划分为商业用地、工业用地和居住用地等,然后通过一系列假设建立模型分析出每一种用途城市土地的竞标地租曲线,并将同一区域内各用途土地包括农业用地的竞价地租曲线放在同一坐标内,得到在竞争的自由市场下所决定的整个城市的现实市场均衡地租曲线,如图1.4所示。这条市场均衡曲线是城市各种用地竞标地租曲线的包络线,它与各种用地的最高竞标地租是相一致的。在市场均衡地租曲线下城市土地市场处于均衡状态,该曲线的每一点上,土地的需求量与供给量相等;城市土地需求者的效用或利润达到最大,土地所有者的地租收入也达到最大,城市土地资源由此得到了最佳的配置。可见,土地竞标理论下所谓竞标地租就是指人们愿意向不同位置的土地支付的最大费用,它是竞标者为了某项用途而利用该地所愿意支付的最高费用。

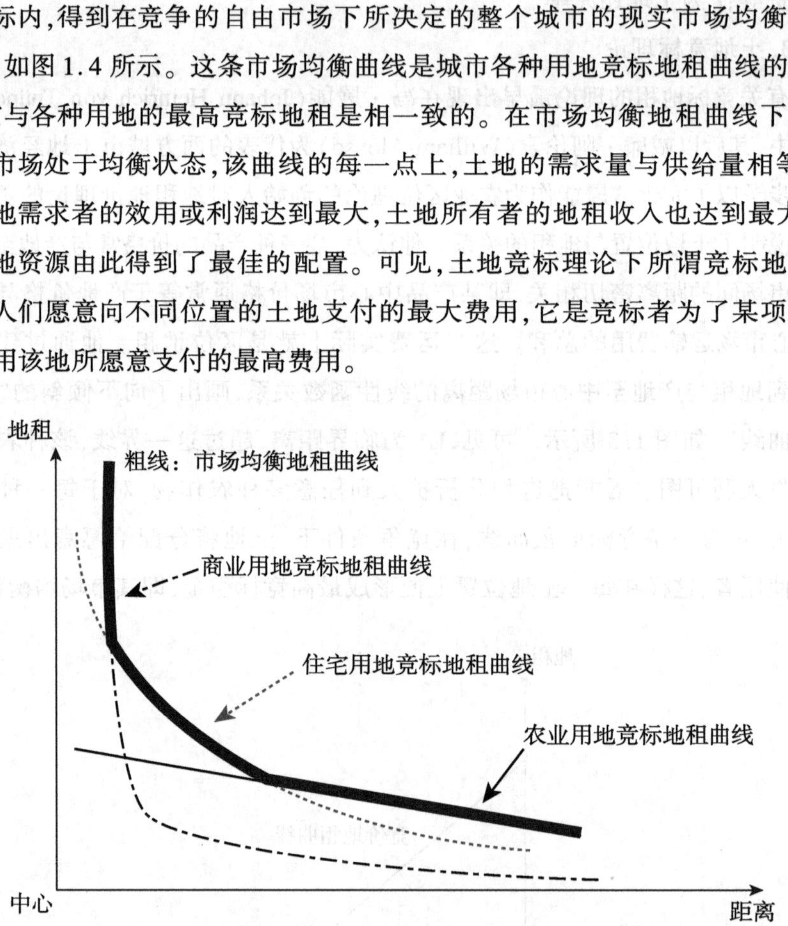

图1.4　阿伦索竞标地租曲线及市场均衡地租曲线

4. 土地影子价格理论

美籍荷兰经济学家丁伯根(Jan Tinbergen)在20世纪30年代末首次提出

了“影子价格”理论，认为影子价格是反映社会资源获得最佳配置的一种“预测价格”，是对劳动、资本和为获得稀缺资源而进口商品的合理评价，是在均衡价格的意义上表示生产要素或产品内在的或真正的价格。随后美国经济学家萨缪尔森对影子价格作了进一步阐述，认为影子价格可以是计划人员纯粹为了记账或会计需要而规定的价格，它是以边际生产力为基础的，反映资源在得到最佳使用时的价格。

土地的影子价格，以土地的有限性为出发点，是指在一定的资源约束条件下，建设项目时每占用一个单位土地，整个社会经济所要付出的代价。换句话说，土地资源增加或减少一个单位所带来的社会总效益的变量，就是影子地价。一般来说，土地的影子价格包括两个部分：一是土地用于建设项目而使社会放弃的原有效益，这部分可以通过计算土地的机会成本而得到；二是土地用于建设项目而使社会增加的资源消耗，土地被建设项目占用后势必引起社会效益损失，为保持原有社会效益不变，社会经济必然为此增加其他资源的消耗量，以此来计算这部分地价。也就是说，土地的影子价格主要是通过分析和计算土地最大效益的机会成本以及土地供应量减少一个单位给整个经济带来的损失量来确定土地价格，以达到资源的最优配置。

第二章　城乡建设用地统一市场构建的必要性：二元体制亟待破除

我国建设用地按所有权主体可划分为国有建设用地和集体建设用地。国有建设用地一般地处城市，目前已建立起了用地使用权有偿流转制度；而集体建设用地一般地处农村，由于与城市土地产权上的差异，始终被排斥在建设用地流转市场之外，形成了与国有土地不同的资源配置制度，尽管在新《土地管理法》中破除了对集体经营性建设用地流转的限制，但其他集体建设用地特别是宅基地流转仍然被禁锢，城乡建设用地的二元格局依然存在。随着我国社会主义市场经济的不断发展、城市化进程的不断加快，这种城乡二元的建设用地流转制度越来越不能适应社会经济的现实要求，将必然带来各种矛盾和冲突。因此构建城乡统一的建设用地流转制度和市场将是满足市场经济需要、实现城乡融合、促进社会和谐发展的必然要求。

第一节　城乡建设用地市场二元体制现状及其分析

一、城市国有建设用地流转制度现状

(一)国有建设用地流转制度改革进程

自新中国成立以来,我国城市国有土地使用制度发生了巨大变化,经历了从无偿使用到有偿使用的过程。在国有土地使用制度改革前,国有土地不是通过市场机制配置而是通过行政划拨方式配置,实行无偿无限期土地使用制度,而且国有土地使用权不允许转让。这种土地的无偿使用制度,使国家对城市土地的所有权在经济上不能实现,造成土地资源的巨大浪费,制约了城市经济社会的发展。

面对土地无偿使用制度暴露出来的上述矛盾和弊端,随着1978年以来我国改革开放的不断深入,传统的城市土地使用制度难以适应国家经济体制变化的要求,改革成为历史的必然。我国城市土地使用制度改革以土地有偿使用为开端,以土地资源配置的市场化为目标,经历了一个渐进的发展过程,可以分为以下几个阶段:

1.建立国有建设用地有偿使用制度阶段

如前所述,1979年以前我国国有土地都是无偿使用的。但随着改革开放政策的落实,我国逐渐建立起了国有土地有偿使用制度。这一阶段主要以土地使用费和土地使用税的形式实现的。

(1)对中外合营企业征收土地使用费。1979年颁布的《中外合资经营企业法》第5条第3款规定:"中国合营者的投资可包括为合营企业经营期间提供的场地使用权。如果场地使用权未作为中国合营者投资的一部分,合营企业应向中国政府缴纳使用费。"1980年7月26日,国务院《关于中外合营企业建设用地的暂行规定》第1条第1款指出:"中外合营企业用地,不论新征用土地,还是利用原有企业的场地,都应计收场地使用费。"由此,我国国有土地有偿使用制度从中外合营企业用地制度上拉开了序幕。

(2)土地使用费征收普及全国。1982年,深圳率先突破只向中外合营企业征收土地使用费的规定,开始按城市内不同等级的土地向土地使用者收取不同标准的使用费。1984年广州和抚顺部分土地进行了全面开征土地使用费的试点工作,随即普及至全国,至1988年已有100多个城市先后开征了国有土地使用费。当时征收土地使用费的出发点是为了解决城市基础设施建设资金长期短缺问题,虽然对原有的土地使用制度触动不大,但是这种尝试作为国有土地使用制度改革的重要环节,迈出了土地有偿使用的第一步。

(3)土地使用税与土地使用费并行。1988年9月27日国务院发布了《城镇土地使用税暂行条例》,规定自该年11月1日起,开始对城镇土地按不同区位等级征收土地使用税,土地使用税以纳税人实际占用的土地面积为计税依据,依照规定税额计算征收。同年,第七届全国人大常委会第五次会议作出修改1986年《土地管理法》的决定,在第2条增加第5款:"国家依法实行国有土地有偿使用制度。国有土地有偿使用的具体办法,由国务院另行规定。"由此,国家在法律中正式确立了国有建设用地有偿使用制度,结合国务院颁布的《关于中外合营企业建设用地的暂行规定》和《城镇土地使用税暂行条例》,形成了土地使用费和土地使用税并行的有偿使用实现方式。具体而言,对中外合资企业征收土地使用费,所征收的费用用来弥补城市基础设施建设资金;对城市、县城、建制镇、工矿区范围内使用土地的单位和个人征收土地使用税,收入纳入财政预算管理。

2. 建立国有建设用地流转制度阶段

征收国有土地使用税(费)这一改革措施在一定程度上体现了国家所有权的经济属性,但尚未从根本上触动传统土地使用制度的根基,没有建立起土地市场化的流转机制,土地使用权这一重要的生产要素依然不能进入市场。为了适应经济体制改革和对外开放发展的要求,必须寻找一种更符合经济效率的国有土地资源配置机制。

(1)国有土地使用权流转的试点探索。1987年7月,深圳市政府提出以土地所有权与使用权分离为指导思想的改革方案,尝试将土地使用权作为商品有偿出让。同年11月,国务院确定在深圳、上海、天津、厦门、福州等沿海城市进行土地使用制度改革试点，各试点城市按照土地所有权和使用权相分离的原则，在明确城市土地属于国家所有的前提下，通过协议、招标、拍卖等方式将土地使用权以一定的价格和年期出让给使用者，出让后的土地使用权可以进行转让、出租或抵押。这些流转试点的探索实现了国有土地使用制度改革从理论探索阶段向实践探索阶段的迈进，彻底打破了土地供应单纯依靠行政划拨的旧土地使用制度，为建立土地使用权流转市场打下了基础。

（2）国有土地使用权流转制度的正式确立。在实践先行的基础上，1988 年 4 月，通过修改《宪法》，将原来有关土地不得转让的规定改为“土地的使用权可以依照法律的规定转让”。随后，1988 年《土地管理法》也做了相应的修改，从而为国有土地使用权的出让和转让提供了法律依据。1990 年 5 月国务院发布了《城镇国有土地使用权出让和转让暂行条例》，对国有土地使用权出让、转让、出租、抵押、终止等问题作出了明确的规定。这些法律法规的颁布和实施，意味着我国国有土地使用权流转制度正式确立，也标志着国有土地使用制度改革进入了一个新的发展阶段。

3. 深化国有建设用地流转市场化阶段

随着政府与市场边界的逐渐厘清，土地利用规划体系和城乡规划体系的不断完善，国有土地使用权“招拍挂”制度的健全，政府作为土地所有权行使主体的职能和作为土地利用管理主体的职能逐步分离，市场配置国有土地资源的体制机制基本形成。土地使用制度改革的基本方向应当是，由市场机制来配置土地资源，并通过健全规划、标准、许可等社会性管制机制来主导形成合理的土地利用秩序。①

面对国有土地使用权流转制度确立初期协议出让占主导、市场化土地资源配置程度不高的问题，2002 年颁布的《招标拍卖挂牌出让国有土地使用权规定》要求，商业、旅游、娱乐和商品住宅等各类经营性用地要以招标、拍卖或者挂牌方式出让国有土地使用权，并且对招拍挂出让的原则、范围、程序、法律责任进行了系统性规定，确立了市场配置土地资源的制度。2003 年原国土资源

① 徐键：《建设用地国有制的逻辑、挑战及变革》，载《法学研究》2017 年第 5 期。

部颁布了《协议出让国有土地使用权规定》,要求土地协议出让也必须公开和引入市场竞争机制。此后,2007 年出台的原《物权法》又将“招拍挂”的适用范围进一步扩大至工业用地,使国有土地市场化又向前推进了一步。2008 年原国土资源部和原国家工商行政管理总局联合发布了《国有建设用地使用权出让合同》示范文本,规定了土地出让的标准合同范本,使国有建设用地的出让在程序上得到了进一步规范。2010 年,在《国务院关于坚决遏制部分城市房价过快上涨的通知》中提出,在坚持和完善土地“招拍挂”制度的同时,探索“综合评标”“一次竞价”“双向竞价”等出让方式;在 2011 年《国务院办公厅关于进一步做好房地产市场调控工作有关问题的通知》中提出进一步完善土地出让方式,大力推广“限房价、竞地价”方式供应中低价位普通商品住房用地,这两个通知使我国土地出让制度进一步完善。2011 年原国土资源部出台了《关于坚持和完善土地招标拍卖挂牌出让制度的意见》,强调坚持国有经营性建设用地“招拍挂”出让制度和在房地产市场运行正常条件下按“价高者得”原则取得土地,符合市场优化配置土地资源的基本原则,进一步发挥了市场配置土地资源的重要调控作用。2014 年修改的《节约集约利用土地规定》提出坚持节约优先的原则,合理利用土地,促进用地效率的提高;并从规模引导、布局优化、标准控制、市场配置等方面规定盘活利用建设用地,细化了建设用地集约节约利用的政策。2018 年出台的《土地储备管理办法》的通知规定了土地储备制度,对各地储备计划作了原则性的规定,使土地储备管理得到规范和加强。2018 年原国土资源部办公厅出台《国有建设用地使用权出让地价评估技术规范》,规范了国有建设用地使用权出让地价评估行为。

在国有建设用地流转的二级市场方面,随着经济发展方式的转变和产业结构的调整升级,土地需求越发强烈。而土地二级市场存在着交易自发分散、交易规则不健全、服务监管不完善、交易信息不对称等问题与完善的现代市场体系不平衡、不适应、不协调。改革开放 40 多年来,以政府供应为主的土地一级市场取得长足发展,形成了相对完善的制度体系,然而以市场主体之间转让、出租、抵押为主的土地二级市场发展相对滞后,土地二级市场对于促进土地资源的优化配置和节约集约利用、加快工业化城镇化进程的积极作用并没有凸显出来。① 为此,党的十八届三中全会作出了“让市场在资源配置中起决定性作用”的重要论断,并要求“完善土地租赁、转让、抵押二级市场”。2016年《关于扩大国有土地有偿使用范围的意见》提出完善国有土地有偿使用方式,健全公平开放透明的国有土地市场规则,进一步完善了国有土地市场制度。2017年2月,原国土资源部下发通知并印发《关于完善建设用地使用权转让、出租、抵押二级市场的试点方案》,在34个市县开展完善建设用地使用权二级市场规则的试点工作,以进一步盘活利用存量土地资源,形成竞争有序的土地市场体系,推动土地使用权流转制度的深化改革和城乡统一建设用地市场的构建。2019年7月,国务院办公厅发布《关于完善建设用地使用权转让、出租、抵押二级市场的指导意见》,以建立城乡统一的建设用地市场为方向,以促进土地要素流通顺畅为重点,以提高存量土地资源配置效率为目的,以不动产统一登记为基础,与国土空间规划及相关产业规划相衔接,着力完善土地二级市场规则。2020年出台的《民法典》物权编回应实践问题,对住宅建设用地使用权届满后自动续期制度予以了进一步明确和完善。

(二)国有建设用地流转制度现状分析

改革开放40多年以来,随着我国国有建设用地有偿使用制度的确立,已基本建立了以国有建设用地使用权出让和出租为主体的用地流转一级市场和以用地使用权转让、转租、互换、抵押为主体的用地流转二级市场,形成了利于资源配置的国有建设用地流转制度和市场规则,并在实践考验下不断改进和完善。

1. 国有建设用地流转一级市场竞价模式不断优化

国有建设用地有偿使用制度,是指在坚持国有土地所有权的前提下,实行用地使用权与所有权相分离,将国有建设用地使用权以出让、出租、转让等多种形式让渡出去,并获得相应对价的土地使用制度。目前,我国国有建设用地的有偿使用已成为用地供给的主要模式。2019年《土地管理法》第54条规定:“建设单位使用国有土地,应当以出让等有偿使用方式取得;但是,下列建设用

① 参见王蓉蓉:《国有土地二级市场交易现状与问题》,载《中国房地产》2020年第25期。

地,经县级以上人民政府依法批准,可以以划拨方式取得:……”可见,我国建设用地供给仍然存在无偿划拨与有偿使用并存的“双轨制”,但是建设用地有偿使用是原则,无偿划拨是例外。在严格限定划拨土地范围的基础上,我国国有建设用地有偿使用制度已然建立。

在国有建设用地有偿使用原则下,建设用地所有权人通过在协议中约定土地用途、使用年限及市场价格等内容将用地使用权流转出去,实现土地资源配置,形成国有建设用地流转一级市场。该市场上用地流转价格的形成,可以采取协议方式,也可以采取竞价方式。为避免土地市场寻租、国有资源资产流失,已建立的流转规则要求以招标、拍卖和挂牌的公开竞价方式作为主要价格形成机制。实践中,以招标、拍卖和挂牌方式出让国有建设用地的比例逐年上升,特别是随着工业用地“招拍挂”出让制度的实施,土地“招拍挂”出让面积逐年扩大,占有偿出让总面积的比例明显提高。然而,“招拍挂”竞价方式在有效防止政府低价卖地的同时,催生了地价上涨,各地“地王”“楼王”频现,深刻影响了房地产市场。

2016 年国务院办公厅发布的《关于加快培育和发展住房租赁市场的若干意见》提出要完善供地方式,鼓励地方政府盘活城区存量土地,采用多种方式增加租赁住房用地有效供应。新建租赁住房项目用地以招标、拍卖、挂牌方式出让的,出让方案和合同中应明确规定持有出租的年限。在鼓励“购租并举”的住房政策下,国有建设用地特别是住宅用地的出让竞价模式也在不断创新探索。如广州自 2011 年起就开始尝试“限地价竞配建”的用地出让模式,即对公开出让的商品住宅用地设定最高限制地价,竞买人报价不超过最高限制地价的价高者得;当竞买人报价达到最高限制地价后,竞价转为竞配建如保障性住房的建筑面积,报出配建面积最大者为竞得人。配建面积越大越可以帮助政府提供更多的公共服务和基础设施建设,但同时也会挤压商品住宅用地面积比例,在用地总价一定的情况下,可开发的商品住宅面积变小,就会直接推升商品住宅楼面价格,不利于房价控制。对此,2017 年 4 月原住建部和原国土资源部联合发布了《关于加强近期住房及用地供应管理和调控有关工作的通知》,指出要结合本地实际和出让土地的具体情况,灵活确定竞价方式,包括

"限房价、竞地价""限地价、竞房价"、超过溢价率一定比例后现房销售或竞自持面积等,坚决防止出现区域性总价、土地或楼面单价新高等情况,严防高价地扰乱市场预期。随后,广州市白云区出让的一块住宅用地采用了"竞地价+竞配建+竞自持+摇号"的竞价模式。具体而言,地块设定了最高限制地价,在达到最高限价之后,竞买方式将转为竞配建拆迁安置房,并设置了最高配建面积。在竞配建达到最高面积后,即转入竞自持商品住房面积,要求企业自持部分作为租赁住房,须整体确权(只办理一个不动产权证),不得销售,持有年限与土地出让年限一致。当有两个或两个以上竞买人报出企业自持商品住房面积为100%后,停止网上竞价,改为摇号确定竞得人。①

2. 国有建设用地流转二级市场交易规则不断完善

随着土地资源约束的趋紧和经济发展转型的深入,如何发挥好二级市场对土地资源的优化配置作用,促进土地利用由外延式粗放扩张向内涵式集约发展转变,以及土地市场的平稳健康发展,是当前需要解决好的重大课题。②在国有建设用地流转二级市场上,用地使用权供给者和需求者众多,交易自由度更高,在与一级市场的共同作用下基本形成了市场化的土地资源配置模式。2017年2月,原国土资源部确定了30个省(区、市)的34个市县(区)探索完善建设用地使用权转让、出租、抵押二级市场的试点经验。

几年来,上述34个试点不断开花结果。山西太原市采取了降低交易门槛、允许分割转让、放宽抵押限制等举措,实现了二级市场交易量和成交金额的大幅上涨;河南许昌市组建了土地二级市场交易中心,研发了土地二级市场信息化系统,采用"互联网+政务"模式,使其转让、抵押业务较上一年大幅度提高;河北石家庄市建立了"交易服务、合同备案、不动产登记"三位一体的运行模式,制定了土地使用权转让区片指导价,并加强与司法部门联动,将司法处置土地纳入二级市场公开交易,有效激发了市场活力;浙江省宁波市首创了"预

---

① 南方杂志:《广州拍地新政落地:"限地价+竞配建+竞自持+摇号"自持面积只租不售》,载 http://static.nfapp.southcn.com/content/201704/14/c370046.html? from=groupmessage&ivk_sa=1024320u,最后访问日期:2021年6月1日。

② 卢为民:《我国土地二级市场存在的问题及其规范路径》,载《城市问题》2015年第3期。

告登记转让”机制,破解了长期以来难以解决的25%投资额限制土地使用权转让问题,加快了“僵尸企业”的处置,保障了土地要素的良性流通。总体来看,试点地区“试制度”全面推进,产权更加明晰,交易审核不断完善;“试路径”稳中有进,从一、二级市场联动、国有和集体联动、城乡联动的角度,推动建立城乡统一的建设用地市场;“试成效”亮点纷呈,市场交易更加活跃,土地要素流动更加顺畅,存量土地配置效率更高。从试点启动至2018年5月,试点地区转让土地3175宗,面积15083公顷,涉及价款458亿元;部分试点地区的转让交易量比前3年年均交易量增加50%以上,有效地促进了存量土地的盘活;长春、厦门、许昌等地的划拨土地出租收益也增长了67%。①

2019年首个关于建设用地二级市场的文件出台,国务院办公厅《关于完善建设用地使用权转让、出租、抵押二级市场的指导意见》结合2017年各试点改革的经验,提出以建立城乡统一的建设用地市场为方向,以促进土地要素流通顺畅为重点,以提高存量土地资源配置效率为目的,以不动产统一登记为基础,与国土空间规划及相关产业规划相衔接,着力完善土地二级市场规则。明确建设用地使用权转让形式,对于不同方式取得的建设用地使用权转让规定不同的转让规则,促进存量土地进入二级市场转让盘活。提倡地方政府推进线上交易平台和信息系统建设,营造建设用地使用权交易的良好环境。该指导意见的出台有利于解决国有建设用地交易的问题,促进土地使用权流转,发挥市场配置资源的基础性作用,促进土地资源的充分节约和合理利用,进一步盘活存量土地并提高用地效率,为高质量发展提供用地保障。

3. 国有建设用地流转管理制度不断改革创新

2020年3月发布的《中共中央、国务院关于构建更加完善的要素市场化配置体制机制的意见》指出,要更好发挥政府作用,健全要素市场运行机制,完善政府调节与监管,做到放活与管好有机结合,提升监管和服务能力,引导各类要素协同向先进生产力集聚。政府作为监管部门对国有建设用地流转的管理

---

① 车娜:《近40年来我国土地使用制度改革综述》,载中华人民共和国自然资源部官网:http://www.mnr.gov.cn/dt/td/201812/t20181203_2371677.html,最后访问日期:2021年6月20日。

和市场的宏观调控十分重要。从我国建设用地市场的建立和发展来看,流转市场在供给上土地储备制度的建立和国家管理在纵向上用地审批权的下放是较为突出的管理制度改革创新成果。

(1)建立土地储备制度

为了增强国家对国有土地一级市场的调控能力,运用市场手段优化配置数量庞大的存量建设用地,土地储备制度应运而生。国有土地收购储备制度,是指国家依照法律程序,运用市场机制,按照土地利用总体规划和城市规划,对通过收回、收购、征收等方法取得的土地进行前期开发、整理,变成可建设的房地产开发用地,并进行储备,根据城市土地年度计划,通过招标、拍卖等程序,有计划地将土地投入市场,以供应和调控城市各类建设用地的需求,确保政府能垄断土地一级市场的一种土地管理制度。①

国有土地收购储备可以说是出让或划拨建设用地为房地产开发用地的前置程序。虽然国有土地储备制度尚不是土地出让前的必经环节,但从2001年国务院下发的《关于加强国有土地资产管理的通知》中提到的"有条件的地方政府要对建设用地试行收购储备制度"的精神来看,土地收购储备制度已成为一种重要的新兴土地管理制度。

(2)下放用地审批权限

2020年3月,国务院出台《关于授权和委托用地审批权的决定》,改革土地管理制度,赋予省级人民政府更大用地自主权。该决定将国务院可以授权的永久基本农田以外的农用地转为建设用地审批事项授权各省、自治区、直辖市人民政府批准;试点将永久基本农田转为建设用地和国务院批准土地征收审批事项委托部分省、自治区、直辖市人民政府批准,规定首批试点省份为北京、天津、上海、江苏、浙江、安徽、广东、重庆,试点期限1年,国务院将对试点省份进行动态调整。该决定要求确保相关用地审批权"放得下、接得住、管得好",但各省、自治区、直辖市人民政府不得将承接的用地审批权进一步授权或委托。可见,该决定是对国务院审批权向试点省级政府的下放,有利于国有建设

① 参见高富平、黄武双:《房地产法学》(第2版),高等教育出版社2006年版,第32页。

用地流转市场增量土地的供给。

各省级人民政府在用地审批权下放方面亦在积极探索,形成了土地管理创新成果。如浙江省在2013年就开始了省级用地审批权的下放试点工作,历经四轮放权,实现用地审批放权全省11个市90个县(市、区)全覆盖。第一轮放权分了五批次进行,将农用地转用和土地征收、农村土地综合整治与城乡建设用地增减挂钩等审批权下放给绍兴县(现绍兴市柯桥区)、海宁市、德清县、义乌市等试点地区。第二轮放权分了两个批次,并加快了放权节奏。2014年10月和2015年2月分别将放权改革试点扩至嘉兴市全市、富阳市等12个县(市、区)和绍兴市全部县(市、区)。放权内容同第一轮大致相同,略有调整,将省政府审批的农转和征收、农村土地综合整治(城乡建设用地增减挂钩)审批权限委托下放给试点县政府,中心城区有条件建设区规划调整修改方案和市、县、乡级新增建设用地规划预留指标落实方案审批权限委托下放给设区市政府。第三轮放权继续扩大试点成果,开展了三个批次,于2017年3月、2018年1月和2019年12月分别扩面用地审批权下放改革试点,试点达到72个,占全省县(市、区)总量的80%,初步形成省政府用地审批权下放整体局面。第四轮放权继续扩面放权思路,完成最后一轮放权。在《国务院关于授权和委托用地审批权的决定》之后,2020年10月,将用地审批权下放给杭州市上城区、下城区等18个县(市、区),实现了用地审批放权全覆盖。与上轮相比,放权内容已相对固定下来,放权中也蕴含了承接国务院授权和委托的内涵和有关精神。①

二、农村集体建设用地流转制度现状

(一)集体建设用地流转的法律规制现状

1. 法律法规层面

(1)《土地管理法》修改前集体建设用地流转被严格限制阶段

长期以来,我国立法对集体建设用地使用权流转一直持保留和限制态度。1988年《宪法》修正案规定"土地使用权可以依照法律规定转让",同年修改的《土地管理法》第2条第4款亦规定"国有土地和集体所有的土地的使用权可

① 刘祥熙:《关于浙江省下放省级用地审批权的做法和思考》,载《资源与人居环境》2021年第1期。

以依法转让。土地使用权转让的具体办法,由国务院另行规定”。上述立法规定未区分国有土地使用权和集体土地使用权,故在立法解释上可以认为集体土地使用权是允许转让的。然而,在允许集体土地使用权依法转让的同时,又规定了实施转让的前置条件,即要有国务院另行出台的相应法规,否则土地使用权的转让就会因缺乏具体操作规范而无法实施。事实上,国务院此后仅出台了有关国有土地使用权流转的行政法规(《城镇国有土地使用权出让和转让暂行条例》)。关于集体土地,《农村土地承包法》对农地使用权(土地承包经营权)的流转作了详尽规范,而国务院至今没有出台有关农村集体非农建设用地使用权流转的法规。

从有关集体建设用地使用内容的法律法规来看,2019 年修改之前的《土地管理法》第 43 条[①]及第 60 条[②]在可以获得集体建设用地使用权的主体和程序上设定了严格的限制。同时,第 63 条[③]虽在集体建设用地流转上留下了一个条件十分严格的空间,即在企业破产和兼并等情形下用地使用权才可能“被迫”发生转移,但实际上基本堵死了集体非农建设用地的流转,即普通企业和个人不得以建设用地使用权为客体进行交易。

面对当时《土地管理法》对集体建设用地使用和流转上的严格限制,备受期待的原《物权法》在此问题上回避了现实矛盾冲突和现实改革发展的需求,未能突破性地赋予集体建设用地使用权流转的合法性,而仅在第 151 条中作出原则性规定,即“集体所有的土地作为建设用地的,应当依照土地管理法等法

① 2004 年《土地管理法》第 43 条第 1 款规定,任何单位和个人进行建设,需要使用土地的,必须依法申请使用国有土地;但是,兴办乡镇企业和村民建设住宅经依法批准使用本集体经济组织农民集体所有的土地的,或者乡(镇)村公共设施和公益事业建设经依法批准使用农民集体所有的土地的除外。

② 2004 年《土地管理法》第 60 条第 1 款规定,农村集体经济组织使用乡(镇)土地利用总体规划确定的建设用地兴办企业或者与其他单位、个人以土地使用权入股、联营等形式共同举办企业的,应当持有关批准文件,向县级以上地方人民政府土地行政主管部门提出申请,按照省、自治区、直辖市规定的批准权限,由县级以上地方人民政府批准;其中,涉及占用农用地的,依照本法第 44 条的规定办理审批手续。

③ 2004 年《土地管理法》第 63 条规定,农民集体所有的土地的使用权不得出让、转让或者出租用于非农业建设;但是,符合土地利用总体规划并依法取得建设用地的企业,因破产、兼并等情形致使土地使用权依法发生转移的除外。

律规定办理”。此外,原《物权法》将宅基地使用权作为一项用益物权从建设用地使用权中独立出来,但对于宅基地使用权仅明确了使用权人对宅基地占有和使用的权利,有关宅基地使用权的转让规定适用《土地管理法》等法律和国家有关规定,亦将矛盾交给了《土地管理法》等专门法律的修改和制定。

至此,我国当时的法律法规对集体建设用地问题始终维持着严格限制流转的规定,尽管在法律上留有着创建集体建设用地流转制度的一定空间,但制度突破尚未在法制层面有所体现。

(2)《土地管理法》修改后允许集体经营性建设用地入市阶段

《土地管理法》自 1986 年颁布以来,已历经了 1988 年第一次修正、1998 年全面修订和 2004 年第二次修正。2016 年,中央改革办将《土地管理法》修改列为重点改革任务。原国土资源部高度重视,按照立法与改革同步推进、相向而行的原则,稳步有序推进《土地管理法》的修改工作。经反复研究,并向全国人大常委会法工委、中农办、国务院法制办作了多次汇报和沟通,确定了法律修改的范围和重点等重大问题,赞同本次修改以修正案的形式开展。在此基础上研究形成《土地管理法(修正案)》,征求了中央国务院有关部门和地方国土资源主管部门的意见。在充分采纳各方意见的基础上,经原国土资源部第 5 次部务会议审议通过,于 2017 年 5 月发布了《土地管理法(修正案)》(征求意见稿)。

经过两年多的反复讨论,2019 年 8 月 26 日通过了《土地管理法》第四次修改。新《土地管理法》在集体建设用地方面终于有所突破,删除了原法第 43 条和第 60 条的规定,在法律上清除了集体建设用地流转的障碍,改变了过去集体土地必须征收为国有才能入市的问题。新法第 63 条明确:“……规划为工业、商业等经营性用途,并经依法登记的集体经营性建设用地,土地所有权人可以通过出让、出租等方式交由单位或者个人使用……集体建设用地使用权的出让及其最高年限、转让、互换、出资、赠与、抵押等,参照同类用途的国有建设用地执行……”此外,新《土地管理法》还规定了集体建设用地入市应当经本集体经济组织成员村民会议 2/3 以上成员或者 2/3 以上村民代表同意的程序性条件,以及通过出让等方式取得集体经营性建设用地的使用权人享有通过转让、互换、出资、赠与或者抵押的方式再次转让用地使用权的权利。

尽管允许集体经营性建设用地入市成为2019年《土地管理法》修改的最大亮点，但仅一两个条文的原则性规定，对于一项制度的落实和完善是远远不够的，不能完全解决当前的主要问题，也难以建立城乡统一的建设用地市场。要真正建设城乡统一的建设用地市场，还有诸多基础性的前置改革尚未完成，比如如何确定与之适应的集体土地权益和权能、如何建立对土地市场交易和利益分配等行为规则、如何实现对新土地市场的管理等，都有待讨论，亦有待具体规定的出台。

2019年《土地管理法》在宅基地方面有所修改，但并没有迈出大的改革步伐。新法下放了宅基地审批权、增加了户有所居的规定，允许进城落户农民依法自愿有偿退出宅基地，鼓励农村集体经济组织及其成员盘活利用闲置宅基地和闲置住宅。但对于宅基地流转问题仍保持谨慎的态度，尽管指明了农民出卖、出租、赠与住宅后，再申请宅基地的，不予批准，但对于宅基地的流转入市改革并未涉及。宅基地作为重要的一类集体建设用地，长期以来发挥着农村的住房保障功能，宅基地使用权由集体无偿分配给农民，但也被禁锢于此，不能如城市住宅用地使用权一般自由流转。2019年《土地管理法》并未体现过多的"三块地"试点地区宅基地的改革成果，亦没有放开宅基地使用权流转。

2020年5月28日通过了《民法典》。《民法典》物权编在建设用地使用权和宅基地使用权方面基本沿袭了原《物权法》的规定。第361条规定，集体所有的土地作为建设用地的，应当依照土地管理的法律规定办理。第362条仍仅规定了宅基地使用权人占有和使用土地的权能。第363条规定，宅基地使用权的取得、行使和转让，适用土地管理的法律和国家有关规定。可见，《民法典》并没有直接将农村土地改革成果固定，而是让位给了土地管理的下位法规。2019年《土地管理法》受制于其行政管理的功能定位，在集体建设用地使用权之内涵、设立、权能和运行等民事权利义务规则的供给方面严重不足。本应担此重任的《民法典》，考虑到农村集体建设用地制度改革正在推进过程中，也只是通过第361条与土地管理法等作了衔接性规定。故此，《民法典》物权编完全沿袭了2007年原《物权法》对待集体建设用地的"不作为"态度：第十二章之建设用地使用权通篇以国有建设用地使用权为蓝本予以规定,第 344 条将建设用地使用权设立之客体局限于国有土地,第 361 条规定"集体所有的土地作为建设用地的,应当依照土地管理的法律规定办理",从而将"皮球"又踢给了土地管理的法律规定。这使得集体建设用地使用权的民事规则供给严重缺位。①

2021 年 4 月 29 日,十三届全国人大常委会第二十八次会议表决通过《乡村振兴促进法》,2021 年 6 月 1 日起施行。《乡村振兴促进法》坚持城乡融合发展,要求建设用地指标向乡村发展倾斜。第 55 条第 2 款规定:"县级以上地方人民政府应当采取措施促进在城镇稳定就业和生活的农民自愿有序进城落户,不得以退出土地承包经营权、宅基地使用权、集体收益分配权等作为农民进城落户的条件……"第 67 条第 1 款规定:"县级以上地方人民政府应当推进节约集约用地,提高土地使用效率,依法采取措施盘活农村存量建设用地,激活农村土地资源,完善农村新增建设用地保障机制,满足乡村产业、公共服务设施和农民住宅用地合理需求。"第 3 款规定:"经国土空间规划确定为工业、商业等经营性用途并依法登记的集体经营性建设用地,土地所有权人可以依法通过出让、出租等方式交由单位或者个人使用,优先用于发展集体所有制经济和乡村产业。"《乡村振兴促进法》以农民利益为出发点,是乡村振兴战略实施的法律保障,但是对建设用地和宅基地使用权流转没有过多着墨,对城乡统一的建设用地市场的构建亦没有体现。

由此可见,最新立法在集体建设用地流转入市方面破除了法律障碍,但建立城乡统一的建设用地市场仍需进一步研究和探索,仍将是今后一段时期内农村土地制度改革的重点。

2. 国家政策层面

对于集体建设用地使用权的流转问题,国家长期持鼓励的态度,并出台相关支持政策。

中共中央、国务院于 1997 年颁布的《关于进一步加强土地管理切实保护耕地的通知》中指出:"用于非农业建设的集体土地,因与本集体外的单位和个人

---

① 参见宋志红:《集体建设用地使用权设立的难点问题探讨——兼析〈民法典〉和〈土地管理法〉有关规则的理解与适用》,载《中外法学》2020 年第 4 期。

以土地入股等形式兴办企业，或向本集体以外的单位和个人转让、出租、抵押附着物，而发生土地使用权交易的，应依法严格审批，要注意保护农民利益。”这项政策精神为集体建设用地入市流转初步明确了方向。而《中共中央、国务院关于做好农业和农村工作的意见》（中发〔2003〕3 号）要求“各地要制定鼓励乡镇企业向小城镇集中的政策，通过集体建设用地流转、土地置换、分期缴纳出让金等形式，合理解决企业进镇的用地问题”。《国务院关于深化改革严格土地管理的决定》（国发〔2004〕28 号）既要求采取最严格的措施保护农田、控制用地规模，同时亦提出“在符合规划的前提下，村庄、集镇、建制镇中的农民集体所有建设用地使用权可以依法流转”。

《国务院关于 2005 年深化经济体制改革的意见》中明确提出，进一步研究探索集体建设用地使用权进入市场。2008 年十七届三中全会发布的《中共中央关于推进农村改革发展若干重大问题的决定》之三“大力推进改革创新，加强农村制度建设”之（二）“健全严格规范的农村土地管理制度”中明确指出：“在土地利用规划确定的城镇建设用地范围外，经批准占用农村集体土地建设非公益性项目，允许农民依法通过多种方式参与开发经营并保障农民合法权益。逐步建立城乡统一的建设用地市场，对依法取得的农村集体经营性建设用地，必须通过统一有形的土地市场、以公开规范的方式转让土地使用权，在符合规划的前提下与国有土地享有平等权益。抓紧完善相关法律法规和配套政策，规范推进农村土地管理制度改革。”

2013 年十八届三中全会发布的《中共中央关于全面深化改革若干重大问题的决定》的第三部分“加快完善现代市场体系”之（11）“建立城乡统一的建设用地市场”中提出“在符合规划和用途管制前提下，允许农村集体经营性建设用地出让、租赁、入股，实行与国有土地同等入市、同权同价”。这表明我国在保障农民权益的基础上，允许农村集体经营性建设用地入市，进一步规范了农村集体经营性建设用地的流转方式。

2014 年中央全面深化改革领导小组第七次会议审议的《关于农村土地征收、集体经营性建设用地入市、宅基地制度改革试点工作的意见》中指出：“针对农村集体经营性建设用地权能不完整，不能同等入市、同权同价和交易规则亟待健全等问题,要完善农村集体经营性建设用地产权制度,赋予农村集体经营性建设用地出让、租赁、入股权能;明确农村集体经营性建设用地入市范围和途径;建立健全市场交易规则和服务监管制度。”综合而言,集体建设用地制度的改革方向,是在国家严格控制下的集体经营性建设用地使用权直接入市,这也将成为壮大农村集体经济、增加其成员收益的助推器,对于缩小城乡差距具有重要的历史意义与现实价值。①

原国土资源部、原住房城乡建设部于 2017 年 8 月 21 日印发并实施了《利用集体建设用地建设租赁住房试点方案》,在缓解住房供需矛盾的同时,拓展集体土地用途,拓宽集体经济组织和农民增收渠道,促进集体土地优化配置和节约集约利用,规范了集体建设用地使用权在以租赁方式流转时的具体实施方案,并批准了 11 个市作为利用集体建设用地建设租赁住房试点。

2018 年 1 月 2 日发布的《中共中央、国务院关于实施乡村振兴战略的意见》第 9 条第 2 项“深化农村土地制度改革”中指出:“系统总结农村土地征收、集体经营性建设用地入市、宅基地制度改革试点经验,逐步扩大试点,加快土地管理法修改,完善农村土地利用管理政策体系。扎实推进房地一体的农村集体建设用地和宅基地使用权确权登记颁证。完善农民闲置宅基地和闲置农房政策,探索宅基地所有权、资格权、使用权‘三权分置’,落实宅基地集体所有权,保障宅基地农户资格权和农民房屋财产权,适度放活宅基地和农民房屋使用权,不得违规违法买卖宅基地,严格实行土地用途管制,严格禁止下乡利用农村宅基地建设别墅大院和私人会馆……”

2019 年 1 月 3 日发布的《中共中央、国务院关于坚持农业农村优先发展做好“三农”工作的若干意见》第 5 条第 2 项“深化农村土地制度改革”中亦提出:“……在修改相关法律的基础上,完善配套制度,全面推开农村土地征收制度改革和农村集体经营性建设用地入市改革,加快建立城乡统一的建设用地市场。加快推进宅基地使用权确权登记颁证工作,力争 2020 年基本完成。稳慎推进农村宅基地制度改革,拓展改革试点,丰富试点内容,完善制度设计。抓

---

① 参见陈小君:《我国农村土地法律制度变革的思路与框架——十八届三中全会〈决定〉相关内容解读》,载《法学研究》2014 年第 4 期。

紧制定加强农村宅基地理指导意见。研究起草农村宅基地使用条例。开展闲置宅基地复垦试点……”

2019年9月11日发布的《中央农村工作领导小组办公室、农业农村部关于进一步加强农村宅基地管理的通知》第5条“鼓励盘活利用闲置宅基地和闲置住宅”中指出：“鼓励村集体和农民盘活利用闲置宅基地和闲置住宅，通过自主经营、合作经营、委托经营等方式，依法依规发展农家乐、民宿、乡村旅游等……在尊重农民意愿并符合规划的前提下，鼓励村集体积极稳妥开展闲置宅基地整治，整治出的土地优先用于满足农民新增宅基地需求、村庄建设和乡村产业发展。闲置宅基地盘活利用产生的土地增值收益要全部用于农业农村。在征得宅基地所有权人同意的前提下，鼓励农村村民在本集体经济组织内部向符合宅基地申请条件的农户转让宅基地……”

2019年9月，农业农村部印发《关于积极稳妥开展农村闲置宅基地和闲置住宅盘活利用工作的通知》，要求各地从依法维护农民宅基地合法权益出发，严格规范宅基地管理，探索盘活利用农村闲置宅基地和闲置住宅的有效措施。

2020年出台的《中共中央、国务院关于新时代加快完善社会主义市场经济体制的意见》第4条第1项“建立健全统一开放的要素市场”中指出：“加快建设城乡统一的建设用地市场，建立同权同价、流转顺畅、收益共享的农村集体经营性建设用地入市制度。探索农村宅基地所有权、资格权、使用权‘三权分置’，深化农村宅基地改革试点……”

2021年6月24日发布的《国务院办公厅关于加快发展保障性租赁住房的意见》提出：“保障性租赁住房由政府给予土地、财税、金融等政策支持，充分发挥市场机制作用，引导多主体投资、多渠道供给，坚持‘谁投资、谁所有’，主要利用集体经营性建设用地、企事业单位自有闲置土地、产业园区配套用地和存量闲置房屋建设，适当利用新供应国有建设用地建设，并合理配套商业服务设施。支持专业化规模化住房租赁企业建设和运营管理保障性租赁住房。”

显然，上述国家政策都在鼓励集体建设用地使用权流转入市，并逐步推进城乡统一建设用地市场的建立，提供政策上的支持和指导，也成为农村土地制度改革的重要方面。

(二)集体建设用地流转的现实状况

1.集体建设用地流转乱象普遍

2019年《土地管理法》修改了对集体经营性建设用地流转的限制性规定,在此之前集体建设用地使用权长期不能合法流转,用地市场处于相对封闭的状态。但是,随着市场经济的发展和城市化进程的加快,集体土地财产价值日益显现,面对低廉的征地补偿,一些农民集体在巨大利益的驱动下,开始私下将集体建设用地使用权进行流转。从全国范围来看,集体建设用地包括宅基地流转现象大量存在。但由于国家法律刚刚放开集体经营性建设用地的流转,宅基地使用权仍不允许向村外人流转,因此农村建设用地交易长期处于地下、灰色的状态,形成了一个集体建设用地的隐形流转市场。集体建设用地地下流转不受法律保护,亦没有规范的市场规则,导致流转市场极为混乱,出现大量问题,主要表现如下:

(1)流转主体混乱,损害农民利益。从流转主体来看,由于没有相应制度规范,极为混乱。实践中,作为土地所有权人的农民集体,没有明确统一的权利代表行使机关,致使集体建设用地使用权的出让、出租方既有乡(镇)、村、组集体经济组织,也有乡镇政府和村民委员会,还有宅基地使用权人,形成多方主体竞相流转土地的局面,难以体现农民集体的真实意愿,最终损害了集体内部成员农民的利益。此外,由于集体建设用地流转极不规范,在一些地方,村、组干部利用其地位,充当所有权人农民集体的代言人,为自己牟取利益,甚至滥用手中的权力,在集体建设用地流转过程中“暗箱操作”,使用地交易过程中产生的土地收益全部进入个人或小团体的腰包,直接侵吞了本应属于集体内其他农民收益的部分。

(2)流转供给随意,扰乱国家土地管理。目前集体建设用地流转市场及规则尚未建立,《土地管理法》修改之前的用地流转更是具有自发性和随意性,在用地供给上长期无法受到国家土地的总体调控,进出流转市场不受限制,致使国家建设用地总供给量难以控制和估量,土地利用总体规划得不到实现,正常的土地市场秩序遭到干扰,国有建设用地市场的正常管理受到冲击和扰乱。此外,由于缺乏规范的集体建设用地流转制度,农民集体在利益的驱动下,恣意将农用地转为建设用地，以获取巨大的眼前利益，难以实现国家的耕地保护政策和粮食安全目标。

(3)流转协议不受保护，滋生矛盾影响稳定。2019年《土地管理法》修改之前，集体经营性建设用地的隐形流转得不到承认和保护。实践中，宅基地流转屡见不鲜，但现行法律框架下仍不被认可，当农民进行用地流转时，流转双方的权利和义务得不到任何法律约束和保障，给流转双方维护自身权益带来了隐患。在这种情况下，一旦流转一方利益受损发生经济纠纷，由于本身流转行为的非法性，难以得到法律保护。如前些年北京宋庄“画家村”马某涛夫妇诉李某兰案件，[①]涉及宅基地使用权的流转，买卖协议被法院确认无效，买受人遭受的损失无法得到救济。纠纷不能得到很好的解决，将产生大量的社会矛盾，影响农村社会稳定。

2. 设立流转试点先试先行

面对现实中大量存在的集体建设用地隐形流转现象及其因缺乏法律规范所带来的诸多社会问题，原国土资源部在多次调研的基础上，开始设立集体建设用地流转试点，自1999年以来，在全国范围内已较大规模地安排了30多处，如安徽芜湖、广东顺德、浙江湖州等地。2014年12月2日，中央全面深化改革领导小组第七次会议审议了《关于农村土地征收、集体经营性建设用地入市、宅基地制度改革试点工作的意见》，并于2015年1月由中共中央办公厅和国务院办公厅联合印发。随后，2015年2月第十二届全国人民代表大会常务委员会第十三次会议通过了《关于授权国务院在北京市大兴区等三十三个试点县(市、区)[②]行政区域

① 马某涛诉李某兰买卖合同纠纷案，北京市通州区人民法院民事判决书，(2007)通民初字第1031号。

② 当时公布的33个县(市、区)名单：北京市大兴区、山西省晋城市泽州县、辽宁省鞍山市海城市、吉林省长春市九台区、黑龙江省绥化市安达市、上海市松江区、浙江省湖州市德清县、河南省新乡市长垣县、广东省佛山市南海区、广西壮族自治区玉林市北流市、海南省文昌市、重庆市大足区、四川省成都市郫县、贵州省遵义市湄潭县、甘肃省定西市陇西县、天津市蓟县、河北省保定市定州市、内蒙古呼和浩特市和林格尔县、江苏省常州市武进区、浙江省金华市义乌市、安徽省六安市金寨县、福建省泉州市晋江市、江西省鹰潭市余江县、山东省德州市禹城市、湖北省襄阳市宜城市、湖南省长沙市浏阳市、四川省泸州市泸县、云南省大理州大理市、西藏拉萨市曲水县、陕西省西安市高陵区、青海省西宁市湟源县、宁夏石嘴山市平罗县、新疆伊犁州伊宁市。(个别市县因行政区划有变动，现名称有变化)

暂时调整实施有关法律规定的决定》,这标志着我国农村土地制度改革正式在法治轨道上进入试点阶段。2016 年,原中国银监会、原国土资源部联合发布了《农村集体经营性建设用地使用权抵押贷款管理暂行办法》。当时在 33 个试点县市启动农村土地征收、集体经营性建设用地入市、宅基地制度三项改革时是分开部署的,各试点地区分别开展,到 2016 年下半年才开始统筹推进并全面铺开。2017 年中央一号文件《中共中央、国务院关于深入推进农业供给侧结构性改革 加快培育农业农村发展新动能的若干意见》明确,上述三项改革的试点范围全部扩至 33 个县(市、区),推动三项改革深度融合。随后,《农村集体经营性建设用地使用权抵押贷款管理暂行办法》亦将适用范围扩大到 33 个县市区。该轮试点工作原本于 2017 年年底到期,但经全国人大常委会两次延期,延至了 2019 年 12 月。

从浙江德清敲响全国"第一槌",到贵州湄潭率先在西部地区"破冰",集体经营性建设用地入市逐步开花结果。33 个试点地区积极开展就地入市、调整入市和整治入市,建立健全市场交易规则和服务监管制度;加强村集体内部土地资产处置管理,积极探索入市主体及其组织形式。集体经营性建设用地入市改革是一个系统且复杂的工程,它既要发挥市场在资源配置中的决定性作用,又要协调与征地制度的关系,还需遵守土地制度改革三条底线。[①] 实践中各试点地区围绕农村集体经营性建设用地入市的范围和方式展开探索,着力集体经营性建设用地交易市场建设,在入市过程中注重提升地方政府的服务能力,建立起入市交易全过程的监管体系,为集体经营性建设用地入市营造良好的营商环境,最终的探索目的是建立城乡统一的建设用地市场。例如,广东南海探索土地增值收益在国家、集体、个人之间分配的新尝试;贵州湄潭在集体经营性建设用地过程中注重结合乡村旅游等方面;河南长垣县(现长垣市)对规划范围外的零碎集体建设用地和空闲宅基地进行拆旧复耕后,以"增减挂

---

① 欧阳君君:《集体经营性建设用地入市范围的政策逻辑与法制因应》,载《法商研究》2021 年第 4 期。

钩”的形式异地调整入市，并实现县政府对农转用和调整入市的审批实验。[①]截至2018年12月，集体经营性建设用地已入市地块1万余宗，面积9万余亩，总价款约257亿元，收取调节金28.6亿元，办理集体经营性建设用地抵押贷款228宗、38.6亿元。[②]

在宅基地“三权分置”的探索下，在农村不动产统一登记的推动下，试点工作从确权登记颁证到村民自治管理再到宅基地自愿有偿退出路径，均取得积极进展。2018年中央一号文件《中共中央、国务院关于实施乡村振兴战略的意见》作出探索宅基地所有权、资格权、使用权“三权分置”的改革部署后，山东禹城、浙江义乌和德清、四川泸县等试点地区结合实际，探索了一些宅基地“三权分置”模式。[③] 例如，浙江义乌市根据《浙江省村经济合作社组织条例》，成立经济合作社代表全体社员行使集体财产所有权，对集体所有的土地的流转进行管理。有些试点地区对于宅基地流转协议效力的处理作了特殊规定，例如2017年《江苏省高级人民法院关于审理房地产合同纠纷案件若干问题的解答》规定：“我省武进地区为宅基地改革流转地区，武进、仪征、泗洪为宅基地抵押的试点，对此转让合同的效力可以根据试点地区的相关意见予以处理。”

各试点地区对超标准占用宅基地和一户多宅的，以及非本集体经济组织成员通过继承房屋等占有的宅基地，探索有偿使用，对于进城落户农民宅基地探索自愿有偿退出。试点实践中，试点地区对宅基地有偿使用和自愿有偿退出做了多种尝试。如湖北宜城依据宅基地使用对象的身份及宅基地利用现状，对超占部分按照时段、面积、区域等标准收取有偿使用费；云南大理对利用宅基地上住房从事客栈餐饮等经营活动的由集体按使用面积收取土地收益金；江西余江、安徽金寨对退出宅基地或放弃建房进城购房的农户实行购房补

---

① 中共河南省委农村土地工作办公室：《长垣县扎实推进农村集体经营性建设用地入市试点》，载《农村要情》2017年第13期。

② 国务院：《国务院关于农村土地征收、集体经营性建设用地入市、宅基地制度改革试点情况的总结报告》，载中国人大网：http://www.npc.gov.cn/npc/c12491/201812/3821c5a89c4a4a9d8cd10e8e2653bdde.shtml，最后访问日期：2021年7月1日。

③ 国务院：《国务院关于农村土地征收、集体经营性建设用地入市、宅基地制度改革试点情况的总结报告》，载中国人大网：http://www.npc.gov.cn/npc/c12491/201812/3821c5a89c4a4a9d8cd10e8e2653bdde.shtml，最后访问日期：2021年7月1日。

贴;宁夏平罗探索建立农村老年人“以地养老”模式,允许农村老人自愿将宅基地、房屋、承包经营权退回集体,置换养老服务。①

各试点地区在保障农民住有所居的前提下,积极实践宅基地的有偿退出、租赁抵押等,盘活了大量闲置的农房和宅基地,提高了农村的用地效率,也增加了农民的财产性收入,形成了户户有宅、一户一宅的新局面,为乡村建设提供了丰富的用地空间。截至2018年12月,腾退出零星、闲置的宅基地约14万户、8.4万亩,办理农房抵押贷款5.8万宗、111亿元。②

2021年新一轮农村宅基地制度改革试点在北京市昌平区、天津市静海区等104个县(市、区)启动,在浙江绍兴市、安徽滁州市、四川资阳市三个地级市整体推进试点工作。③ 新一轮农村宅基地制度改革试点工作主要围绕落实农民宅基地权益保护、探索宅基地所有权、资格权、使用权“三权分置”实现形式、宅基地使用权的流转、抵押、有偿使用和有偿退出等方面展开。

---

① 国务院:《国务院关于农村土地征收、集体经营性建设用地入市、宅基地制度改革试点情况的总结报告》,载中国人大网:http://www.npc.gov.cn/npc/c12491/201812/3821c5a89c4a4a9d8cd10e8e2653bdde.shtml,最后访问日期:2021年7月1日。

② 国务院:《国务院关于农村土地征收、集体经营性建设用地入市、宅基地制度改革试点情况的总结报告》,载中国人大网:http://www.npc.gov.cn/npc/c12491/201812/3821c5a89c4a4a9d8cd10e8e2653bdde.shtml,最后访问日期:2021年7月1日。

③ 104个试点地区名单:北京市:昌平区、大兴区;天津市:静海区、蓟州区;河北省:邯郸市峰峰矿区、邢台市信都区、定州市、平泉市;山西省:平遥县、泽州县、清徐县;内蒙古自治区:乌兰浩特市、五原县、开鲁县;辽宁省:沈阳市沈北新区、沈阳市于洪区、大连市旅顺口区;吉林省:长春市九台区、梅河口市、通榆县;黑龙江省:桦南县、兰西县、安达市;上海市:松江区、奉贤区;江苏省:沛县、常州市武进区、溧阳市、昆山市、泗阳县、盱眙县;浙江省:德清县、龙港市、象山县、义乌市、江山市;安徽省:泗县、东至县、金寨县;福建省:沙县、建瓯市、晋江市;江西省:湖口县、大余县、永丰县、鹰潭市余江区;山东省:平度市、兰陵县、禹城市、潍坊市寒亭区、汶上县;河南省:巩义市、孟津县、宝丰县、长垣市、新县;湖北省:大冶市、宜城市、沙洋县、恩施市;湖南省:浏阳市、汨罗市、宁远县、凤凰县;广东省:南雄市、珠海市斗门区、佛山市南海区、德庆县、龙门县、陆河县;广西壮族自治区:鹿寨县、贵港市覃塘区、北流市;海南省:海口市琼山区、文昌市;重庆市:大足区、永川区、梁平区;四川省:成都市郫都区、泸县、眉山市彭山区、宜宾市翠屏区、西昌市;贵州省:息烽县、湄潭县、金沙县;云南省:宜良县、玉溪市江川区、大理市;西藏自治区:曲水县、山南市乃东区;陕西省:西安市高陵区、富县、神木市、柞水县;甘肃省:武威市凉州区、陇西县、康县;青海省:祁连县、湟源县;宁夏回族自治区:贺兰县、平罗县;新疆维吾尔自治区:伊宁市、奇台县。

第二节　城乡建设用地市场融合发展的必要性

一、城乡二元建设用地流转制度的弊端

(一)城乡二元经济结构的含义及产生背景

“城乡二元经济结构”是经常听到的一个词语,其中的“二元”就是城市经济和农村经济,城乡二元经济结构就是具有不同特点的城市经济和农村经济并存的经济结构。其中,城市经济以社会化生产为主要特点,而农村经济则以小生产为主要特点。二元经济结构这个概念最早是由美国经济学家刘易斯(William Arthur Lewis)提出来的,用来说明发展中国家的工农城乡之间的对立及其运动过程中所出现的分化。城乡二元结构是一个多向度的社会经济现象。在经济层面,表现为城镇与乡村在所有制及其在交换、分配、就业等方面存在的政策差异;在社会层面,则表现为城镇与乡村居民在教育、医疗、劳动、社会保障、养老、福利等方面适用不同的政策。这种二元体制存在的理论基础是基于在高度集中的计划经济体制下城市和乡村的所有制的不同,即城镇以全民所有制为主,乡村以集体所有制为主。

我国城乡二元经济结构的形成,是有一定的历史原因的。在新中国成立之初,遭遇了百年战火与掠夺的中国大地满目疮痍,各种公共设施毁坏殆尽,人们生活艰苦,甚至连基本的温饱都难以解决,经济更是全面瘫痪,而外国的封锁更迫使我们必须建立自己的经济体系。在各项经济事业百废待兴之时,重工业无疑成为优先发展的事业,它能最快复苏我国的经济,使我们从别国的封锁中走出来。新中国成立后,我国采取各种经济的和非经济的措施,优先发展重工业,以带动国民经济的高速增长。这是一种以高速度经济增长为主要目标的赶超发展模式,它以重工业部门为经济发展的中心和动力,以高积累、高投入作为其实现的保证。由于重工业产品附加值高,生产规模大,加之政府优先保证重工业生产所需的各种资源,因而,采取这种模式,在一定时期内能实现经济的高速增长。确实,优先发展城市重工业在当时的情况下使我国经

济迅速重生,使国家事业呈现蓬勃发展的势头,并且摆脱了他国的封锁。然而,我们也要承认,走工业化道路可以说是迫不得已的,是国家没有市场、人均收入又很低的情况下不得不采取的措施。

(二)城乡二元建设用地流转制度的缺陷

我国城乡二元经济结构主要表现为:城市经济以现代化的大工业生产为主,而农村经济以典型的小农经济为主;城市的道路、通信、卫生和教育等基础设施发达,而农村的基础设施落后;城市的人均消费水平远远高于农村等。这种现象造成了国民经济的比例失调、城乡差距拉大。特别是近年来,随着城市经济的快速发展,"三农"问题凸显。

在土地方面,城乡二元化的表现尤为突出,农民与城市居民在国土资源权利分享上有着严重的不平等待遇。国有土地的所有权、使用权分离后,使用权可以以转让、抵押、出租等方式流转,法律对其按不动产用益物权的模式进行了设计,并赋予其建设用地使用权这种法权地位。而农村集体土地,特别是集体建设用地的流转一直受到诸多限制。2007 年颁布的原《物权法》虽肯定了集体与国有并存的二元土地所有权体制,并对其进行平等的保护,但在建设用地的问题上做法却并不一致,原《物权法》第 12 章规定了建设用地使用权,并明确建设用地使用权是依法对"国家所有的土地"享有的占有、使用和收益的权利,而集体建设用地则是"依照土地管理法等法律规定办理"。《土地管理法》在很长一段时间里没有改变对集体建设用地流转的严格限制,直到 2019 年才有所突破。这种长期存在的城乡不平等关系,在我国形成"两种产权、两个市场"的二元结构。农民除了进城打工收入之外,最主要的收入来源就是土地财产性收入。农民的财产性收入制度保障不完善、实现不充分,这农村土地增值收益部分,真正用于解决农民切身利益的不多,农村建设性用地的制度安排,仍然存在"重城轻乡"的倾向。① 与国有建设用地使用权相比,集体建设用地使用权在权利内容、交易主体和范围上存在法律上的不平等。这种不平等,一方面将农村集体建设用地的交易权变得极为有限,使正常的市场机制很难在集

---

① 宋才发、宋强:《乡村振兴制度建设的内涵及路径探讨》,载《贵州民族研究》2020 年第 1 期。

体建设用地中发挥作用；另一方面则将建设用地市场人为分割为一个二元结构的市场，即国有建设用地使用权市场和集体建设用地使用权市场。如此一来，就使得农村土地市场的活跃程度大大降低。然而，随着城市化的进行，新农村建设的发展，人地矛盾加剧，对农村集体土地的需求越来越大，法律上的限制使得现实生活中的隐形市场和“暗箱操作”愈演愈烈。

（三）城乡二元建设用地流转制度下土地福利损失分析

1. 城乡二元建设用地流转制度下的土地市场模型

我国长期存在的城乡二元建设用地流转制度必然导致土地市场的城乡割裂。《土地管理法》修改之前，国家立法对集体建设用地流转设定了严格的限制，从法规制度上严格将集体建设用地拒之于市场门外，而事实上集体建设用地流转现象客观存在，这就形成了我国建设用地市场的独特现象，即较为规范的国有建设用地市场与欠规范的集体建设用地灰色市场同时存在，然而由于法规的制约，两者之间难以有效地融通而呈割裂状态。

城乡割裂的建设用地市场形态，主要体现在以下两个方面。

首先，集体建设用地的供给者和土地的需求者无法直接进行市场交易。集体建设用地被严格限制流转，基本上只能自用，而不能将使用权流转给需要土地的人，若土地需求方想获得农村集体建设用地使用权，唯一合法的途径是依靠国家启动土地征收权，将该块集体土地征为国有后，再由国家将用地以“招拍挂”协议、划拨等形式出让给需求方。可见，这种人为设置的制度壁垒把城乡建设用地市场割断了。

其次，二元土地市场下，城乡建设用地价格存在巨大差异。在市场机制下，建设用地的价格一般受地理位置的影响，即随着市中心向郊外推移，用地价格逐渐下降。但由于二元结构下集体建设用地不能自由流转，没有市场机制下的交易价格，只能以国家征收价作为其价格标准。可见，在集体建设用地价值实现的过程中，市场机制被排除在外，用地均衡价格形成机制和基于竞标地租理论的一般土地利用机制不起作用，当然也就不存在土地的供给与需求通过市场机制的作用形成的用地均衡价格，同样也不会得到基于竞标地租理论模型的平滑和连续的均衡地租曲线，如图 2.1 所示。

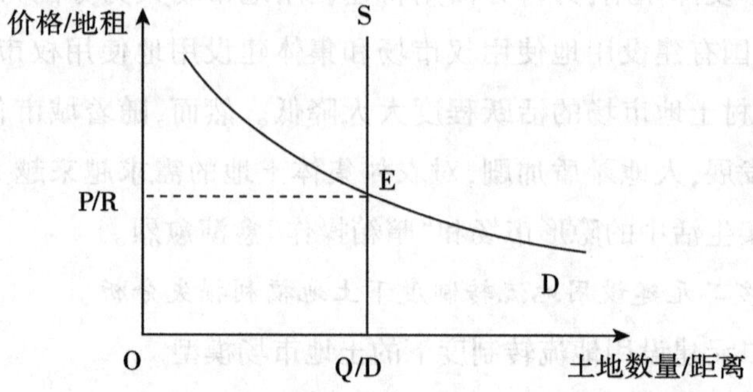

图 2.1　竞价地租曲线/土地利用市场模型

注：曲线 D 是简化的城乡建设用地竞标地租曲线；基于竞标地租理论，城市建设用地（E 以上部分的竞标地租曲线）和农村建设用地（E 以下部分的竞标地租曲线）之间的竞争在 E 点达到均衡，均衡价格是 P，均衡用地数量是 Q。

在城乡二元的建设用地流转结构下，由于征收垄断定价势力，导致竞标地租曲线折断，如图 2.2 所示。这也是城乡建设用地市场的价格割断，是最实质意义上的割断。所以，可以用折断的竞标地租曲线模型来表示城乡割裂的建设用地市场模型。①

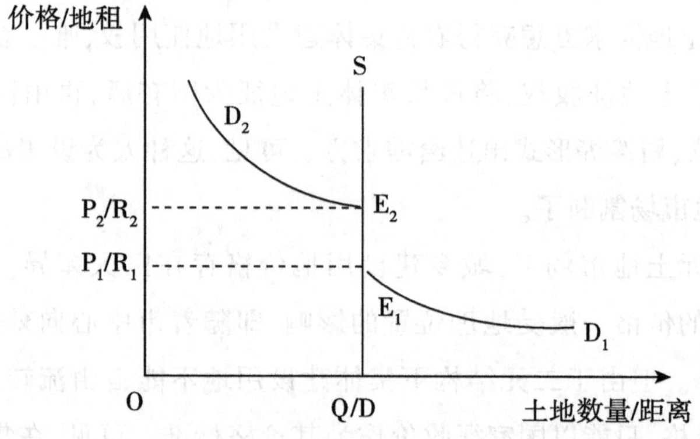

图 2.2　折断的竞标地租曲线/割裂的建设用地市场模型

由于二元结构下集体建设用地流转的受限，在城市国有建设用地与农村

① 参见张合林：《中国城乡统一土地理论与制度创新研究》，经济科学出版社 2008 年版，第 303～308 页。

集体建设用地之间形成了一个隐性的分界线，结果在区位条件相当的城乡交错地带，城市建设用地与农村建设用地价格差额较大。

图2.2显示了在集体建设用地流转受限的条件下，土地价值与区位的关系。从图中可以看出，城市建设用地价值随着与市中心距离的增加而逐渐下降，Q/D处于城乡交接区，以左为城市土地，可以直接用于城市建设，以右为农村建设用地，只能由农村集体或本集体村民自用，只有通过征收转为国有建设用地后才能用于城市建设。在Q/D点出现的缺口可以看出土地价格陡然上升或下降，原因主要是农村建设用地与城市建设用地由于制度差异产生了巨大的土地价值差额。城乡建设用地地租曲线曲度不同，因为那些原本打算投资于农村建设用地的资金，由于土地使用权流转的限制，只能投资于国有土地，梯度变化曲线中那个垂直缺口 P_2-P_1，可以用来衡量同一区位条件下，城市建设用地与农村建设用地价值之间的差额，缺口越大，表明价值差越大。① 在城乡割裂的建设用地市场下，这些巨大的差额价值是通过土地征收被政府和开发商拿走的，剥夺了农民集体和农民的土地财产权益。

2. 城乡二元建设用地市场下福利损失分析

城乡割裂的建设用地市场使同为建设用地的城乡土地在价值上存在巨大差异。下面，从农民个人福利损失和整个社会福利损失视角对城乡建设用地二元市场下的公平性进行分析。

(1)农民土地福利损失模型分析

假设有一户城郊农民拥有一块宅基地，享有无期限的宅基地使用权，并在其上建造了房屋供全家居住，该户农民实际从中获得了收益，这部分收益是如若没有宅基地使用权其需承租相同条件房屋所要支付的租金，可表示为：

$$V_1(t) = \int_0^{\infty} f(t)e^{-rt}dt \tag{2.1}$$

式中，$V_1(t)$是土地作为宅基地对于农户的价值（或带来的收益）；$f(t)$表示承租相同条件房屋所要支付的租金，而 r 为贴现率；t 为时间。如图2.3所示，曲线

---

① 参见谷晓坤、代兵：《集体建设用地流转对城市土地市场的影响》，载张建仁主编：《树立科学发展观提高土地资源的保障能力研究》，湖北科学技术出版社2004年版，第429～436页。

D_1 是宅基地的竞标地租曲线，与纵轴交于 d_1 点，Od_1E_1Q 所围成的面积表示 $V_1(t)$。

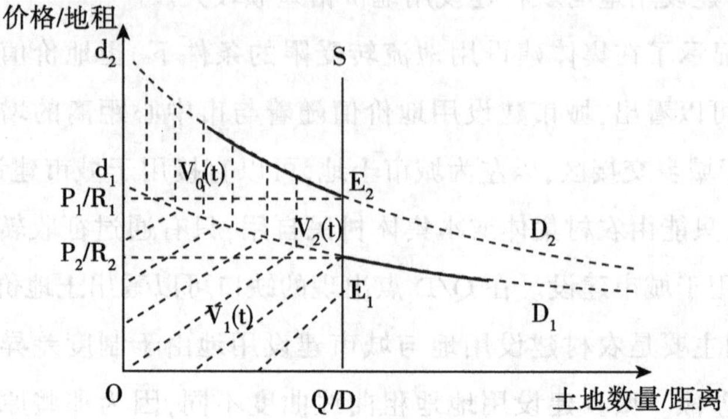

图 2.3 城乡割裂的建设用地市场下农民福利分析

假如现在因为城市建设或工业发展的需要，国家行使土地征收权，将农民的土地征收为国有建设用地。这时对于原集体建设用地来说虽其土地用途未发生根本性改变，仍作为建设用地使用，但因所有权主体从集体变为国有，从不可流转的土地转变为可以合法出让、转让、出租等形式流转使用权的土地，从只能自用居住的土地转变为可由他人开发为工业、住宅、商业等用途的土地（在这里为了简化分析，不作用途区分，以相同用途即国有住宅建设用地来进行考察）。此时土地的收益可表示为：

$$V_2(t) = \int_0^{\infty} n(t) e^{-rt} dt \tag{2.2}$$

式中，$V_2(t)$ 是原宅基地被征收变为国有建设用地后的价值；$n(t)$ 表示国有建设用地的租金，而 r 为贴现率；t 为时间。如图 2.3 所示，曲线 D_2 是国有建设用地的竞标地租曲线，与纵轴交于 d_2 点，Od_2E_2Q 所围成的面积表示 $V_2(t)$。

集体土地转变为国有土地，增加的土地收益可表示为：

$$V_0(t) = \int_0^{\infty} [n(t) - f(t)] e^{-rt} dt \tag{2.3}$$

如图 2.3 所示，$d_1d_2E_2E_1$ 所围成的面积表示 $V_0(t)$。

由式(2.1)、式(2.2)、式(2.3)可得出：

$$V_2(t) = V_0(t) + V_1(t) \tag{2.4}$$

图 2.3 可表示 $V_0(t)$、$V_1(t)$、$V_2(t)$ 三者的关系。

一般而言，在集体建设用地征收后作为工业、住宅、商业用地时，土地会发生增值，即 $n(t)-f(t)>0$，$V_0(t)$ 为正数，且通常数量较大；而如集体土地征收后变为公益用地时，可能由于 $n(t)-f(t)<0$，$V_0(t)$ 则为负数。

从式(2.4)中可以看出，$V_2(t)$ 即征收为国有建设用地后的土地收益应当包括两部分：一部分是 $V_1(t)$ 即农民本来在该块土地上应获得的收益；另一部分是 $V_0(t)$ 即土地被征收后的增值收益。

对于 $V_1(t)$，无论征为国有后的土地是用来开发建设还是为公共利益使用，即无论 $V_0(t)$ 大于0还是小于0，都应当作为征收补偿给予农民。当 $V_0(t)<0$ 时，为保护私人利益，政府应当用财政收入为农民提供征收补偿，以确保农民获得的补偿不少于 $V_1(t)$，那么，可以说农民获得征收补偿的基本数额取决于 $V_1(t)$ 的大小。审视式(2.1)不难发现，$V_1(t)$ 的大小与 $f(t)$ 的大小，即承租相同条件房屋需支付的租金多少有直接的关系。在城乡割裂的建设用地市场条件下，集体建设用地使用权基本上不允许流转，也就尚未形成用地租金的市场价格，因此 $f(t)$ 要么由政府给出行政权力下的价格，要么按照集体建设用地隐形流转价格予以确定，但无论何种价格都会小于其市场价格。由此导致农民获得的基本补偿 $V_1(t)$ 较可充分流转农村土地下的数额要小得多，使农民福利受到损失。

再来看 $V_0(t)$，即土地增值收益，当 $V_0(t)>0$ 时，一个关系各方利益的关键问题，就是 $V_0(t)$ 应如何分配。$V_0(t)$ 的分配过程可以说是各利益主体之间产权博弈的过程，城乡割裂的建设用地市场制度下，农民集体和农民始终被排除在分享其成果之外，其主要原因是在土地被征收之后，农民集体和农民便完全丧失了对该土地的权利，自然无权享受土地征收后的增值收益，但如果农民集体始终保有土地的所有权，只是将使用权让渡给他人或国家，亦即在允许集体建设用地流转的制度下，农民集体和农民就理所应当地享有土地的增值收益。由此可见，城乡二元土地制度使农民被迫遭受土地增值带来的福利损失，不利于对农民权利的保障。

(2)社会土地福利损失模型分析

建立模型对社会土地福利损失进行分析，如图2.4所示。

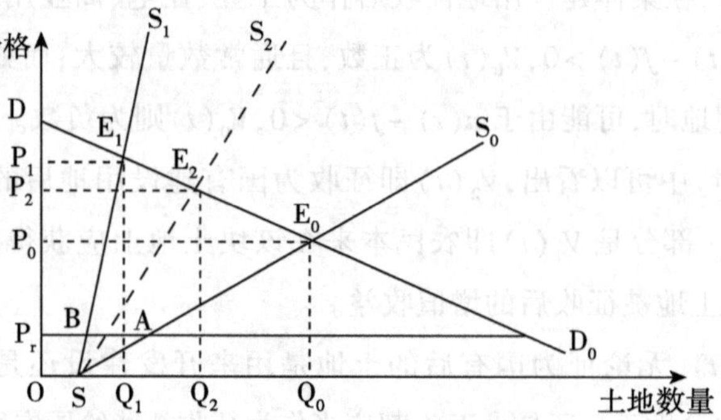

图 2.4 社会土地福利分析

DD_0 为整个社会对建设用地的需求曲线，假设集体建设用地可以自由流转，与国有建设用地形成统一市场，SS_0 为城乡建设用地供给曲线，DD_0 与 SS_0 曲线相交于 E_0，即城乡统一建设用地市场下的均衡点，形成均衡价格 P_0，均衡供求土地数量 Q_0。此时，土地需求方（土地使用权人）获得剩余为 DE_0P_0，土地供给方（土地所有权人）获得剩余为 P_0E_0SO，总的经济福利为 DE_0SO。

在集体建设用地不允许流转的城乡二元土地市场模式下，国家对建设用地供给处于垄断地位，但通过对城市土地的集约利用和旧城改造等再整理，存量国有建设用地入市流转量增加，土地供给逐年增加，国有建设用地供给也有一定的弹性。SS_1 为集体建设用地不允许入市下市场上建设用地供给曲线。DD_0 与 SS_1 曲线相交于 E_1，即城乡二元建设用地市场模式下的均衡点，形成土地价格 P_1，土地数量 Q_1。P_r 为征收集体建设用地时的征收价格曲线，在城乡割裂土地市场情形下，对集体建设用地的征收价格一般低于自由流转下的市场均衡价格，即 $P_r < P_0$。此时，土地需求方（土地使用权人）获得剩余为 DE_1P_1，土地供给方（土地所有权人）获得剩余为 P_1E_1SO，其中集体仅能获得一小部分 P_rBSO，其余 $P_1E_1BP_r$ 将被国家拿走，总的经济福利为 DE_1SO。

比较上述两种不同用地流转制度下土地福利差异可以看出，城乡割裂土地市场的社会总福利要比城乡统一用地市场下的社会总福利少，福利减少相当于三角形 E_1E_0S 的面积。

如果逐渐放开集体建设用地流转允许入市，建设用地供给将加大，从曲线

SS_1 到 SS_2，土地成交价格 P_2 降低，社会总福利损失面积由 E_1E_0S 减少到 E_2E_0S，当城乡建设用地形成统一市场时，建设用地供给曲线为 SS_0，土地价格降为均衡价格，社会福利损失减少到零。

如果征收土地补偿提高，即征收价格曲线 P_r 上升，土地供给方的总剩余不变，那么集体所得将增加，国家所得将减少。

(3)结论

从农民土地福利模型的分析中可以看出，在集体建设用地不允许流转的城乡割裂用地市场模式下，同一地段的建设用地，如属于集体，因不能入市，只能体现为自用价值，收益较低；如被征收为国有后入市，用地价格大幅增加，其中 $V_0(t)$ 全部被国家拿走；如集体建设用地能够入市，$V_0(t)$ 将能够被农民集体分享。可见，城乡二元土地制度使农民被迫遭受土地增值带来的福利损失，不利于对农民权利的保障。

从社会土地福利模型分析中可以看出，城乡建设用地统一市场下总的经济福利最大，在集体建设用地不允许流转，只有国有建设用地供给的情况下，经济福利最小，随着建设用地供给的增加，土地价格下降，总体福利会增加。建设用地总供给的增加主要来源于集体建设用地的入市流转。因此，城乡割裂的用地市场模式下总体福利最低，农民因征收获得的收益也最低。

二、城乡建设用地统一市场构建的必要性

正如前文所述，城乡二元结构的形成是有其历史原因的，事实上也无法否认其带来的积极作用，特别是新中国刚刚成立的时候，其促进了工业的发展，使得我国经济社会迅速发展起来，依靠工业的带动，我国也成功地解决了农民的温饱问题。但是，改革开放以后，随着城市经济的不断发展，城乡经济差距越来越显著，农村问题俨然已成为制约我国经济整体发展的突出问题。农民收入虽然有所增加，但是与城市居民收入还是不可同日而语，这种贫富差距的加大也使得公平难以保障，不利于社会和谐。

党的十九大报告中指出，要实施乡村振兴战略。要坚持农业农村优先发展，按照产业兴旺、生态宜居、乡风文明、治理有效、生活富裕的总要求，建立健全城乡融合发展体制机制和政策体系，加快推进农业农村现代化。这实际上

就是要破除城乡二元经济结构,大力发展农村经济,实现城乡融合发展。

城乡融合发展是实现乡村振兴与推进新型城镇化建设的关键举措,土地市场则是实现城乡要素流通的重要渠道,也是连接城乡发展的关键纽带。① 2019 年 4 月 15 日出台的《中共中央、国务院关于建立健全城乡融合发展体制机制和政策体系的意见》(以下简称《意见》)提出了城乡融合发展"三步走"的战略,即第一步到 2022 年,城乡融合发展体制机制初步建立,城乡统一建设用地市场基本建成;第二步到 2035 年,城乡融合发展体制机制更加完善,城乡统一建设用地市场全面形成;第三步到 21 世纪中叶,城乡融合发展体制机制成熟定型,城乡全面融合,乡村全面振兴,全体人民共同富裕基本实现。具体而言,《意见》提出:在建设用地流转交易方面,在符合国土空间规划、用途管制和依法取得前提下,允许农村集体经营性建设用地入市,允许就地入市或异地调整入市;允许村集体在农民自愿前提下,依法把有偿收回的闲置宅基地、废弃的集体公益性建设用地转变为集体经营性建设用地入市;推动城中村、城边村、村级工业园等可连片开发区域土地依法合规整治入市;推进集体经营性建设用地使用权和地上建筑物所有权房地一体、分割转让;加快完成农村集体建设用地使用权确权登记颁证;在建设用地使用权抵押融资方面,依法合规开展农村集体经营性建设用地使用权、农民房屋财产权、集体林权抵押融资,以及承包地经营权、集体资产股权等担保融资,实现已入市集体土地与国有土地在资本市场同地同权。《意见》提出的城乡统一的建设用地流转市场三步走计划是现代化"三步走"发展战略在土地领域的延伸和落实,为城乡统一建设用地市场的建设指明了前进方向。

2019 年 12 月 19 日,国家发展改革委、中央农村工作领导小组办公室、农业农村部等 18 个部门联合印发《国家城乡融合发展试验区改革方案》(以下简称《改革方案》),并公布了 11 个国家城乡融合发展试验区名单。根据《改革方案》,实验的目标是 2022～2025 年试验区城乡统一的建设用地市场全面形成,农村产权保护交易制度基本建立。《改革方案》要求 11 个试验区积极探索建

① 陈坤秋、龙花楼:《中国土地市场对城乡融合发展的影响》,载《自然资源学报》2019 年第 2 期。

立进城落户农民依法自愿有偿转让退出农村权益制度；结合深化农村宅基地制度改革试点，探索宅基地“三权分置”制度；建立农村集体经营性建设用地入市制度，建立集体经营性建设用地使用权转让、出租、抵押二级市场，推进已入市集体经营性建设用地与国有建设用地在资本市场同地同权。允许农民集体妥善处理产权和补偿关系后，依法收回农民自愿退出的闲置宅基地、废弃的集体公益性建设用地使用权，按照国土空间规划确定的经营性用途入市。在推进城乡融合发展中，乡村与城市处于优势互补、平等交换的地位，更加强调把乡村与城镇的发展视作一个融合共生的有机整体，充分发挥乡村的多种功能和主动性，充分体现乡村的自然生态属性、历史文化特征以及乡村特有风格，形成“工农互促、城乡互补、全面融合、共同繁荣”的新型工农城乡关系。[①]《改革方案》由11个试验区先行探索，形成一批可复制、可推广的成果后，由点到面全国推广，是对党的十九大精神和《中共中央、国务院关于建立健全城乡融合发展体制机制和政策体系的意见》的落实。

2020年4月3日，国家发展改革委发布《2020年新型城镇化建设和城乡融合发展重点任务》（以下简称《重点任务》），指出：加快推进国家城乡融合发展试验区改革探索，指导试验区分别制定实施方案；引导县级土地储备公司和融资平台公司参与相关农村产权流转及抵押，加快探索行之有效的改革发展路径；全面推开农村集体经营性建设用地直接入市，出台农村集体经营性建设用地入市指导意见；允许农民集体妥善处理产权和补偿关系后，依法收回农民自愿退出的闲置宅基地、废弃的集体公益性建设用地使用权，按照国土空间规划确定的经营性用途入市；启动新一轮农村宅基地制度改革试点。《重点任务》是对《意见》和《改革方案》的进一步发展，突出了城乡统一的建设用地市场建设中的重点任务，对城乡统一建设用地市场的构建具有十分重要的意义。

随着改革开放的不断深入，我国土地使用制度发生了重大变革。城市国有建设用地从无偿使用转变为有偿使用，并逐步建立起了土地资源市场配置机制，农村集体建设用地使用制度在实践中不断探索改革。城乡建设用地流

---

① 张克俊、杜婵：《从城乡统筹、城乡一体化到城乡融合发展：继承与升华》，载《农村经济》2019年第11期。

转二元制度已经严重阻碍了农村经济发展，制约了城市现代化建设，不利于城乡土地的合理统筹利用以及耕地保护，也给土地管理和执法工作带来了困难。要改变城乡建设用地流转二元制度带来的种种弊端，就必须深化我国土地使用制度改革，消除城乡土地使用权流转制度差异，解决农民集体所有建设用地使用权流转入市问题，并建立起城乡统一的建设用地流转市场。

（一）产权平等的必然要求

我国原《物权法》明确提出国家、集体、私人的物权应得到平等保护。但长期以来，在土地产权方面城乡权利是不平等的。国家作为国有建设用地所有权人可以根据所有权和使用权相分离的原则，将土地使用权进行出让、抵押、租赁等，形成建设用地使用权这样一项具有法权地位的独立的用益物权。而农村集体建设用地长期不能自主地合法流转，农民集体作为农村建设用地所有权人所享有的产权内容被人为地限制在极为狭小的空间，特别是对用地的处分权能被极大制约。

城乡建设用地产权不平等，将带来两方面弊端：一是集体建设用地交易权极为有限，正常的市场机制很难在集体建设用地中发挥作用，不利于农村土地资源的合理配置；二是建设用地市场被人为分割为一个二元结构的市场，即国有土地使用权市场和集体建设用地市场，不利于统一市场监管和统筹城乡土地资源。社会主义市场经济体制下，不应该允许对同种权利区别对待，无论是国有土地还是集体土地在法律上都应得到同等保护，并承担同等义务，不应当因“出身”不同而影响各自主体的产权地位，应当赋予农民集体与国家相同的使用、占有、处置、收益其所有土地的权利，将两种产权纳入统一市场，优势互补、统筹发展。这才是法律面前人人平等的应有之义，才是社会主义市场经济的必然要求。

（二）维护权益的客观要求

在城乡割裂土地市场模式下，农民集体作为所有权人的产权利益无法得到经济上的有效实现。首先，集体建设用地不能合法自主地流转，农民集体的处分权受到限制，没有交易就没有土地资源交换价值的体现，产权人也就无法获得资产流转的经济利益。其次，在城市化发展背景下，集体建设用地被禁锢在静止层面的同时,又难逃被国家征收的命运。从我国土地征收的实践来看,由于制度上的缺陷,农民的土地财产权益常受到集体性侵害。一是土地征收权被肆意滥用。目前,国家征收集体土地,除用于基础设施及公益事业建设外,主要用于工业、商业、文化教育、房地产等项目开发。土地征收的合法适用范围"公共利益"的内涵和外延在实践中被人为地进行了扩大化解释,征收成为政府滥用权力取得集体土地所有权的"合法"借口。二是现有征地补偿标准不合理。征地时国家向农民集体支付的补偿费用一般较低,但转为国有土地后的出让收益却很高,也就是说土地增值收益全部归国家所有,而农民作为该土地原本的实际拥有者却无法分享这部分收益。

可见,城乡二元制度下,农民集体和广大农民的土地财产权利难以自主获得经济实现,合法权益易遭到侵害。只有赋予集体建设用地与国有土地相同的合法流转权利,才能真正实现农民集体的所有者权益。我国城乡二元结构的主要表现就是城乡收入差距不断扩大,而城乡统一土地市场制度可以实现农民获得与城市的土地增值相同的收益,为农民提供生存生活和发展保障,最终表现为提高农民实质性收入,促进城乡收入差距缩小和城乡融合发展。① 一方面,自主处分集体建设用地使用权将获得体现资源价值的土地收益,也有利于建设用地合理而高效的利用;另一方面,农民集体拥有自主处置建设用地的权利,在土地征收中,增强了与政府谈判资本和议价能力,有利于征地补偿收益的提高。由此,建立城乡统一的建设用地使用权流转市场是维护土地所有者特别是农民集体合法权益的客观要求。

(三)现实必要性

1. 我国经济体制变革的需要

20 世纪 80 年代,我国开始了由计划经济转向市场经济的变革。经济体制的变革要求由市场配置资源,要求资源主体自主支配其财产,形成可流转的物权或财产权体系。农村村民拥有的土地财产除承包地(农地使用权)外,还有包括宅基地在内的集体建设用地。财产的不充足使农民创造财富的机会减

① 张合林:《以土地市场制度创新推动城乡融合发展》,载《中州学刊》2019 年第 3 期。

少,如果再对这些可资利用的财产流转进行禁止或限定,就使农民丧失了融通资金,以及进一步创造财富的基本手段。国家对耕地由承包到户到承包期限30年不变,再到现在的物权化保护,无不体现了对农民土地财产权的尊重。同样,建设用地使用权也不应有所例外。现在,农民以“市场经济人”的理念对集体建设用地使用权进行管理、使用,符合经济体制要求的资源利用形式。因此,在经济体制变革下,集体建设用地使用权作为农民手中重要的财产权利亟须在市场中体现其价值。在国有建设用地有偿使用市场已基本建立的情况下,构建城乡统一的建设用地使用权流转市场是社会主义市场经济的必然要求。

2. 统筹城乡建设用地供需的要求

20世纪90年代,由于农村经济发展产生的大量农村剩余劳动力纷纷由西部地区流向东部地区,由农村流向城市,也使劳动力流出地区的土地长期闲置,形成了所谓的“空心村”。《2021年国民经济和社会发展统计公报》显示,2021年末全国常住人口城镇化率达64.72%,而户籍人口城镇化率是46.7%。[①]这相差18.02%的数值,意味着将大约2.5亿的庞大人口在城市工作生活却没有城市户口,即享受不到市民待遇。其中,绝大多数为外来务工人员,也称“新市民”。[②] 农村人口的流动、城市化快速推进形成的空闲土地,为集体建设用地使用权流转市场的形成提供了资源储备。从某种意义上说,流转的标的物已经形成,只是市场尚未建立。而在城市由于经济和人口的不断增长,国有建设用地的需求进一步扩大。一方面是农村大量闲置土地不允许流转,另一方面是国有建设用地压力不断上升,如何统筹城乡建设用地供需将是亟待解决的问题。

总之,为解决城乡建设用地二元制度所带来的种种弊端,无论是为了促进市场经济的进一步发展,还是为了构建和谐社会,建立城乡统一的建设用地使用权流转市场都是必然要求,且势在必行。

---

① 《国家发改委印发〈2022年新型城镇化和城乡融合发展重点任务〉——提高新型城镇化建设质量》,载《人民日报(海外版)》:http://www.gov.cn/zhengce/2022-03/22/content_5680376.htm,最后访问日期:2022年3月23日。

② 参见李笑晓、支文:《中国不完全城市化历史溯源及户籍改革新思路》,载《山西农经》2018年第13期。

第三章　城乡建设用地统一市场构建的基础：产权制度深化改革

市场的交易过程，从法律意义上讲，就是财产权利转移的过程。土地市场的交易或流转过程，就是土地财产权利在平等主体之间转移的过程。因此，要想研究土地使用权流转市场，首先就要厘清作为土地市场交易客体的土地财产权利。在我国，土地所有权不能交易或买卖，在土地市场上交易的是与所有权相分离的土地使用权及他项权利。那么，在我国建设用地所有权城乡二元化的背景下，如何通过对城乡建设用地财产权利特别是使用权及其权能的剖析，以构建"同地同权"下城乡统一的建设用地使用权流转市场是本章讨论的重点。

第一节　我国土地产权权利体系及其构成

一、我国土地产权权利体系

各国由于社会经济、政治制度和法律体系的不同，都各自具有不尽相同的产权权利体系及其构成。根据 2016

年11月发布的《中共中央、国务院关于完善产权保护制度依法保护产权的意见》及相关产权理论，我国土地产权体系主要包括土地物权、债权和股权，基本权利如图3.1所示。

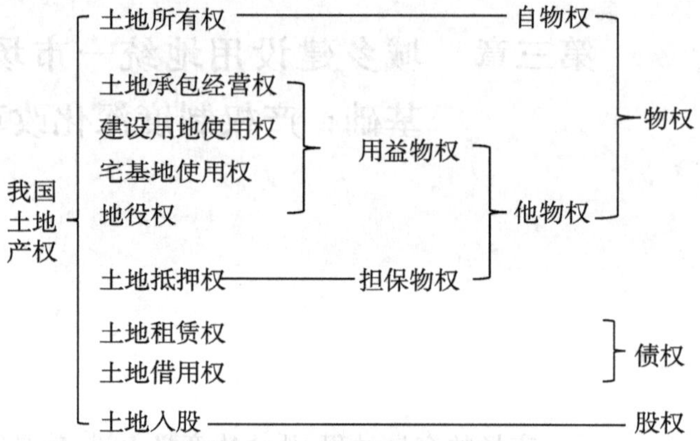

图3.1　我国土地产权体系

解构我国土地产权权利体系，土地产权首先包括物权类权利、债权类权利和股权类权利。鉴于物权法定原则，物权类权利都是《民法典》物权编中明确具有物权效力的权利，主要包括自物权，即土地所有权及他物权，其中他物权中又分为包括建设用地使用权、土地承包经营权、宅基地使用权和地役权在内的用益物权以及土地抵押权这一担保物权。值得说明的是，《民法典》新增了一类用益物权即居住权，但居住权主要是在住宅上的权利，因此在土地产权体系中并未列出，但居住权制度对解决土地制度改革中的某些问题仍具有重要意义。另外土地产权中的土地租赁权和土地借用权等属于物权以外的以契约为基础的债权范畴，土地股权是指以土地使用权作价出资入股形成的权利。

我国目前的土地产权体系与土地制度较完善的国家和地区相比，在权利类型上虽然某些称谓和权能构成略有差别，但其所涵盖的权利内容大体相同。这里需要指出的是，随着近代土地利用方式的多样性及相应土地收益的差异性愈演愈烈，一些国家和地区在土地产权体系中提出并明确了土地发展权，在我国这一权利虽在某些情形下会使用，但是并未纳入规范的土地产权体系。所谓土地发展权是一种可与土地所有权分离而单独处分的发展土地的财产权利，具体来说，就是变更土地使用性质之权，如农地变更为城市建设用地或土地原有的使用强度升高。设定土地发展权后，其他一切土地的财产权是以目前已经编定的正常使用价值为限，亦即土地所有权的范围，是以现在已经依法取得的既得权利为限，此后变更土地使用类别和利用强度的决定权则属于土地发展权。土地发展权有助于解决我国征地补偿、小产权房等社会热点问题，需要对该项权利进行系统梳理和规范，纳入我国土地产权体系，以扩充土地产权权利内容，进一步完善土地产权制度。

二、我国土地产权权利构成

下面对土地产权体系中的各项权利予以简要阐释，重点阐述与城乡建设用地市场密切相关的土地权利：土地所有权、建设用地使用权和宅基地使用权。

（一）土地所有权

土地所有权系土地所有人有权独占性支配其所拥有的土地，并排除他人干涉的权利。我国土地所有权属于土地物权的一种，除具有物权的一般特征外，尚有其自身的特征。

一是土地所有权主体的特定性和稳定性。我国土地所有权的主体只有两个，即国家和集体，这是由我国实行的土地社会主义公有制所决定的，且根据我国法律规定，土地所有权不得进行交易，这就决定了土地所有权权利主体具有高度的稳定性，除因公共利益的需要征收集体土地为国家所有等法定事由而引起土地所有权的物权变动外，土地所有权的权属是不会发生变动的。

二是土地所有权权能的完全性。土地所有权是对土地全面的支配权，是土地产权权利束中最充分的一项物权，它由土地占有权、使用权、收益权及处分权等权能组成。它是其他物权的源泉和出发点。土地使用权、抵押权、地役权等物权都是土地所有权让渡部分权能的派生权利，这些派生权利虽在一定程度上实际占有或控制土地，但它始终受到土地所有权的制约和最终支配。一旦这些设定的派生权利到期消灭，它们便又复归土地所有权，从而使土地所有权回复到原来的完全状态。

三是土地所有权期限的恒久性。土地所有权的存在没有一定的存续期限，它是无限期地由土地所有者保有的。只有发生社会变革，对土地所有制进行改革时,才有可能终止。而土地所有权的变更,只不过是权利主体的变更而已。

(二)建设用地使用权

建设用地使用权是土地他物权的核心权利和最重要的土地产权之一。“建设用地使用权”这一称谓源于我国原《物权法》规定,现《民法典》物权编予以沿用,类似于某些房地产法规中的“土地使用权”。建设用地是土地的一种类型,是承载房屋和其他地上物的土地,主要是相对于农业用地而言,它是人类利用、改造土地的反映,体现了土地的经济特征。

根据我国现行法律,建设用地使用权按土地所有制的性质可分为国有建设用地使用权和集体建设用地使用权,二者在法律规范内的权能范围上有一定差异(对此将在下文进行详细阐述),但从共同特征来看,建设用地使用权首先在设定上必须依法律而成立,任何人无论以何种方式取得建设用地使用权都必须得到法律的认可,否则为非法占用他人土地。由于建设用地使用权是以他人土地为客体的权利,因此,建设用地使用权人在取得和使用土地过程中都要受到土地所有权人的制约。

(三)宅基地使用权

按照《土地管理法》的规定,宅基地属于建设用地,故宅基地使用权应该和集体建设用地使用权是种属关系,但考虑到宅基地使用权的取得方式、权利内容、主体身份,以及所独有的社会保障功能等方面显然有别于建设用地使用权,故原《物权法》及《民法典》物权编将其独立,与建设用地使用权并列。

宅基地使用权是我国物权法体系中一个特有概念,是指农村村民依法享有的,在集体所有的土地上建造、保有住房及其附属设施的用益物权。《民法典》第362条规定:“宅基地使用权人依法对集体所有的土地享有占有和使用的权利,有权依法利用该土地建造住宅及其附属设施。”农村住宅房地产的权利构造是“宅基地使用权+房屋所有权”,农民对前者拥有他物权;对后者享有所有权。

从我国现行法来看,宅基地使用权具有以下特性。一是权利主体的限定性。原始取得宅基地使用权的主体只能是本村村民,且以户为单位,一户只能拥有一处宅基地。这是由农村宅基地的社会保障和福利功能所决定的,故宅基地通常与农村村民的身份及成员权紧密相连。二是权利客体的特定性。土地性质方面，限于集体所有的土地，且只能是用于建造住宅以及与生活相关的其他附属设施的土地，宅基地在用途上具有局限性，只能作为生活资料供给本集体成员，而不能作为生产资料使用。宅基地面积方面，不得超过省、自治区、直辖市规定的标准。人均土地少、不能保障一户拥有一处宅基地的地区，县级人民政府在充分尊重农村村民意愿的基础上，可以采取措施，按照省、自治区、直辖市规定的标准保障农村村民实现户有所居。规划审批方面，农村村民建住宅，应当符合乡(镇)土地利用总体规划、村庄规划，不得占用永久基本农田，并尽量使用原有的宅基地和村内空闲地。编制乡(镇)土地利用总体规划、村庄规划应当统筹并合理安排宅基地用地，改善农村村民居住环境和条件。农村村民居住用地，由乡(镇)人民政府审核批准；其中，涉及占用农用地的，依照农用地转批规定办理审批手续。三是权利内容的特殊性。在权利取得方面，宅基地使用权具有无偿性和无期限性。我国现行法律和政策强调农村村民初始取得宅基地使用权的无偿性①。即便一些试点地区在探索宅基地有偿使用，但仍以宅基地使用权取得的无偿性为原则，有偿使用为补充，且有偿使用被限定在一户多宅或超面积占有宅基地的适用范围内。与划拨方式取得的建设用地使用权一样，宅基地使用权也是无期限的，这一点与承包地有很大不同。在权利流通方面，宅基地使用权只在集体内部具有一定的流通性。农村村民出卖、出租、赠与住宅后，再申请宅基地的，不予批准。国家允许进城落户的农村村民依法自愿有偿退出宅基地，鼓励农村集体经济组织及其成员盘活利用闲置宅基地和闲置住宅。1999 年国务院办公厅颁布的《关于加强土地转让管理严禁炒卖土地的通知》指出，农民的住宅不得向城市居民出售，也不得批准城市居民占用农民集体土地建住宅。随后的《土地管理法》等法规在宅基地使用权的对外流转限制上始终没有突破，这也导致不动产交易“房地一致”原则下宅基地对外流转的限制制约了农民住房财产权利的实现。

---

① 1990 年，《国务院转批国家土地管理局〈关于加强农村宅基地管理工作的请示〉的通知》中指出，进行农村宅基地有偿使用试点，确定了宅基地有偿使用收费标准。到了 1993 年 7 月，为了减轻农民负担，中共中央办公厅、国务院办公厅发布《关于涉及农民负担项目审核处理意见的通知》，取消了宅基地有偿使用收费的做法。

宅基地制度改革也是新一轮农村土地制度改革的重点，也采取了试点地区先试先行的办法。改革探索主要集中在宅基地的有偿使用、有偿退出和“三权分置”方面。但由于改革时间较短，经验仍不成熟，在2019年《土地管理法》修改中并未体现过多宅基地制度改革成果。宅基地使用权作为城乡建设用地市场构建中一项重要的财产权利，在其社会保障功能基础上显现其财产属性的改革探索具有更加重大的意义。

（四）其他土地产权

1. 土地承包经营权

土地承包经营权在大陆法系民法中叫作“永佃权”，是指承包人在法律规定和承包合同约定的范围内，对集体所有的或者国家所有但由集体长期使用的土地享有占有、使用和收益的权利，有权自主从事种植、林业、畜牧业等农业生产的权利。

土地承包分为家庭联产承包和其他方式的承包。前者是按照国家规定进行的、农村村民人人有份、以户为单位的承包，主要是承包耕地、林地和草地等适宜家庭承包的土地；后者是针对那些不宜采取家庭承包方式的农村土地，通过招标、拍卖和协商等方式进行的承包，主要是承包“四荒”等其他土地。

2014年11月，中共中央办公厅、国务院办公厅印发《关于引导农村土地经营权有序流转发展农业适度规模经营的意见》，指出“坚持农村土地集体所有，实现所有权、承包权、经营权三权分置，引导土地经营权有序流转”。在党的十八届三中全会全面深化改革精神指引下，正式提出了农用地的“三权分置”。2015年11月，中共中央办公厅、国务院办公厅印发的《深化农村改革综合性实施方案》，确定“深化农村土地制度改革的基本方向是：落实集体所有权，稳定农户承包权，放活土地经营权”。落实集体所有权，就是落实“农民集体所有的不动产和动产，属于本集体成员集体所有”的法律规定，明确界定农民的集体成员权，明晰集体土地产权归属，实现集体产权主体清晰。稳定农户承包权，就是要依法公正地将集体土地的承包经营权落实到本集体组织的每个农户。放活土地经营权，就是允许承包农户将土地经营权依法自愿配置给有经营意愿和经营能力的主体，发展多种形式的适度规模经营。自此开启了农用地“三权分置”的改革大幕。随着试点先试先行经验的成熟,2018 年《农村土地承包法》修改,修改后的《农村土地承包法》第 9 条使土地经营权的概念首次在法律中得到明确,并由其他条文对农村土地经营权的登记、担保、期限、保障等细节内容进行规定,“三权分置”政策得以法律化。

《民法典》物权编第 11 章专门就“土地承包经营权”作出详细规定,进一步明确了土地承包经营权及土地经营权的基本规则,在民事基本法上落实了“三权分置”。《民法典》中关于土地承包经营权的内容,主要以原《物权法》第 11 章的相关规定为框架基础,并在此基础上根据修改后的《农村土地承包法》的相关规定对条文进行相应的修改以及增加。而相较《农村土地承包法》,《民法典》“土地承包经营权”章不再规定所谓的“土地承包权”,《民法典》上的农用地权利体系由土地所有权、土地承包经营权和土地经营权三种权利构成。“三权分置”制度地位得到了进一步巩固。

根据我国现行立法及政策,“三权分置”的内容可以简单概括为三个方面:土地集体所有权人对集体土地依法享有占有、使用、收益和处分的权利;土地承包经营权人对承包土地依法享有占有、使用和收益的权利;土地经营权人对流转土地依法享有在一定期限内占有、耕作并取得相应收益的权利。

回溯我国农村土地承包发展历程,在新型工业化、城镇化、农业现代化加速发展进程中,将土地承包经营权分为“承包权”和“经营权”,实行所有权、土地承包经营权、土地经营权分置并行,放活土地经营权,是农村改革的重大制度创新,符合生产关系适应生产力发展的客观规律。

土地承包经营权制度与城乡建设用地市场的建立直接关系不大,有关农用地改革情况不做赘述。但是作为农村体制改革的重要一环,农用地产权制度变化对建设用地产权改革亦产生重大影响。如农用地“三权分置”在探索一段时间后就被引用到宅基地上,形成了宅基地“三权分置”改革思路。

2. 地役权

所谓地役权,是指土地上的权利人(包括土地所有人、建设用地使用权人、土地承包权人、宅基地使用权人等),为了自己使用土地的便利或者提高自己不动产的利用价值,通过约定得利用他人土地的一种不动产用益物权。地役权是存在于他人土地之上的物权,是利用他人土地的物权,是为需役地的便利而设立的物权。为他人设置地役权的土地为供役地,与供役地相邻并需要在他人土地上获取地役权的土地为需役地。①

从地役权的特征和性质来看,首先,地役权具有自治性,是依合同而设立的。其次,具有从属性,即地役权不能与需役地分离而单独转让或单独成为其他权利的标的。再次,具有不可分性,即地役权存在于需役地和供役地的全部,不能分割为各个部分或仅以一部分而单独存在。最后,具有主体复杂性,地役权的主体是需役地所有人或使用权人和供役地所有人或使用权人。在我国,地役权的所有权主体为国家和集体;地役权的使用权主体主要包括建设用地使用权人、宅基地使用权人和土地承包经营权人等。②

3. 土地抵押权

从法理上看,土地抵押应是指为担保债务的履行,债务人或第三人在不转移对土地占有的情况下,将该块土地抵押给债权人,债务人不履行债务或发生当事人约定的实现抵押权的情形,债权人有权就该块土地优先受偿的一种制度安排。其中,债务人或第三人是抵押人,债权人是抵押权人,提供担保的土地是抵押财产,这里需要特别说明一下在我国土地抵押权中,担保财产的性质问题。

一般来讲,财产抵押制度与该项财产流转交易制度密切相关,因为一旦实现抵押权,即意味着抵押财产权利主体的转移,实际上是该财产进行流转的一种方式,因此,土地作为抵押财产在我国具有特殊性,在实际土地私有制的国家,土地所有权可以自由流通,其土地抵押制度即可将土地所有权作为抵押客体。而在我国,土地所有权是建立在土地公有制基础上的,土地所有权不能进行交易,这就使土地所有权不可能成为抵押客体而进入流通领域。但我国特有的土地使用权制度可以解决这一问题,就抵押财产的范围,将部分土地使用权作为土地的抵押客体。《民法典》维系了原《物权法》正面列举(第 180 条)和反面排除(第 184 条)相结合的立法方法,在《民法典》第 395 条正面列举了抵押财产的范围,如建设用地使用权抵押等;第 399 条反面排除了不得抵押的财

① 参见陈耀东主编:《房地产法》(第 2 版),复旦大学出版社 2009 年版,第 65 页。
② 参见陈耀东主编:《房地产法》(第 2 版),复旦大学出版社 2009 年版,第 65 页。

产范围,如宅基地使用权等。共同为当事人之间的抵押行为提供规范指引,有利于明晰法律关系,维护交易安全。① 同时,农地“三权分置”改革后,以“四荒”和耕地为标的物的土地经营权均可成为抵押的标的,故《民法典》删除了原《物权法》第180条第1款第3项列举的“以招标、拍卖、公开协商等方式取得的荒地等土地承包经营权”、原《物权法》第184条第2项关于禁止“耕地”抵押的规定。但《民法典》就土地承包经营权的抵押问题,虽然没有明示认可,但也未反面排除。②

可见,在我国,土地抵押权实际上是“部分土地使用权的抵押权”,是指部分土地使用权人在法律允许的范围内,在不转移占有的前提下,将土地使用权作为债权的担保抵押给债权人,并且,其地上建筑物及其他附着物随之抵押。当发生实现抵押权情形时,债权人有权依法处分该土地使用权并享有从处分所得价款中优先受偿的一种权利。

4. 土地租赁权

所谓土地租赁权是指“承租人有占有租赁物而为使用收益之权能”③,设定土地租赁权是指土地所有权人或土地使用权人通过契约将土地占有权、狭义的土地使用权和部分收益权转让给他人,这时被转让人即为承租人。

土地租赁权与建设用地使用权、宅基地使用权和土地承包经营权等土地使用权相比虽都是土地使用权的让渡,但有根本上的不同,其最主要的区别是土地租赁权属于债权范畴,而建设用地使用权等是法定的用益物权,这就使土地租赁中的承租人不拥有对土地的部分处分权。一般情况下,土地承租人不能将自己的承租的土地再以任何方式转移出去,除非经过出租人同意,且承租人对土地的使用须依土地出租人的意思而定,不得擅自改变出租人规定的土地使用条件;而建设用地使用权等用益物权人拥有更加完整的使用和处置土地的权能,只要不违反土地出让合同中的约定,就可以自由地行使土地权利。

---

① 参见吴国喆:《“三权分置”背景下农地抵押的规则设计》,载《北方法学》2018年第5期。

② 参见高圣平:《民法典视野下农地融资担保规则的解释论》,载《广东社会科学》2020年第4期。

③ 史尚宽:《债权各论》,新北,正中书局出版社1960年版,第140页。

5. 土地借用权①

所谓土地借用权,一般是指无偿占有使用他人土地的权利。我国现行土地法律实践所承认的土地借用权,是我国特定历史条件下产生的一种土地财产权利。具体而言,这是我国长期以来的国有土地无偿划拨制度的产物,在这样的制度安排下,由于没有地产市场,用地单位之间的余缺调剂主要通过两种方式进行:一是通过行政指令,改变划拨土地使用权人,即划拨土地使用权的收回和重新授予;二是通过用地单位之间的借用协议,由出借方将其暂时或长期不用的土地无偿提供给借用方使用。这种土地借用关系在一定程度上起到了缓解土地供需矛盾和提高土地利用率的积极作用。而且,通过这种方式长期形成的土地使用关系,在当前和今后一个较长时期内仍将继续延续。所以,对这种土地利用关系加以确认和保护,有利于稳定既成的土地使用格局,减少不必要的经济纠纷和损失,实现土地资源的有效利用。

6. 土地股权

土地股权是指土地使用权人以土地使用权作价入股形成的股东权利。土地使用权在出资入股时即发生权利转移,从出资人手中转移到入股的法人手中,出资人以土地使用权换得相应法人股权,出资人由此享有一般股东权利。以土地使用权出资入股要求,首先该土地使用权应当在法规上允许流转;其次,入股的应是一定期限的土地使用权而非土地所有权。以土地使用权入股形成股权实际上是土地使用权这类用益物权流转的一种方式,土地股权虽是土地使用权人的一种财产权利,但是与土地用益物权制度设计关系密切,可以在用益物权流转问题中进行讨论。

第二节 我国城乡建设用地产权权能解构

上一节比较详细地阐述了我国土地产权权利体系内容,通过分析可见,在

① 参见王卫国、王广华主编:《中国土地权利指南》,中国政法大学出版社 2001 年版,第 263 ~ 264 页。

土地产权体系中最重要的权利就是土地所有权及土地使用权,因为其他土地产权权利的设定都是以上述两类权利内容为基础的。如土地抵押权、土地股权都与该宗土地的用益物权制度息息相关;土地租赁权也受制于土地所有权或使用权人本身享有的处分权能。因此,从土地用途及土地所有权主体角度,深入剖析我国城乡建设用地产权问题,实际上就是要重点厘清建设用地所有权及使用权的主体、客体和权能结构,通过比较,分析出城乡建设用地产权差别,结合农村土地制度改革,探寻出建设用地产权的城乡一体化途径。

一、城市国有建设用地产权及其权能

如前所述,本书所指城市建设用地从所有权角度看,即指国有建设用地;从地域范围来看,一般地处城市;从用途来看,基本都是用来建造建筑物或构筑物等。

城市国有建设用地产权是人们将国有土地作为一种特殊财产而形成的各种权利关系,20 世纪 80 年代后期,我国土地使用制度改革,将国有土地所有权与使用权相分离,在固守土地所有权不变的前提下,允许国有土地使用权进行流转,从而析出国有土地产权中最重要的两类权利,即国有建设用地所有权和使用权,且赋予其各自不同的权能,形成我国城市国有建设用地最基本的产权权能结构,如图 3.2 所示。

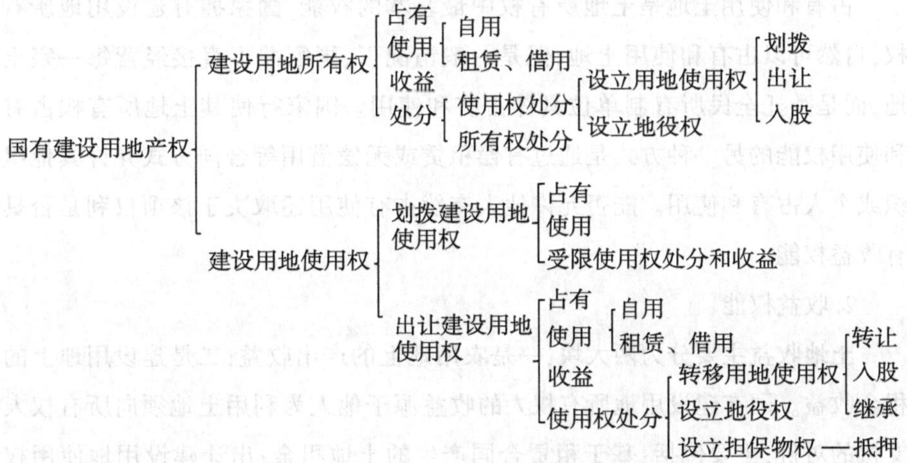

图 3.2　国有建设用地产权权能结构

(一)国有建设用地所有权及其权能构成

城市国有建设用地所有权,是指国家独占性地支配其所拥有的地处城市的建设用地,并排除他人干涉的权利,在法律规定的范围内,国家享有占有、使用、收益、处分城市国有建设用地的权利。城市国有建设用地所有权具有下列特征。

第一,主体上具有唯一性和统一性。城市国有建设用地所有权的主体是国家,土地的所有权由国务院代表国家行使。

第二,权利上具有恒久性。国有建设用地所有权不得以任何方式交易流转,在土地所有权的变动中,只存在集体土地通过国家征收、兼并转归国家所有的情形,不可能是国家所有转为集体所有。这样,必然是国有建设用地所有权的范围不断扩大,而集体土地所有权的范围逐渐缩小。

第三,客体上具有特定性。国有建设用地一般地处城市,虽法律规定属于国家所有的农村和城市郊区的土地亦应在国有土地范围之内,但因其数量较少,在本文讨论中以城市建设用地代表国有土地概念。

城市建设用地所有权是具有完整权能的权利,具体而言,国家作为城市建设用地所有权人对其所拥有的土地享有以下权能。

1. 占有和使用权能

占有和使用土地是土地所有权中最基本的权能,国家拥有建设用地所有权,自然可以占有和使用土地,但是一般情况下,国家并不直接经营每一宗土地,而是委托全民所有制单位具体占有和使用。国家行使其土地所有权占有和使用权能的另一种方式是通过有偿租赁或无偿借用等合同方式允许其他组织或个人占有和使用。能否允许他人有偿占有使用还取决于该项权利是否具有收益权能。

2. 收益权能

土地收益主要分为两大块:一是农用地上的产出收益;二是建设用地上的租金收益。国有建设用地所有权人的收益源于他人为利用土地须向所有权人支付的对价,主要包括:基于租赁合同产生的土地租金;出让建设用地使用权获得的土地出让金;以建设用地使用权出资形成股权的股利分红;在土地上设定地役权可得的收益。

3. 处分权能

建设用地所有权下的处分权能应分为两部分:一是对用地使用权的处分;二是对用地所有权的处分。对用地所有权的处分是处分权能最狭义的理解,但在我国土地制度下,国有建设用地主体具有唯一性,国家不能将土地所有权转让给其他个人和组织,也不能转给集体,因此,国有建设用地的所有权处分没有实际意义。在我国公有制体制下,土地所有权与使用权的两权分离是注重土地利用下最重要的制度创设。对土地使用权的处分实际上成为处分权能的核心。用地所有权人的使用权处分主要指在用地上设立用益物权,包括以划拨、出让或入股等方式设立建设用地使用权及设立地役权。用地所有权人在处分使用权时有权约束用益物权人使用土地的条件,并在用地使用权到期后有权收回土地使所有权归于完满。

(二)国有建设用地使用权及其权能构成

城市建设用地使用权,是指在国家所有的地处城市的建设用地之上建造或经营地上物而使用国有土地的权利,具有以下特征。

第一,主体上不具有特定性。国有建设用地使用权人可以是自然人,也可以是法人或非法人组织。一般而言,在国有建设用地使用权取得的一级市场上,要求使用权人具有一定的开发利用土地能力,以法人组织为主要使用权主体。

第二,客体上受用途管制。根据《土地管理法》的规定,国家实行土地用途管制制度,使用土地的单位和个人必须严格按照土地利用总体规划确定的用途使用土地。《民法典》物权编亦规定,建设用地使用权人应当合理利用土地,不得改变土地用途。关于国有建设用地用途,可分为住宅和公共设施用地、工矿用地、交通水利设施用地、旅游用地、军事设施用地等。按《城镇国有土地使用权出让和转让暂行条例》中出让土地使用权最高年限的规定,出让建设用地可分为居住用地,工业用地,教育、科技、文化、卫生、体育用地,商业、旅游、娱乐用地,及其他综合用地。

第三,权利是一项用益物权。国有建设用地使用权与建设用地所有权中的使用权能不同,已构成一个独立的用益物权类型。根据物权法定原则,我国从《物权法》到《民法典》物权编都对建设用地使用权的用益物权属性予以了确认。

作为一项用益物权,建设用地使用权亦有其权能,即土地使用者在不同利用方式下取得建设用地使用权后,对使用的土地,具体享有哪些占有、使用、收益和处分的权利。① 在实践中,我国取得国有建设用地使用权的方式呈现多样性,而取得建设用地使用权的方式不同,决定了其享有使用权权能的差异。具体而言,以出让方式与以划拨方式取得建设用地使用权的权能是不一样的,究其原因,是国有土地实行有偿使用后,采取不同的方式利用土地时,用地使用者为取得用地使用权所付出的成本不同,建设用地使用权权能与取得用地支付对价与否直接相关,即取得用地使用权时支付了对价,用地使用者享有较完整的使用权权能,并可将获得的用地使用权再转让、出租、抵押;如取得使用权时没有支付对价,用地使用者享有的使用权权能将受到限制。从另一个角度讲,建设用地使用者获得使用权能的大小取决于用地所用权人暂时愿意放弃的部分所有权权能范围,也就是说当建设用地使用权经过出让,全额缴纳出让金后,用地所有权人放弃的部分权能在经济上获得对等回报,即允许该用地使用权人在出让合同的约定下自由进入市场,获得较为完整的使用权能。而划拨方式取得的用地使用权,其权能是不完整的,因为它们仅以有限的代价换取了用地所有权中有限的权能,其在流动过程中势必受到许多来自所有权人的限制条件,这些限制条件只有当所有权人即国家的权益在经济上全部得以体现后,才能完全取消。

目前,在我国国有建设用地市场中,取得用地使用权的主要方式即出让和划拨。下面对出让建设用地使用权和划拨建设用地使用权两种权利权能加以阐述。

1. 出让建设用地使用权及其权能

以出让方式取得建设用地使用权是指建设用地使用者以向国家支付用地

---

① 参见刘滨:《论国有土地使用权权能》,载《国土资源》2002 年第 2 期。

使用权出让金为代价获取国家出让的一定年限内的国有建设用地使用权的行为，出让建设用地使用权是一种有偿、有期限、可转让的权利。其具体权能有以下几点。

（1）占有和使用建设用地的权利。建设用地使用权是一项用益物权，其在很大程度上是为了进一步提高对土地的利用效率和价值。因此用地使用权人为了生产、经营或生活的目的占有和使用建设用地，是用地使用权的主要内容，其中包括使用权人自己的占有使用，也包括使用权人通过出租、借用等债权设定方式允许他人占有使用。但是，值得注意的是，用地使用权的该项权能与所有权仍有差异，即只能在设立出让建设用地使用权时约定的条件下使用该用地，主要是建设用地使用期限和用途的限制。《城镇国有土地使用权出让和转让暂行条例》第12条规定，土地使用权出让最高年限按下列用途确定：居住用地70年；工业用地50年；教育、科技、文化、卫生、体育用地50年；商业、旅游、娱乐用地40年；综合或者其他用地50年。第17条第1款规定："土地使用者应当按照土地使用权出让合同的规定和城市规划的要求，开发、利用、经营土地。"第18条规定："土地使用者需要改变土地使用权出让合同规定的土地用途的，应当征得出让方同意并经土地管理部门和城市规划部门批准，依照本章的有关规定重新签订土地使用权出让合同，调整土地使用权出让金，并办理登记。"

（2）获得收益的权利。建设用地使用权人对于用地收益主要体现在租金对价上。出让取得用地的使用权人可将土地出租获得租金；将用地使用权转让获得转让金；将用地使用权作价出资形成股权获得股利分红；在用地上设定地役权获得收益；在用地上设定抵押获得贷款。以上都是出让建设用地使用权人收益权能的体现。

（3）处分用地使用权的权利。出让建设用地使用权人对用地的处分体现在可将用地使用权转移、设立地役权和抵押担保。具体而言，建设用地使用权人获得出让的用地使用权后，可以作为转让人将用地使用权随同地上建筑物、其他附着物转让给他人使用，包括出售、交换等，转让的条件要受到用地使用权出让合同有关期限、用途、开发条件等约定的制约。建设用地使用权还可能以用地使用权作价入股方式,或者以继承的方式发生转移。建设用地使用权人还可以设定地役权,《民法典》第379条规定,土地上已经设立建设用地使用权的,未经用益物权人同意,土地所有权人不得设立地役权。这意味着所有权人设立地役权的处分权能将随着用地使用权的设立而转移至用地使用人手中。此外,出让用地使用权还可以用于抵押,抵押人到期未能履行债务或在抵押合同期间宣告解散、破产的,抵押权人有权依国家法律、法规和抵押合同的规定处分抵押财产,处分所得抵押权人有优先受偿权。按照《民法典》第397条规定,以建筑物抵押的,该建筑物占用范围内的建设用地使用权一并抵押。以建设用地使用权抵押的,该土地上的建筑物一并抵押。抵押人未依据前款规定一并抵押的,未抵押的财产视为一并抵押。可见,允许对建设用地使用权进行抵押,只是遵循"房随地走"规则。

2. 划拨建设用地使用权及其权能

以划拨方式取得建设用地使用权是指县级以上人民政府依法批准,在建设用地使用者缴纳补偿、安置等费用后将该幅土地交付其使用,或将建设用地使用权无偿交付给土地使用者使用的行为。划拨建设用地使用权是一种无偿的、无期限的、不可交易的权利,其具体权能如下。

(1)占有和使用建设用地的权利。应该说对划拨建设用地的利用主要体现在占有和使用权能上。根据《划拨用地目录》,符合该目录的建设用地项目,由建设单位提出申请,经有批准权的人民政府批准,方可以划拨方式提供土地使用权。划拨土地类型仅限于国家机关用地和军事用地;城市基础设施和公益事业用地;国家重点扶持的能源、交通、水利等基础设施用地及法律、行政法规规定的其他用地。可见,可以划拨方式取得的建设用地多具有非营利性质,也因此用地使用权人获得划拨建设用地主要以占有使用作为其利用土地的方式。划拨建设用地使用权人能否通过租赁等方式允许他人占有使用土地,还需看其收益权能的完整性,因其收益权能受限,划拨建设用地使用权人不能直接对外出租土地以获得租金收益。

(2)处分和收益的权利受到限制。以划拨方式取得的建设用地使用权,不能随意转让、出租或抵押,若想通过处分划拨建设用地使用权以获得利益,须同时符合以下各项条件：①建设用地使用者为公司、企业、其他经济组织和个人；②领有国有建设用地使用证；③具有地上建筑物、其他附着物合法的产权证明；④依照建设用地使用权出让规定补签了建设用地使用权出让合同，向当地市、县人民政府补交了土地出让金或者以转让、出租、抵押所获收益抵交土地出让金；⑤须经市、县人民政府土地管理部门和房产管理部门批准。

可见，划拨建设用地使用权在处分和收益权能上受到限制，除非依法定程序将其转变为出让建设用地方可行使处分和收益权能。

二、农村集体建设用地产权及其权能

农村集体土地是指地处农村或城市郊区的，属于本集体成员农民集体所有的土地，从土地用途来看，可划分为农用地、建设用地和未利用地。可见，农村集体建设用地是农村土地的一部分，主要与农用地相区别，主要包括集体经营性建设用地、农民宅基地和乡（镇）村公共设施和公益事业用地。对这三类集体建设用地，由于其形成的原因和功能不同，其所有权和使用权权能是有所差异的，需要分别讨论。与城市国有土地相似，农村集体建设用地产权中最重要的亦是集体建设用地所有权和使用权，对这两大权利权能的分析，即可勾勒出集体建设用地产权结构。集体建设用地产权权能结构如图3.3所示。

				经营性用地	宅基地	公益地
集体建设用地产权	集体建设用地所有权	占有		有	无	有
		使用		有	无	有
		收益		有	无	无
		处分	使用权处分	出让等	分配	无
			所有权处分	有	有	有
	集体建设用地使用权	占有		有	有	有
		使用		有	有	有
		收益		有	无	无
		使用权处分		有	无	无

图3.3　集体建设用地产权权能结构

（一）集体建设用地所有权及其权能分析

集体建设用地是农村土地的一部分，与农用地等农村土地一样都属于集体所有。集体土地所有权是指农民集体成员对其所有的土地享有的独占性支配权,并排除他人干涉的权利。集体建设用地所有权具有以下特征。

第一,所有权主体是农民集体。《宪法》第 10 条第 2 款规定,农村和城市郊区的土地,除由法律规定属于国家所有的以外,属于集体所有;宅基地和自留地、自留山,也属于集体所有。《民法典》第 261 条第 1 款规定,农民集体所有的不动产和动产,属于本集体成员集体所有;第 2 款明确了应当依照法定程序经本集体成员决定的事项。由此,集体土地所有权是“本集体成员集体所有”,主体是农民集体。《民法典》第 262 条规定了集体所有权行使主体,即由集体经济组织或者村民委员会(村民小组)依法代表集体行使所有权,进一步明确了集体所有权主体与行使主体之间的关系。《民法典》在法人一章中规定,农村集体经济组织依法取得法人资格;村民委员会具有基层群众性自治组织法人资格,可以从事为履行职能所需要的民事活动;并将集体经济组织法人及村民委员会这类基层群众性自治组织法人规定为特别法人。但是集体土地所有权主体农民集体到底具有什么性质?集体经济组织和村民委员会这类特别法人特别在什么地方?这些问题在法规中并没有进一步解释,实践中集体土地所有权主体虚位的问题仍然存在。对此,农业农村部在组织起草《农村集体经济组织法》,在试点地区进行集体资产股份合作制等集体产权改革探索,以期能够明确集体土地所有权主体,解决产权主体方面问题。有关集体土地所有权主体问题在后面会有专节讨论。

第二,所有权客体是集体建设用地。集体建设用地一般地处农村或城市郊区,与农用地相区别,主要包括集体经营性建设用地,农民宅基地和乡(镇)村公共设施和公益事业用地。关于集体经营性建设用地,2019 年《土地管理法》第 63 条明确该类土地应为土地利用总体规划、城乡规划确定为工业、商业等经营性用途的集体建设用地。从试点地区的实践来看,各地不允许集体经营性建设用地用于商品房开发经营,从历史溯源来看,集体经营性建设用地主要来源于乡镇企业用地,因此目前也主要用于工业用途。至于《土地管理法》第 63 条中工业、商业等经营性用途中的“等”字如何理解,是否包含居住用途,这些在法规中并没有明确,有待集体经营性建设用地使用权流转相关法规的出台。宅基地是指农村村民用于建造住宅的土地，是村民的居住用地。集体公益性建设用地，包括公共设施和公益事业用地，主要指乡（镇）村道路、学校、医院等设施和机构占用的土地。

从集体建设用地所有权权能来看，所有权人应当对用地享有占有、使用、收益和处分权能。但从我国现行法律法规来看，其上述权能受到一定限制，具体而言，作为所有权人的农民集体对其拥有的建设用地享有如下权能。

1. 占有和使用权能

2004 年《土地管理法》第 43 条①在 2019 年修改时被删掉。但从该条及现行法规可以看出农民集体可以占有并使用其建设用地，主要限于兴办工业、商业和建设乡（镇）村公共设施和公益事业。对于集体经营性和公益性建设用地，土地所有权人可以自己占有和使用，也可以允许他人通过租赁、借用等方式占有和使用建设用地。至于集体建设用地所涵盖的宅基地，其占有和使用主体主要是村民，也就是说，宅基地从所有权上属于农民集体，但从该块建设用地被划为宅基地之日起，其所有权权能中的占有和使用权就被一同剥离给村民个人，因此从该意义上说，农民集体对被划为宅基地的建设用地并不享有占有和使用权能。

2. 部分收益权能

集体建设用地所有权收益权能主要体现在利用建设用地获得的租金类收益。对于不同类型的集体建设用地，所有权人的收益权能是不同。根据 2019 年《土地管理法》第 63 条规定，土地所有权人可以通过出让、出租等方式将经依法登记的集体经营性建设用地交由单位或者个人使用，并应当签订书面合同。因此，对于集体经营性建设用地，农民集体作为农村土地所有权人享有获得其用地出让金、租金及入股股权分红等土地使用对价的收益权能。土地所有权人在集体经营性建设用地上设立地役权的情况下，还可以获得地役利益。

① 原《土地管理法》（2004 年修正）第 43 条第 1 款规定："任何单位和个人进行建设，需要使用土地的，必须依法申请使用国有土地；但是，兴办乡镇企业和村民建设住宅经依法批准使用本集体经济组织农民集体所有的土地的，或者乡（镇）村公共设施和公益事业建设经依法批准使用农民集体所有的土地的除外。"

对于宅基地，农户获得宅基地是通过集体无偿分配的，农民集体在宅基地上不享有收益权能。对于集体公益性建设用地，农民集体一般自用，即使允许他人使用，因公益性一般也是让他人无偿使用的，所有权人对此亦不享有收益权。因此，集体建设用地所有权人只能在部分用地上享有收益权能。

3. 部分处分权能

集体建设用地所有权处分权能可分为对用地使用权的处分和对用地所有权的处分两类。使用权处分主要指用地所有权人设立用益物权的行为。对于集体经营性建设用地，《土地管理法》修改之前，集体建设用地使用权不允许流转，除非发生例外情形，即符合土地利用总体规划并依法取得建设用地的企业，因破产、兼并等情形致使土地使用权依法发生转移的情况。2019 年《土地管理法》删除上述规定，并在第 63 条规定集体土地所有权人可以通过出让等方式设立集体经营性建设用地使用权。除出让方式外，实践中常见的还有集体土地所有权人以经营性建设用地使用权入股的处分方式。所有权人亦可在经营性建设用地上设立地役权。但所有权人一般不以用地使用权设立抵押担保。[①] 可见，农民集体在集体经营性建设用地上享有处分权能。对于宅基地，2019 年《土地管理法》第 62 条第 1、2 款规定，农村村民一户只能拥有一处宅基地，其宅基地的面积不得超过省、自治区、直辖市规定的标准。人均土地少、不能保障一户拥有一处宅基地的地区，县级人民政府在充分尊重农村村民意愿的基础上，可以采取措施，按照省、自治区、直辖市规定的标准保障农村村民实现户有所居。农民集体有权向农户分配宅基地，设立宅基地使用权，享有处分权能。对于集体公益性建设用地，从现行法律法规来看，只允许集体行使使用权，不能通过设立用益物权或担保物权的方式行使处分权能。

对用地所有权的处分，是指集体土地所有权的转移。在我国土地公有制下，土地所有权主体只能是国家或集体，因此集体建设用地所有权的流动方向是单一的，土地只能通过征收程序由集体流向国家。至于国家可否作为平等主体购买集体土地所有权这一问题，在法规中并无规定，在实践中也多与征收

---

① 《民法典》第 398 条规定："乡镇、村企业的建设用地使用权不得单独抵押。以乡镇、村企业的厂房等建筑物抵押的，其占用范围内的建设用地使用权一并抵押。"

难以区分。但在征收以公共目的为前提下,国家购买可否成为土地所有权的流转方式值得探索。目前来看,集体享有建设用地所有权处分权能,但只能由集体处分给国家。

(二)对"集体成员集体所有"性质探讨

对"集体成员集体所有"这一规定从《物权法》到《民法典》都没有做出更具体、明确的解释。对于集体所有权主体的问题,学者看法不一,有组织体说、法人所有说、合作社说、新型总有说、社区成员说、成员所有说等,"集体成员集体所有"的性质究竟是哪一种,这个问题还需要进一步讨论,以解决由此引起的实践难题。

总体来看,对集体所有的解释可以根据侧重的角度不同划分为两种,即集体角度和个人角度。前者更偏重于从集合体的角度出发,阐述农民集合体同集体土地的归属关系,强调土地不能为个人所有,而应由农民集体整体所有;后者则偏重于从个人角度界定所有权,认为集体是由一个个成员组成的,各个集体成员都共同享有土地的所有权,这种集体所有权的行使不能脱离集体成员个人。对于"本集体成员集体所有"的界定应更侧重于个人角度,这是集体土地所有权的性质和我国的实际状况决定的。

首先,农村集体土地所有权是一种私权。所有权属于私权,是所有人依法对自己财产所享有的占有、使用、收益和处分的权利,所有权是物权中最重要也最完全的一种权利,具有绝对性、排他性、永续性的特征,是典型的私权。在我国,土地所有权分两种:国有土地所有权和集体土地所有权。二者之间完全平等,不存在派生和隶属关系,没有优劣之分、上下之别,都是社会主义公有制在土地领域的体现。《民法典》物权编第五章将集体所有权同国家所有权、私人所有权相并列,并且在第265条第1款明确规定:"集体所有的财产受法律保护,禁止任何组织或者个人侵占、哄抢、私分、破坏。"可见,国家对集体所有权、国家所有权、私人所有权予以平等保护。

其次,从个人角度界定集体土地所有权有利于保护农民利益。在现实生活中,存在大量侵犯农民利益的情况,由于法律对集体土地所有权的模糊定义,再加之法律赋予集体经济组织或村民委员会以经营、管理土地的权利,使得在集体土地所有权的行使过程中,作为所有权人的每个农民难以参与其中,他们的真实意愿难以体现,而作为集体土地所有权的代为行使者的组织却充当权利人。甚至一些村干部等人,为了牟取私利滥用权利,在土地流转过程中“暗箱操作”,使得土地的收益没有分配给每个农民,而是进入了一小部分人手中,侵犯了农民的合法利益,同时也为农村土地流转的隐形市场、耕地流失等提供了温床。虽然《民法典》第 265 条第 2 款明确当“农村集体经济组织、村民委员会或者其负责人作出的决定侵害集体成员合法权益”时,“受侵害的集体成员可以请求人民法院予以撤销”,然而这只是事后防治的措施,不能从根本上杜绝农民利益被侵犯的情况,应该事先明确集体土地所有权的归属,以保护农民的合法利益。

必须明确的是,虽然集体土地所有权要倾向于从个人角度来界定,认为集体土地所有权是农村集体成员共同享有的土地所有权,但是这种将集体土地所有权定义为“私权”的理念并不是将土地“私有化”,集体共同共有的客体是不能分割的,即使集体成员共同拥有集体土地所有权,土地也并不能分割给每个成员,对集体土地所有权的改革无论如何也不能与我国社会主义公有制的性质相对立。

(三)集体建设用地使用权权能分析

从我国现行法律法规看,从《物权法》到《民法典》都承认建设用地使用权为独立的用益物权,但该建设用地使用权的客体仅限于城市国有土地,至于集体建设用地使用权的调整仍依土地管理的法律规定。2019 年《土地管理法》修改了之前不允许集体建设用地使用权流转的规定,明确土地利用总体规划、城乡规划确定为工业、商业等经营性用途,并经依法登记的集体经营性建设用地,土地所有权人可以通过出让、出租等方式交由单位或者个人使用。由此,出让的集体经营性建设用地使用权类比国有建设用地使用权应被认为是一项用益物权,具有较为完整的使用权权能。但集体公益性建设用地并没有纳入上述用益物权范畴,宅基地使用权虽是一项用益物权,但在权能上只享有占有和收益权,权能受到限制。关于集体建设用地使用权权能,具体而言有以下几点。

1. 集体经营性建设用地使用权

以出让等方式获得集体经营性建设用地的使用权人享有占有、使用、收益和使用权处分权能。用地使用权人自己占有使用土地是其以土地出让金换取用地使用权的最主要目的。使用权人亦可通过租赁、借用等方式允许他人占有使用土地。2019 年《土地管理法》第 63 条第 3 款规定，通过出让等方式取得的集体经营性建设用地使用权可以转让、互换、出资、赠与或者抵押，但法律、行政法规另有规定或者土地所有权人、土地使用权人签订的书面合同另有约定的除外。可见，出让取得用地的使用权人享有转让、互换、出资、赠与或抵押用地使用权的处分权能，并享有获得相应土地收益权能。出让取得的用地使用权人在获得的用益物权权利范围内享有较完整的使用权权能。

以出租方式获得集体经营性建设用地的承租人享有的并非用益物权，而是债权性权利。承租人应当享有占有和使用土地的权能，关于能否转租并获得转租收益的权能需要依照合同约定及《民法典》合同编租赁合同的规定。

2. 宅基地使用权

宅基地使用权较为特殊，其在《民法典》中被确立为一项独立的用益物权，宅基地使用权在取得的无偿性和权利的无期限性方面与国有土地中的划拨建设用地使用权相似，但亦有其特殊之处，具体而言，从权能上看宅基地使用权具有如下特征。

(1)占有和使用。与国有划拨建设用地使用权类似，对宅基地的利用在目前的法规制度下，仍主要体现在占有和使用权能上。宅基地使用用途上具有局限性，即只能利用该土地建造住宅以及与生活相关的其他附属设施，如车库、厕所、沼气池、牛棚、猪圈等，而不能将其作为生产资料使用，如将宅基地投资建厂或者改为鱼塘等。此外，对宅基地的使用具有无期限性，即分配给村民建造住宅的土地是没有期限的，且宅基地使用权可以由适格继承人继承，使农户在宅基地的使用上具有一定程度的永久性。

(2)处分受限。宅基地使用权不得单独转让、出租或设定抵押，地上房屋转让时，宅基地使用权可根据“地随房走”的规则随之一并转移，但根据 1999 年国务院办公厅颁布的《关于加强土地转让管理严禁炒卖土地的通知》，农民的住宅不得向城市居民出售,也不得批准城市居民占用农民集体土地建住宅。由此,司法实践中宅基地使用权随房流转给村外人的多被认定为无效,只能流转给本村人,且农村村民出卖、出租、赠与住宅后,再申请宅基地的,不予批准。2019年《土地管理法》第62条第6款规定,国家允许进城落户的农村村民依法自愿有偿退出宅基地。由此,农户作为宅基地使用权人可以以有偿退出的方式将宅基地使用权交回给集体。可见,宅基地使用权人只能在村内流转或退出宅基地使用权,其在用地使用权处分上受到限制。

(3)收益受限。根据《民法典》第362条的规定,宅基地使用权人只享有占有和使用权能,并未赋予其如其他用益物权人享有的收益权能。但事实上,宅基地使用权人对宅基地的收益并非完全没有。使用权人可以获得向村内人流转宅基地的收益,以及有偿退出宅基地的收益。由此,宅基地使用权人在宅基地上可获得的收益很少,收益权能受到限制。

第三节　构建城乡"同地同权"建设用地产权制度

一、城乡建设用地产权权能差异分析

上一节通过对我国城市国有建设用地和农村集体建设用地产权及权能结构的阐述,不难看出,2019年《土地管理法》的修改已经在很大程度上补足了集体经营性建设用地产权权能,但综合来看,我国城乡建设用地产权在权能上仍存在差异。可以说,我国国有建设用地产权权能较为完备,这主要归功于国有建设用地使用权的独立及相应市场的形成和发展。国有建设用地使用权出让制度的确立,使用地所有权的处分和收益权能得以真正实现,而且使用地使用权成为内涵较为丰富的一项用益物权,拥有了包括对土地的占有和使用、收益和处分(出租、转让、抵押等)以及物上请求等比较完整的权利和权能。而对于农村集体建设用地,其产权权能仍受到一定限制,尽管集体经营性建设用地已被允许流转入市,但仅限于工业、商业等经营性用途,且具体可被纳入的范围不明,不得用于商品房开发的实践规定也限制了其产权权能。宅基地和集体

公益性建设用地因其用地的特殊性,其产权权能特别是收益和处分权能受到较大限制。从不同用途土地类型来看,我国城乡建设用地产权人收益和对使用权的处分权能比较差异如表3.1所示。

表3.1　城乡建设用地产权权能比较

<table>
<tr><th rowspan="3">土地类型</th><th colspan="4">不同主体收益权、处分权权能分析</th></tr>
<tr><th colspan="2">城市国有建设用地</th><th colspan="2">农村集体建设用地</th></tr>
<tr><th>所有权人
收益权、处分权</th><th>使用权人
收益权、处分权</th><th>所有权人
收益权、处分权</th><th>使用权人
收益权、处分权</th></tr>
<tr><td>工业、商业等经营性用地</td><td>完整、出让等有偿处分</td><td>完整、转让等方式处分</td><td>完整、出让等有偿处分</td><td>完整、出让等方式处分</td></tr>
<tr><td rowspan="2">居住用地</td><td rowspan="2">完整、出让等有偿处分</td><td rowspan="2">完整、转让等方式处分</td><td>宅基地:无收益权、无偿分配给农户</td><td>宅基地:处分及收益权受到限制</td></tr>
<tr><td>租赁住宅用地:无处分权</td><td>租赁居住用地:无收益、无处分权</td></tr>
<tr><td>公益性用地</td><td>无收益权、划拨等无偿处分</td><td>受限、转出让地后方可处分</td><td>无权</td><td>无权</td></tr>
</table>

第一,新一轮土地改革后,城乡在工业、商业等经营性用地上的产权权能趋于一致。国有建设用地有偿使用制度实施以来,产权权能较为完整,并被原《物权法》、《民法典》相继予以确认。集体建设用地方面,《土地管理法》2019年修改之前,其流转被法律严格限制。在2015年启动的新一轮土地改革试点工作中,授权国务院在北京市大兴区等33个试点县(市、区)行政区域暂时调整实施当时《土地管理法》第43、63条规定。改革试点地区积极探索集体经营性建设用地使用权流转经验,经过三年多的先试先行,最终在2019年修改《土地管理法》时确认了集体经营性建设用地使用权流转的改革成果,删除了原《土地管理法》第43条规定,并修改第63条,允许土地所有权人通过出让、出租等方式将工业、商业等集体经营性建设用地交由单位或者个人使用,赋予了集

体土地所有权人在经营性建设用地上较完整的权能。至此,在工业、商业等经营性建设用地上集体与国有产权权能基本一致,具备了构建城乡一体化经营性建设用地市场的产权基础。

第二,城乡在居住用地上的产权权能差异较大。根据《民法典》和《城镇国有土地使用权出让和转让暂行条例》的规定,国有居住用地应当采取出让方式取得。作为出让建设用地的一类,国有居住用地具有完整的产权权能。集体居住用地主要指农村宅基地。宅基地上的产权权能并不完整。集体土地所有权人有权分配宅基地给村民,是无偿的,并不能获得收益。根据《民法典》规定,宅基地使用权是一项用益物权,但使用权人只享有占有和使用的权能。宅基地使用权只能在村内流转,或被退还给所有权人集体。与国有居住用地可交易流转收益的完整产权权能相比差异较大。在集体建设用地上另一类居住用地是集体建设的租赁住房用地。为增加租赁住房供应,缓解住房供需矛盾,构建购租并举的住房体系,建立健全房地产平稳健康发展长效机制,原国土资源部会同住房城乡建设部于2017年8月制定了《利用集体建设用地建设租赁住房试点方案》,确定第一批在北京、上海、沈阳、南京、杭州、合肥、厦门、郑州、武汉、广州、佛山、肇庆、成都13个城市开展利用集体建设用地建设租赁住房试点,2019年又同意福建、江西、山东、海南、贵州省作为试点。对于集体租赁住房尚处于试点阶段,该类居住用地只明确需利用存量集体建设用地,并未指明是经营性建设用地还是宅基地。但从试点方案指明的不得以租代售的规则来看,该类居住及其用地只能以租赁方式流转。从权能上看,扩充了集体建设用地上所有权人的使用和收益权能,即允许他人通过租赁方式使用土地,并收取租金,但没有增加对用地使用权的处分权能,没有形成独立的用益物权。利用集体建设用地建租赁住房的改革并未突破集体居住用地权能限制,但在居住开发上有所突破。

第三,城乡在公益性用地上的产权结构不同。国有公益性建设用地使用权以划拨方式取得。根据原国土资源部颁布的《划拨用地目录》,符合该目录的建设用地项目,由建设单位提出申请,经有批准权的人民政府批准,方可以划拨方式提供土地使用权。用地类型包括:国家机关用地和军事用地;城市基础设施用地和公益事业用地；国家重点扶持的能源、交通、水利等基础设施用地；法律、行政法规规定的其他用地。对于上述用地，所有权人可依法以划拨方式行使处分权能，但划拨是无偿的，无法获得收益，国有划拨建设用地使用权实现了与所有权的分离，成为一项用益物权。划拨建设用地使用权人的权能因用地性质和取得的无偿性而受到限制，划拨用地使用权原则上不允许流转，使用权人不享有收益和处分权能，除非经批准改变用地公益性，并履行了出让手续转为出让用地。集体公益性建设用地主要指乡（镇）村公共设施、公益事业用地。《土地管理法》第61条规定，乡（镇）村公共设施、公益事业建设，需要使用土地的，经乡（镇）人民政府审核，向县级以上地方人民政府自然资源主管部门提出申请，按照省、自治区、直辖市规定的批准权限，由县级以上地方人民政府批准。集体公益性设施、事业一般由集体建设，用地没有实现使用权与所有权的分离，具有与国有公益性建设用地不同的产权结构。

从上述分析不难看出，城乡建设用地产权权能差异最大的是居住用地，农村宅基地不能进入土地使用权流转市场，违法开发建设的住房被称为"小产权房"，城里人要想买房只能购买国有土地上开发的住宅。在集体经营性建设用地允许入市流转改革之后，赋予集体居住用地更加完整的产权权能，允许农村居住用地使用权流转入市，是构建城乡统一建设用地市场的重点和关键。

二、构建城乡建设用地"同地同权"产权权能

面对之前长期存在的城乡土地产权歧视，2005年广东省政府出台了颇具争议的《广东省集体建设用地使用权流转管理办法》，第一次正式提出了城乡建设用地应"同地同权"的思想。且不论该管理办法当时颁布的正当性和可操作性，单从集体建设用地试点改革和最终《土地管理法》的修改来看，其"同地同权"思想值得肯定。

所谓"同地同权"是指在城乡不同区位的分别属于国家和集体所有的同样作为建设用地的土地应当具有相同的产权权能。具体而言，对于国有建设用地，已建立了用地出让制度，使国有建设用地使用权成为一项独立的用益物权，具有较完整的占有、使用、收益和处分权能。在"同地同权"思想下，应当赋予集体建设用地产权同国有建设用地产权相同的权能，即应允许包括经营性和居住用途的集体建设用地使用权与所有权的分离,并成为一项独立的财产权利,用地使用权人不仅可以自己占有、使用该土地,还可将使用权在合法条件下流转给他人并获得收益。

"同地同权"不是将土地统一于一个所有权主体,而是对于不同主体下的土地,只要其功能相同,就应赋予相同的权利内容和价值,而不应仅因主体差异而存在歧视。赋予城乡建设用地"同地同权"产权权能,是构建城乡建设用地使用权流转市场一体化的基础和关键。长期以来不允许集体建设用地使用权流转的规定是对集体建设用地产权最大的制约,《土地管理法》修改后,集体经营性建设用地使用权流转限制被破除,宅基地和公益地的流转仍被禁锢。集体建设用地产权总体来看尚未形成完整的权能,城乡建设用地使用权流转市场难以全部建立。因此,要实现城乡建设用地使用权流转市场一体化,首先要保证城乡建设用地产权权能的一致性,具体而言要有如下措施。

（一）要明确集体土地所有权主体

按照《民法典》第261条和第262条的规定,首先农民集体土地属于本集体成员集体所有,涉及集体利益的一些重大事项应当由本集体成员依照法定程序进行决定;其次对于集体土地由土地所属集体经济组织或者村民委员会或村民小组代表集体行使所有权。事实上,农民集体与国家作为公有制下的所有权主体,应当具有相同的权利架构。国有土地所有权的主体是国家,由国务院代表国家行使所有权,而国务院是由全国人民代表大会这一最高权力机构选举产生的,因此国务院代表国家行使国有土地所有权实际上是全民意志的体现。对于集体所有权,同样面临如何避免其主体虚位的问题,这就需要一套制度来保证农民集体的所有权人地位。参照国家所有权制度,在农村应当成立村民大会(或村民代表大会),按照村民大会议程决定关系农民集体重大利益的事项,如《民法典》第261条所列举的事项及有关集体建设用地使用权首次流转等事宜。村民大会是农民集体的最高权力机构,类似国家的全国人民代表大会,由村民大会选举产生村民委员会或集体经济组织。村民委员会或集体经济组织类似国家的国务院,向村民大会负责并报告工作,代表农民集体行使所有权。村民委员会和集体经济组织是特别法人,具有法人资格,可以独立履行义务承担责任。这样的权利架构理顺了农民集体、村民大会、村民委员会或集体经济组织之间的关系，将农民集体的所有权主体地位落到了实处。

具体到集体建设用地使用权流转问题上，农民集体应如何行使其所有权呢？首先，农民集体作为集体建设用地的所有权人，其权利的行使应当只发生在用地的首次流转中，因为集体建设用地的首次流转是将用地使用权从所有权中分离出来并流转出去，是在所有权人和使用权人之间的流转，因此涉及用地所有权人，而用地的再次流转发生在使用权人和使用权人之间，与所有权人无关；其次，集体建设用地使用权的首次流转将获得流转利益，涉及本集体内成员的重大权益，因此需要通过村民大会表决决定，一般应经村民大会 2/3 以上成员同意；最后，按照村民大会的决议，村委会或集体经济组织实施具体的用地流转工作。

(二)要完善集体建设用地产权权能

完善集体建设用地产权权能的核心就是应当允许集体建设用地使用权从所有权中分离出来，并允许其自由流转。具体到集体建设用地中三种不同功能用地，应赋予如下产权权能。

1. 集体经营性建设用地产权权能

集体经营性建设用地的概念源于乡镇企业用地，是最富交易价值的农村用地。《土地管理法》2019 年修改之前，乡镇企业用地基本上只允许所有权人自用，只有在集体以建设用地使用权入股或联营与其他单位、个人共同举办企业的情形或乡镇企业破产、兼并时乡镇企业用地使用权才能发生转移。这在很大程度上限制了乡镇企业用地使用权的流转，降低了其应有价值。为了使乡镇企业用地与国有土地“同地同权”，政策上设定了集体经营性建设用地使用权流转试点，参照国有建设用地出让制度，允许集体经营性建设用地使用权从集体土地所有权中分离出来，成为一项独立的财产权利，可以合法地自由流转，并通过修改《土地管理法》予以了确认。

从产权权能上看，集体经营性建设用地所有权应具备完整的占有、使用、收益和处分权能，即集体经营性建设用地所有权人农民集体不仅可以自己占有和使用土地，而且可以将用地使用权让渡出去，或以土地使用权价值出资入股成立股份制企业,或直接将土地使用权出让、出租、抵押等以获得收益。一旦所有权人将用地使用权让渡出去,所有权人将丧失让渡出去的权能,而经营性建设用地使用权人通过支付对价将获得所有权人让渡的用地权利内的各项权能。一般而言,以出让方式获得的集体经营性建设用地使用权权能较为完整,在出让协议规范的用途和期限内,使用权人可占有、使用土地,并可将土地使用权在允许范围内再次流转并获得收益。

鉴于集体经营性建设用地的用途和性质与国有建设用地中的工业、商业等用地基本相同,完全可以参照国有建设用地出让制度下的产权权能重构集体经营性建设用地的权能结构。

2. 乡(镇)村公共设施和公益事业用地产权权能

乡(镇)村公共设施和公益事业用地主要是指用于建设为村民提供公共服务产品的各种设施的集体土地,如乡村道路、医院、学校、公园、广场等所占土地。乡(镇)村公共设施和公益事业用地具有公共性、公益性、服务性和保障性的特点,与乡镇企业用地在用途和性质上有所不同,因此在流转制度设计和产权权能方面应当有所差别。

对于乡(镇)村公共设施和公益事业用地使用权应否流转问题,有学者主张这部分土地使用权不宜放开流转,因其用途上的福利性质,其流转应仅限于集体组织成员之间。① 而本书认为,这部分用地使用权也应当从所有权中分离出来,并可以向本集体组织成员以外的自然人、法人或其他组织流转,但鉴于其特殊性,应当经过较集体经营性建设用地使用权流转更为严格的程序并受到一定限制。具体而言,乡(镇)村公共设施和公益事业用地使用权与所有权分离应采划拨方式,如用地使用权确需流转,用地使用权人应向用地所有权人补交土地出让金并获得所有权人批准后方可进行流转,且如果规划未发生变化,流转后的用地使用权人不得改变该土地原用途。为确保乡村公共和公益设施建设不受影响,乡(镇)村公共设施和公益事业用地使用权流转应受到严格的用途管制。

① 参见林建伟:《房地产法基本问题》,法律出版社2006年版,第145页。

从乡(镇)村公共设施和公益事业用地产权权能来看,可参照国有划拨建设用地的产权结构予以重构,即集体土地所有权人可自行占有、使用乡(镇)村公共设施和公益事业用地并获得收益,亦可行使处分权,将该部分用地使用权让渡给他人,但只能以无偿划拨的方式进行;对于该用地的使用权人因没有支付相应对价,其获得的土地使用权受到一定限制,主要在处分权能方面,也就是说用地使用权人不得自由处分无偿得来的土地使用权,只有符合一定条件之后,用地使用权人方可将该土地进行再次流转。

3.农民宅基地产权权能

农民宅基地是指农村居民为建造住宅而占用的土地。目前在农村,本集体组织成员按要求向集体申请宅基地,符合条件的可无偿取得宅基地使用权。这使宅基地在一定程度上具有福利和社会保障功能,而区别于其他集体建设用地。

宅基地使用权是一项独立的用益物权,它天然地与集体土地所有权相分离,由符合条件的本集体组织成员申请人无偿取得宅基地使用权。现行法律制度下,宅基地使用权人只能自行占有和使用宅基地,除特殊情况外不得处分宅基地使用权给本集体组织之外的主体。这样的产权设计基于宅基地承载的社会保障功能,但随着城镇化的发展,宅基地的财产属性日益凸显,应当赋予宅基地使用权人收益和处分权能,扫除禁锢宅基地使用权不许流转的法律障碍。

首先,"房地一致"原则要求放开宅基地使用权流转。宅基地上可以建造住宅,住宅的财产属性已得到确认,住宅所有权人可依法将建造的住宅出卖、出租、抵押。由于房与地在物态上的不可分性以及衍生权利的耦合性,其下之宅基地使用权也将随之流转,因此完全禁止宅基地使用权的转让是不合理的,也不符合实际。其次,宅基地使用权的物权权利性质要求凸显其财产属性。《民法典》物权编将宅基地使用权定位为一种用益物权,权利人就应充分享有物权人所应拥有的权利,包括占有、使用、收益和一定程度的处分权,进一步强化宅基地使用权的财产属性。最后,宅基地使用权流转有较强的现实需要。现阶段农村许多宅基地使用权流转多是为了满足和改善其生活、生产需要,例如因进城务工的农民居住城市,农村子女因上学、经商务工等全家留城居住,如不允许农民处分其宅基地使用权,则宅基地可能长期闲置,不符合“物尽其用”原则,也违背其财产权本义。此外,农民因生产经营需要而筹措资金,或生大病急需用钱等,都可能涉及宅基地使用权的流转问题。

在允许宅基地使用权流转的前提下,宅基地使用权将具备较完整的权能,但鉴于宅基地的福利和社会保障功能,其在处分权能上应受到一定限制。具体而言,宅基地使用权人流转宅基地使用权的,应当办理必要的流转手续并按照流转收益的一定比例向本集体组织补缴费用,宅基地使用权流转后,不得改变居住用地用途,且原宅基地使用权人不得再申请新的宅基地。对宅基地使用权处分权能上的限制,主要基于公平原则。为保障本集体组织成员住有所居,本村农户可以无偿取得宅基地使用权,若将宅基地使用权流转给本集体组织成员以外的主体,农户必然会获得流转收益,但该宅基地对本集体组织成员的社会保障功能将丧失,因此宅基地使用权人应当向集体土地所有权人补交一定费用,以补偿所有权人丧失部分产权权能的损失。这类似于国有建设用地以划拨方式无偿取得土地的使用权人再次流转时需要补交土地出让金的条件。应当指出的是,宅基地使用权的主要功能是福利和保障,而不是其投资价值,既然宅基地使用权人自愿流转其宅基地,其行为表明已不再需要该宅基地,且为避免一些村民为赚取宅基地流转利益而多次申请宅基地,应当在其行使处分权能时限制该村民不得再次申请宅基地。此外,为防止宅基地使用权流转后对土地的滥用,应当对流转后的土地实行用途管制,不得改变土地的居住用途。

三、深化农村宅基地“三权分置”产权制度改革

党的十九大提出实施乡村振兴战略,随后2018年年初发布中央一号文件,即《中共中央、国务院关于实施乡村振兴战略的意见》。在上述中央一号文件“推进体制机制创新,强化乡村振兴制度性供给”部分的深化农村土地制度改革中提出,探索宅基地所有权、资格权、使用权“三权分置”,即落实宅基地集体所有权,保障宅基地农户资格权和农民房屋财产权,适度放活宅基地和农民房屋使用权。这是继农地“三权分置”后在宅基地上进行“三权分置”探索的政策指引,2015 年启动的农村土地制度改革试点工作在 2018 年后按上述文件部署亦增加了宅基地“三权分置”探索内容。2020 年 6 月,中共中央全面深化改革委员会审议通过了《深化农村宅基地制度改革试点方案》,强调“要积极探索落实宅基地集体所有权、保障宅基地农户资格权和农民房屋财产权、适度放活宅基地和农民房屋使用权的具体路径和办法,坚决守住土地公有制性质不改变、耕地红线不突破、农民利益不受损这三条底线,实现好、维护好、发展好农民权益”。《国民经济和社会发展第十四个五年规划和 2035 年远景目标纲要》进一步指出,“深化农村宅基地制度改革试点,加快房地产一体的宅基地确权颁证,探索宅基地所有权、资格权、使用权分置实现形式”。

(一)宅基地“三权分置”的内容

按照目前法律确认的宅基地所有权加使用权两权分离模式,宅基地使用权因承载社会保障功能而被困固于农户手中不得对外流转。中国人民大学刘守英教授指出,从 20 世纪 90 年代至今,农村正在发生 3 个显著的变化:农民代际特征明显;新一代农民与土地、村庄的黏度降低;正在发生一场离土、出村、不回村的“结构革命”。中国村庄分化演化、适度聚集成为不可逆转的大趋势,以自然村落为基本单位的宅基地制度安排已不合时宜。农业产业裂变,农业的内涵、功能、业态更加丰富,城乡互动的增加改变了以耕作为半径的传统农业,对宅基地制度改革提出了迫切要求。宅基地改革中尝试了宅基地有偿使用、有偿退出等举措,但都没有涉及宅基地上权利结构,亦无法消除宅基地制度为实现农民住有所居和耕地管理目标所形成的无偿性、成员性和封闭性以及由此带来的与实际需求脱节的制度弊端。宅基地所有权、资格权、使用权“三权分置”改革找到了突破口,这一探索意在活村富民,亦是乡村振兴的重要支撑。

宅基地所有权、资格权、使用权“三权分置”可简单概括为:落实宅基地集体所有权、保障宅基地农户资格权、适度放活宅基地和农民房屋使用权。“落实宅基地集体所有权”即保障和强化集体经济组织有依法收回宅基地的权利,也赋予集体经济组织对宅基地使用的监督权利,以及集体经济组织在宅基地使用权流转或征收时按照一定比例分享流转或征收收益。“保障宅基地农户资格权”就是维护农民家庭作为集体经济组织取得和占用宅基地的权利。资格权是对农民各项附着于土地上的权利的保障，资格权设置和认定关系到广大农民的基本权利和切身利益。“适度放活宅基地和农民房屋使用权”就是允许农民除通过转让宅基地和农房使用权外，还可以以出租、抵押、入股等方式流转宅基地使用权，进一步提高宅基地集约利用水平和效益，同时激活宅基地租赁权和抵押权，释放农村建设用地土地价值潜能。

（二）宅基地“三权分置”的意义

为了实现农民住有所居和耕地管理这两个主要目标，宅基地制度设计突出体现了无偿性、成员性、封闭性。宅基地所有权、资格权、使用权“三权分置”改革就是在这三个特殊性上找到突破口。

首先，为乡村振兴战略的实施提供必要的法律制度保障。宅基地所有权的权能必然包括占有、使用、收益、处分上的权利，过去宅基地更注重保障农民居住，取得的无偿性和使用的长期性使宅基地所有权权能的实现在立法上被限制，逐渐被边缘化而存在被架空的风险。目前宅基地进行“三权分置”制度改革注重发挥宅基地及农房的财产属性，宅基地所有权的落实可从闲置宅基地的盘活利用以及分享宅基地流转产生的经济利益中实现，以此增强农民集体对集体财产的管理与利用。

其次，为乡村振兴战略的实施提供充足的土地要素供给保障。宅基地“三权分置”将过去的所有权与使用权进一步分离为所有权、农户资格权和使用权，资格权和使用权的制度设计需要所有权人的参与和积极行使权利，如对本集体经济组织内的农户资格权的取得规则进行细化，由所有权人对本集体经济组织内的农户资格权进行认定和保护，保障农户基本居住权益。在宅基地使用权上，对于宅基地的流转进行管理，保护交易双方的正当权益以及促进宅基地和农房的合法利用。

最后，为乡村振兴战略的实施提供完善的市场化保障。实施乡村振兴战略，“生活富裕”是根本。土地资源是农村最大的一块“沉睡”资产，急需通过宅基地制度改革盘活这块资产。随着经济体制市场化改革不断向纵深领域拓展，市场在资源配置中的决定性作用越发明显，宅基地资源配置的市场化趋势也日益显著。若宅基地资源能够进行市场配置，集体和农户将能在流转中获得大量土地增值收益，共享土地红利，从而为乡村人居环境改善提供资金保障。同时，宅基地价值提升导致的稀缺性增强可以引导改善宅基地粗放、低效利用的状况，提高土地资源利用效率。此外，市场能够更有效配置资源，实现供给与需求的合理匹配，通过发挥市场机制引导社会资本流入农村日益增多的空闲宅基地交易市场，能够优化农村生产要素规模和结构，发展乡村新业态，拓宽农民就业渠道，增加农民收入，促进实现“产业兴旺”和“生活富裕”。

（三）宅基地“三权分置”的争议点

宅基地“三权分置”政策出台后，从目前学界对“三权”的权利属性研究来看，唯一没有产生争议的只有集体土地所有权，对于“三权分置”中资格权和使用权的性质众说纷纭。

1. 落实宅基地集体所有权主体

科斯定律认为“产权清晰是市场交易的前提”，宅基地所有权作为自物权的权利内容明晰是进行宅基地资格权和使用权进行划分的法权基础，用益物权的权能内容应以所有权权能为限。我国宅基地所有权主体的限制是我国土地公有制的历史演进结果，集体所有的规定不可动摇。

《民法典》第 261 条第 1 款规定“农民集体所有的不动产和动产，属于本集体成员集体所有”，彰显集体所有权的私权保护的特征，但成员集体作为所有权主体的界定没有详细规定。2019 年《土地管理法》第 11 条也规定了村集体经济组织或村民委员会对于农民集体所有的土地的经营、管理职能，而从《村民委员会组织法》对村民委员会的职能规定上看，更多侧重于公共事务的管理和公益事业的建设，管理本村属于村农民集体所有的土地。从现行的法律来看，可以明确所有权属于“农民集体”，但“农民集体”并不是民事法律规定的民事主体，而上述法律中对于所有权行权人与“农民集体”之间的运行规则没有明确，这使“农民集体”的意志难以通过有效的代表机制形成。同时，法律规定的集体土地所有权的行权人既有村委会也有集体经济组织，村民委员会既协助乡镇政府工作又代表行使集体土体所有权的角色定位，易导致私权行使受到行政权力的影响。

2. 保障宅基地农户资格权

农户资格权作为宅基地"三权分置"中新创设的权利种类，现行法律并没有明确其权利性质，仅是一个停留在政策文件上的政策术语。对于宅基地"三权分置"中的农户资格权的性质界定，法学界目前存在不同观点，如成员权说、用益物权说、双重性质说、分配资格说等。

第一种成员权说占据学术界的主流地位。主张成员权这种观点的学者强调资格权的身份色彩，主要着眼于资格权主体的集体成员身份。陈广华、罗亚文认为，由于宅基地资格权是取得宅基地的规范，权利主体与其农村集体经济组织成员的身份密不可分，并享有可期待利益，因此该权利应属于农村集体经济组织成员权的范畴。① 姜楠教授提出，集体成员资格是农户资格权的权利基础，该权利属性应当为集体成员权，其权利内容包含于集体土地所有权权利内容之中。② 程秀建教授认为，宅基地资格权不宜塑造为用益物权，其属性应为集体成员权。③ 秦勇、韩世鹏从资格权的权源、成员与资格的内在关系综合分析，认为宅基地资格权初始取得的前提便是拥有集体成员的身份，从权利内涵来看，成员权的核心内容应是资格权。④ 陈小君教授主张，宅基地使用权取得的成员身份属性(资格)是宅基地使用权构建的前提和基石，亦是坚守宅基地使用权的身份属性之全部内涵，应将其界定为纯粹的农民集体成员权。⑤

第二种是用益物权说。刘国栋教授认为在充分理解其功能定位的基础上，应将农户资格权定性为创设次级使用权后行使受到限制的宅基地使用权。资格权人有权获得宅基地使用费、征收补偿，有权有偿退出宅基地，并对宅基

---

① 参见陈广华、罗亚文：《乡村振兴背景下宅基地资格权研究》，载《安徽大学学报(哲学社会科学版)》2019 年第 5 期。

② 参见姜楠：《宅基地"三权"分置的法构造及其实现路径》，载《南京农业大学学报(社会科学版)》2019 年第 3 期。

③ 参见程秀建：《宅基地资格权的权属定位与法律制度供给》，载《政治与法律》2018 年第 8 期。

④ 参见秦勇、韩世鹏：《农村宅基地资格权的权属定位与法权构造》，载《中国石油大学学报(社会科学版)》2020 年第 6 期。

⑤ 参见陈小君：《宅基地使用权的制度困局与破解之维》，载《法学研究》2019 年第 3 期。

地的利用进行监管。[①] 贾翱副教授通过与传统大陆法系国家的地上权制度比较，主张我国宅基地资格权正对应于传统大陆法系国家中的所有权，即为独立的用益物权，并具有“类所有权”的属性。[②]

第三种是双重性质说。该观点为，宅基地农户资格权是集体成员宅基地分配中的一种资格，具有人身权和财产权双重属性。孙建伟教授主张应将资格权放在我国农村集体特殊总有的关系中进行理解和论证，资格权既具有成员权等身份权要素，也具有分配权、利用权和剩余权等财产权要素，其应具备身份性权利和财产性权利双重性质。[③] 陈耀东教授提出资格权作为一种复合性权利，兼具财产权和身份权属性，即农户基于成员身份享有宅基地分配请求权，以及农户实际取得宅基地使用权这种用益物权。[④]

第四种是分配资格说。宋志红教授认为农户资格权仅作为农户取得宅基地使用权的前提条件，并非宅基地使用权的组成部分，其本质上应为分配资格，即农村集体经济组织成员享有的通过申请分配方式初始取得宅基地使用权的资格，不包含宅基地使用权持有资格，也不包含通过转让、继承等方式继受取得宅基地使用权的资格。[⑤]

3. 适度放活宅基地和农房使用权

宅基地“三权分置”改革目的是放活宅基地使用权，既可顺应部分农民流转宅基地使用权的意愿，也为返乡下乡人员创新创业提供使用土地的机会。但宅基地“三权分置”中的宅基地使用权的性质在学界存在较大争议。基于宅基地“三权分置”政策与现行法律中关于“宅基地使用权”的相关表述不尽相

---

① 参见刘国栋：《论宅基地三权分置政策中农户资格权的法律表达》，载《法律科学（西北政法大学学报）》2019 年第 1 期。

② 参见贾翱：《宅基地资格权的“类所有权”属性及其制度构造》，载《行政与法》2018 年第 12 期。

③ 参见孙建伟：《宅基地“三权分置”中资格权、使用权定性辨析——兼与席志国副教授商榷》，载《政治与法律》2019 年第 1 期。

④ 参见陈耀东：《宅基地“三权分置”的法理解析与立法回应》，载《广东社会科学》2019 年第 1 期。

⑤ 参见宋志红：《宅基地“三权分置”的法律内涵和制度设计》，载《法学评论》2018 年第 4 期。

同,导致理论与实践中对“宅基地使用权”的权利定性存在不同看法。而权利属性事关“适度放活宅基地和农民房屋使用权”的制度设计与实现路径,因此,有必要对“宅基地使用权”的性质进行厘清。

管洪彦教授指出,宅基地“三权分置”中的“三权”实际上为政策话语,而非严谨的法律概念。现行立法中的宅基地使用权和“三权分置”政策表述中的宅基地使用权不同。我国现行法中的宅基地使用权,属于成熟的用益物权类型,而宅基地“三权分置”政策表达中的宅基地使用权,其权利主体显然已经溢出了本集体经济组织成员的范畴,泛指一切民事主体使用宅基地的权利,既包括用益物权性质的使用权,也包括债权性质的使用权。① 韩立达等认为,作为一项独立的财产性权利,宅基地使用权的权利实质应该是原用益物权——宅基地使用权下的地上权。② 孙建伟博士则认为,宅基地“三权分置”中使用权看似一种相对独立并具有他物权特质的用益物权,但其不完全是物权法意义上的地上权,还具有有限的土地租赁权或法定租赁权的内涵。③ 宋志红教授进一步认为,“三权分置”政策中的“使用权”应理解为对宅基地实际予以占有使用的权利,强调的是宅基地的实际使用,而非指向作为用益物权的“宅基地使用权”,应以“宅基地租赁权”“宅基地经营权”等名称替代“宅基地使用权”。④ 相反,陈小君教授认为,将宅基地使用权定性为用益物权,不仅与现行法律体系中关于宅基地使用权的命名和性质保持一致,还有益于农地权利体系的科学构建,有利于实践中土地经营权融资的可操作性。⑤ 韩松教授同样指出,我国宅基地政策中的“宅基地使用权”虽不同于传统民法中的用益物权,具有独特的身份属性,但并不影响“宅基地使用权”作为用益物权的基本属性。⑥

---

①　参见管洪彦:《宅基地“三权分置”的权利结构与立法表达》,载《政法论丛》2021 年第 3 期。

②　参见韩立达、王艳西、韩冬:《农村宅基地“三权分置”:内在要求、权利性质与实现形式》,载《农业经济问题》2018 年第 7 期。

③　参见孙建伟:《宅基地“三权分置”中资格权、使用权定性辨析——兼与席志国副教授商榷》,载《政治与法律》2019 年第 1 期。

④　宋志红:《宅基地“三权分置”的法律内涵和制度设计》,载《法学评论》2018 年第 4 期。

⑤　参见陈小君:《宅基地使用权的制度困局与破解之维》,载《法学研究》2019 年第 3 期。

⑥　韩松:《宅基地立法政策与宅基地使用权制度改革》,载《法学研究》2019 年第 6 期。

第四章　城乡建设用地统一市场构建的核心：运行机制建立健全

城乡建设用地市场运行制度一体化是构建城乡建设用地使用权流转市场一体化的重要内容和关键。市场运行机制是指通过市场价格的波动、市场主体之间的利益竞争、市场供求关系的变化来调节经济运行的机制。城乡建设用地使用权流转市场运行机制一体化实际上就是统一城市与农村建设用地使用权流转市场的基本运行制度，形成包括建设用地价格形成机制、市场供求机制和竞争机制在内的各项城乡建设用地市场运行要素的统筹和对接。

第一节　统一城乡建设用地流转价格形成机制

一、我国建设用地价格的基础及实质

马克思曾指出："土地价格无非是出租土地的资本化

的收入。"[1]可见,地租和地价具有密切的关系,地租是地价的基础。对我国建设用地价格形成机制的探讨应当从对建设用地地租及地价的理解入手。

(一)建设用地价格的基础——建设用地地租

地租是土地价格的基础。运用地租理论来理解土地价格是必然选择。下面以马克思地租理论为依据,对建设用地地租进行探讨。

1.建设用地地租的特殊性

马克思曾指出:"地租的占有是土地所有权借以实现的经济形式。"[2]也就是说,只要在存在土地所有权的情况下,出现了土地所有权与土地使用权的分离,土地使用者就必须向土地所有者交纳地租。马克思主义地租分析以资本主义农业地租为典型,但建设用地地租与农业地租有所不同,其特殊性主要表现在以下几个方面。

(1)建设用地地租与土地产品没有直接关系。农业用地可以产出农业产品,农业地租和土地产品密不可分,直接包含在土地产品的价值之中。而建设用地上建筑物"不是由土地中生长出来的,无须利用土地的自然肥力"[3],不能称为土地产品。建设用地只是"作为地基,作为场地,作为操作的基地发生作用"[4]。因此,建设用地地租与土地产品没有直接关系,而是源于在建设用地之上从事活动所获得的超额利润或劳动力价值的部分补偿。

(2)建设用地地租的形成主要依赖于社会条件。农业用地地租主要由自然条件如肥力的差异引起,农作物的生长虽需要劳动投入,但更多地依赖于土地肥力等自然条件,因而农业地租与自然条件关系密切。而建设用地主要用来为人们活动提供场所,用地所处的环境及设施建设是否有利于人们开展活动是至关重要的因素,一般需要对用地进行开发和改造,修建各种基础公共设施,投入大量土地资本以改良原有状态,才能形成有用的建设用地。土地资本投入越高,基础设施越健全,交通运输越发达的建设用地地段的地租和地价就

---

① 《马克思恩格斯全集》(第25卷),人民出版社1972年版,第223页。
② 《马克思恩格斯全集》(第25卷),人民出版社1972年版,第714页。
③ 陈征:《〈资本论〉和中国特色社会主义经济研究》,山西经济出版社2005年版,第503页。
④ 《马克思恩格斯全集》(第25卷),人民出版社1972年版,第880页。

越高。可以说，建设用地地租主要依赖于对土地的投资而非自然肥力。①

(3)建设用地地租往往包含在地上建筑物租金中。农业用地一般用于耕种，其生产的农产品需脱离土地后交易，农产品的交易不能引起土地交易，与土地的买卖、租赁是分开的。而建设用地是用来给劳动者提供立足之地和活动场所的，用地的开发利用必然离不开地面建筑物的建设。土地是建筑物的载体，而交易的对象往往是建筑物而不是土地。“地随房走、房随地走”的交易特点决定了地租与房租、地价与房价的密切联系。一般来说，地上建筑物的买卖、租赁，包含着土地的买卖和租赁，地租、地价往往隐藏于房租、房价之中，产生“高额房租往往掩盖着高额地租”②的现象。除非建设用地之上尚无建筑物，否则建设用地地租难以与其上建筑物的租金截然分开。

2. 运用马克思地租理论诠释建设用地地租

马克思地租理论指出资本主义地租从构成上包括绝对地租、级差地租和垄断地租。建设用地地租具体有以下三种形式。

(1)建设用地绝对地租

绝对地租是在土地所有权垄断的条件下，使用任何土地者必须支付的地租。马克思说：“对土地所有者来说，绝不可能把土地白白租给租地农场主并慈善地给这位经营者以无息的信贷。土地所有权的存在，实际上是对投资的一个限制，是对资本在土地上任意增值的一个限制。”③也就是说土地所有权的存在是绝对地租产生的原因。有人认为，社会主义条件下不存在土地私有制，就不存在绝对地租。但是应当看到，我国土地所有权虽不存在私有制，但仍有国家和集体两个所有权主体，并不存在“都不是土地的所有者”的条件。因此，绝对地租是客观存在的，具体原因如下。④

第一，国家土地所有权和农民集体土地所有权分别是国有建设用地和集体建设用地绝对地租存在的根本原因。我国《宪法》第 10 条第 1、2 款明确规

---

① 陈征：《〈资本论〉和中国特色社会主义经济研究》，山西经济出版社 2005 年版，第 503 页。

② 陈征：《社会主义城市地租研究》，山东人民出版社 1996 年版，第 36 页。

③ 《马克思恩格斯选集》(第 2 卷)，人民出版社 1995 年版，第 565 页。

④ 李建建：《城市绝对地租探析》，载《当代经济研究》2000 年第 11 期。

定:“城市的土地属于国家所有。农村和城市郊区的土地,除由法律规定属于国家所有的以外,属于集体所有;宅基地和自留地、自留山,也属于集体所有。”国家和集体对土地的所有权不仅具有法律上的意义,而且必须在经济上得到实现,即向土地使用者收取绝对地租。国有建设用地的有偿使用,是地租规律的客观要求;集体建设用地允许有偿流转,也将是符合地租规律的必然趋势。

第二,建设用地所有权与使用权的分离,是建设用地绝对地租产生的前提。我国城市国有建设用地已实行所有权和使用权分离下的有偿使用制度,其中有偿租赁等形式就保证了国家土地所有权在经济上的实现。对于集体建设用地虽未全面允许有偿流转,但实践中有偿使用集体建设用地现象的大量存在实际上就是绝对地租的客观要求。

第三,市场经济是建设用地绝对地租存在的社会经济条件。地租是与商品经济相联系的经济范畴,商品经济的充分发展是现代地租产生的社会经济条件。我国确立了社会主义市场经济体制,在该体制下个人和企业的市场主体地位得以确立,商品和生产要素价格形成受到市场机制调节,使建设用地绝对地租具备了必要的社会经济条件。因此,市场经济下允许集体建设用地有偿流转,建立集体建设用地流转市场,是实现集体建设用地绝对地租的必要条件。

建设用地地租量与农业绝对地租相同,都应取决于劣等土地所支付的地租量。但建设用地地租量一般高于农业地租量,这是因为建设用地主要由农业用地转化而来,而这种转化只有在土地所有者收益大于其原来的收益时才会发生,所以建设用地劣等地的绝对地租最低应该等于周边农业优等地提供的全部地租之和。其上限不能大于租用该土地的企业的全部超额利润。建设用地地租量在这两者之间具体为多少由土地供求状况决定。①

(2)建设用地级差地租

马克思指出级差地租是经营较优土地的资本家获得的,并最终归土地所有者占有的超额利润,其来源是产品个别生产价格与社会生产价格的差额。

① 参见王克强、王洪卫、刘红梅主编:《土地经济学》,上海财经大学出版社2005年版,第118页。

在农业中,对农业级差地租起决定性作用的是土地肥沃程度。而对于建设用地,其上的非农产业并不依赖土地的生产能力,土地的肥沃程度对建设用地的级差地租并不具有现实意义。建设用地主要作为生产、工作和生活的场所或者空间来使用,因而土地位置和环境对其级差地租的形成有着决定性的影响。一般来说,在离城市中心较远的郊区或附近农村,建设用地级差地租与农业用地接近,地租量较少;而越是靠近城市中心繁华地区,建设用地级差地租量越大。

建设用地级差地租按其形成条件,可分为建设用地级差地租Ⅰ和建设用地级差地租Ⅱ。建设用地级差地租Ⅰ是由土地区位的差别所产生的超额利润转化而来。这里不同建设用地地块经营者投到相同面积上的资本等量,但土地区位的差别,使得其在流通过程中的运输费用和资金流动速度等有所差别,导致较好地段经营者的个别生产价格低于社会生产价格,从而获得超额利润,转化为城市级差地租Ⅰ。建设用地级差地租Ⅱ是由在同一地块上连续追加投资而产生的超额利润转化而来。在这里土地资本的投入起着决定性作用。一方面是整个社会对基础设施建设投入土地资本以完善土地环境,使设施条件优越的地块土地收益较高,最终形成级差地租Ⅱ;另一方面是建设用地经营者在一定面积土地上连续追加投资,获得更多的超额利润,在一定条件下转化为级差地租Ⅱ。例如,在地基和规划允许的情况下,通过建设高层建筑以提高土地容积率,从而产生超额利润,最终转化为级差地租Ⅱ①。

(3)建设用地垄断地租

垄断地租并不是一种正常的地租形式,而是个别条件下产生的一种特殊地租。农业中的垄断地租,是在特殊自然条件下,生产出特别名贵又非常稀缺的产品,形成垄断价格,带来垄断利润转化而成的地租。而建设用地垄断地租是由于在地理位置相当优越的地段上的垄断经营,带来特别高的超额利润所转化来的地租。

土地是一种缺乏供给弹性的稀缺资源,特别是地理位置较好的地段更是

① 参见王克强、王洪卫、刘红梅主编:《土地经济学》,上海财经大学出版社2005年版,第116~117页。

如此。如在城市中,市中心"黄金地段"的地理位置特别优越,交通方便,公共设施齐全,在这里经营的企业,客源丰富,售价昂贵,销售量大,能够获得特别高的超额利润,而这部分土地的所有者也知道所拥有土地的"黄金"特性,就要求得到相应的高地租。再如在农村或者城市郊区,某些风景名胜区附近的民宅向游客出租,因其环境优美、离景区近等优势,可以获得特别高的租金;或某些工业园区设在税收减免且离优质港口较近的区域,工业园内的企业可以获得更高的利润。因此,这些有限的黄金地段或特殊地段成了众多土地需求者追逐的目标。这种竞争性的土地需求,致使这些地段的建设用地取得垄断地租形态,不仅高出了较低水平的绝对地租,也超过其他优等地段的级差地租。

可见,建设用地垄断地租是由于在特别优越地段上经营,产生特别高的经济效益,带来特别高的超额利润的结果。它的形成类似于垄断价格的决定,"只由购买者的购买欲和支付能力决定,而与一般生产价格或产品价值所决定的价格无关"①。

(二)建设用地价格的实质及分类

1. 我国建设用地价格的实质

土地价格一般是指土地的购买价格,即转移土地所有权时买受人应支付的对价。在我国,城市建设用地属于国家所有,农村和城市郊区的土地属于集体所有。从土地所有权变动的角度来看,我国建设用地的权利转移具有单向性,也就是说,国有建设用地所有权不能发生变动,只有集体建设用地可以向国有建设用地转变,即发生集体土地的征收。这时集体建设用地的征收价格实际上就是该片土地的购买价格,即其所有权价格。但该征收价格并非建设用地流转市场上的土地价格。

我国建设用地流转市场上的土地价格实际上是指具有一定年限的建设用地使用权价格。在我国坚持公有制的前提下,土地所有权不能直接进入流转市场,建设用地流转市场交易实际上是与土地所有权相分离的建设用地使用权。在建设用地有偿使用制度下,土地所有权人在流转一级市场上以出让、出

---

① 《马克思恩格斯全集》(第25卷),人民出版社1972年版,第873页。

租等方式将一定年限的用地使用权让渡给建设用地使用者。其中出租建设用地的租金可以用地租来表示。那么，建设用地流转一级市场上的土地价格主要是指建设用地使用权的出让价格，其他流转方式如抵押、出资或作价入股下的建设用地价格可以由出让价格派生而来。由此推知，建设用地流转二级市场上的土地价格主要是指建设用地使用权的转让价格。此外，需要明确的是，建设用地流转市场上出让或转让的用地使用权是有一定年限的，年限届满，让渡的用地使用权将复归所有权人手中，因此建设用地价格是一定年限的用地使用权价格，而不是永久权利价格。

2. 建设用地价格分类

在土地经济活动中，常出现不同类型的土地价格。按照不同的形成机制和分析角度，可以将建设用地价格分为理论地价、评估地价和实际交易地价。

(1)理论地价。理论地价是根据各种理论学说从建设用地的本质及特性出发对用地价格构成进行理论剖析后所形成的建设用地价格。如前面分析的由绝对地租和级差地租组成的土地价格，就属于理论地价。理论地价属于抽象地价，是各种地价的基础，对理解地价实质和分析地价运动趋势有重要意义。

(2)评估地价。评估地价是指通过专业人员按照一定的土地评估目的，遵循科学的土地评估原则、程序与方法，对土地市场价格进行测定所形成的建设用地价格。对地价评估的目的是保证土地所有权在经济上的实现，加强对土地市场的管理、促进正常交易，为全面、科学、合理地有偿使用土地提供依据。

在实际的建设用地地价评估中，按照地价管理层次的不同，可以将用地评估价格划分为基准地价和标定地价。基准地价是一定时期、一定区域内不同用途和等级土地的平均价格。它通常由政府组织或委托评估并公布，代表某个区域一定时期内土地价格的总体水平，是政府进行建设用地宏观调控的一个重要杠杆。同时，基准地价也为政府确定建设用地使用权出让金、征收补地价、制定土地税费，建设用地折价入股，以及银行抵押贷款、建设用地使用权转让等提供依据。标定地价则是以宗地所在地区的基准地价为基础，进一步考虑建设用地使用权的出让年限、市场行情、地块大小、容积率、微观区位等条件，通过系数修订而评估出来的具体宗地的价格，它为具体市场交易提供价格标准。[①]

应当看到,无论是基准地价还是标定地价,都不是建设用地的交易价格,它是以理论地价为基础,为实现政府土地管理而形成的建设用地评估价格。

(3)实际交易地价。实际交易地价是由交易双方通过讨价还价最终确定的具体宗地价格。实际交易地价是理论地价的具体化,在实践中它是以评估地价为依据,受建设用地市场供求关系及社会经济环境影响,在建设用地市场交易中表现出来的土地价格。

(三)建设用地价格的影响因素

影响建设用地价格的因素是多种多样的,有的对地价有直接影响,有的有间接影响。各种因素对地价影响的方式及程度也各不相同,有的对地价的影响较小,有的影响较大;有的能使地价上升,有的则会使地价下降。对建设用地价格的影响因素分为三类,即地价形成的基础因素、建设用地供求因素和其他经济社会因素。

1. 建设用地价格形成的基础因素

(1)建设用地地租

如前所述,建设用地价格是建设用地所提供的地租的购买价格。因此,地租是地价形成的决定性因素。从马克思理论下建设用地地租的构成及形成原因来看,建设用地的级差地租和垄断地租主要是由在建设用地上从事的经济活动所产生的超额利润和垄断利润转化而来,因此建设用地地租主要取决于该用地使用主体的经济效益。建设用地区位、基础设施等条件好,使用该用地主体所产生的经济效益就高,相应土地的租金和价格也处在较高水平;反之,亦反。

(2)建设用地还原率

建设用地还原率指的是,将建设用地年租还原成为土地价格的比率。对建设用地使用者来讲,以建设用地使用权价格取得一定年限的对该用地的使用权可以看成是一种投资。这笔投资将会获得的预期收益,就是建设用地每

---

① 参见王克强、王洪卫、刘红梅主编:《土地经济学》,上海财经大学出版社2005年版,第216~217页。

年产生的土地年租，因此，建设用地还原率实质上是一种资本投资的收益率，而收益率与投资风险成正比。所以，建设用地还原率，应等同于获取建设用地使用权所产生的年租具有同等风险的资本收益率。

影响建设用地还原率的因素众多，但一般可以借用银行利率来确定土地还原率。正如马克思曾指出，土地价格，实际是指土地所有者在出卖他的土地时，要考虑出卖土地所得的货币，如果存入银行其利息要与失去的地租数量相等，或者在他买进土地时，其付出的地价如存入银行，其利息要与所获地租额相等。若不如此，他宁愿保留资金收取利息，既不买进也不卖出土地。可见，银行利率是影响土地还原率的重要因素。

(3)让渡年期

如前所述，我国建设用地价格是指具有一定年限的建设用地使用权价格。因此，建设用地使用权出让年限的长短直接影响用地价格。一般来说，让渡年期越长，地价越高；反之，让渡年期越短，地价越低。我国《城镇国有土地使用权出让和转让暂行条例》第 12 条规定了各类国有建设用地使用权出让的最高年限，即居住用地 70 年，工业用地 50 年，教育、科技、文化、卫生、体育用地 50 年，商业、旅游、娱乐用地 40 年、综合用地或其他用地 50 年。国有建设用地出让年限根据不同用途不得超过上述最高年限。集体建设用地进入市场后，应当参照国有建设用地的最高出让年限。

(4)建设用地本身资本投入及外部辐射效应

马克思说："资本能够固定在土地上，即投入土地，其中有的是比较短期的，如化学性质的改良、施肥等，有的是比较长期的，如修排水渠、建设灌溉工程、平整土地、建造经营建筑物等。我在别的地方，曾把这样投入土地的资本，称为土地资本。"①建设用地在进行基础设施建设时要投入大量的活劳动和物化劳动，即要对土地进行投资。建设用地资本的投入无疑增加了用地的使用价值，理应得到补偿，即应包含在建设用地价格之中。对建设用地进行的资本投入越大，用地的基础设施建设越完善，其地价自然越高。

① 《马克思恩格斯选集》(第 2 卷)，人民出版社 1995 年版，第 540 页。

此外,建设用地的使用价值还将受到用地以外的大型基本建设(如道路、商场、剧院、公园、工厂等)的影响,也就是说,周边地区土地资本投入所发挥的辐射作用也将使该建设用地的价格有所增加或减少①。

2. 建设用地供求因素

上述因素是建设用地使用权价格形成的基础。在建设用地价格形成中,用地的供给和需求亦是关键性因素。在市场机制调节下,建设用地价格随供给需求的变化而波动。其他一切非劳动因素,要么通过影响建设用地供给,要么通过影响建设用地需求,来影响用地使用权价格。当建设用地供给一定时,需求增加,地价就上涨;需求减少,地价就下降。而当需求一定时,供给增加,地价就下降;供给下降,地价就上涨。

3. 其他经济社会因素

建设用地价格除受上述主要因素影响外,还受到社会经济制度等各方面因素的影响,如用地本身区位、地质、大小等物理因素,交通、污染、基础设施等环境因素,土地制度、规划、税收等行政因素,经济发展水平、经济结构、人口状况、城市化水平等经济社会因素以及土地购买或出售者的心态、偏好等心理因素等。

其中,对于建设用地价格,从目前来看影响较大的一个因素就是对集体建设用地流转的法规政策。法律层面允许集体建设用地流转入市的规定,将对城乡整个建设用地价格产生影响。

二、城乡建设用地流转价格形成机制现状

土地价格形成机制是土地价格形成的内在机理及其调节经济运行的功能。一般来说,价格形成机制主要可以分为计划调节形成价格机制和市场调节形成价格机制。② 价格的计划调节形成机制,是指国家以指令性计划的形式,制定和调整产品、要素及服务价格形成机制。政府定价是这一机制的主要

① 参见周诚:《土地二元论纲》,载南京地政研究所主编:《中国土地问题研究》,中国科学技术大学出版社1998年版,第140～149页。

② 参见刘诗白:《论计划与市场相结合的经济调节机制与运行机制的构建》,载《人文杂志》1991年第6期。

形式,其特点在于国家直接控制价格,有计划地统一制定,强制执行,价格变动的灵活性小。价格的市场调节形成机制,是指产品、要素及服务在市场供求关系和竞争机制的支配下,各市场运行要素相互作用和推动下形成价格的机制。应当指出,市场调价机制下并不排除国家的宏观调控,但价格还是由市场决定的,形成市场价格,与计划调节机制下由政府定价的价格形成机理完全不同。

(一)我国城市国有建设用地流转价格形成机制现状

我国城市建设用地有偿使用制度已基本建立,形成了较成熟的用地使用权流转的一级市场和二级市场。按照不同流转市场,对国有建设用地流转价格形成机制现状进行考察。

1. 国有建设用地使用权一级市场流转价格形成机制

国有建设用地使用权流转的一级市场价格以建设用地出让金为代表。建设用地出让金是指国家作为建设用地所有权人将其一定年限的国有建设用地使用权出让给受让人,并向受让人收取的建设用地使用权价格。在建设用地出让关系中,国家身份具有特殊性。作为国有土地所有权人,国家应当是用地出让的一方交易主体,与受让方具有平等地位;同时国家作为国有资产的管理者,还需要对土地交易进行监管。因此,建设用地出让金的形成并非简单地由交易双方达成一致即可,还需要价格管理手段的介入。

由此,建设用地出让金的形成是有一个过程的。首先需要对拟出让的建设用地使用权进行估价,即政府相关部门一般委托评估机构,采用规定的评估方法和程序,得到估价结果,应有明确的底价决策建议及理由。其次土地出让部门要根据用地出让年限、用途、地产市场行情、出让双方的心态和产业政策等因素,对用地评估地价结果进行修订,形成出让底价。出让底价的作用在于政府出让建设用地使用权时,如果有意受让人的出价低于出让底价,政府将不予出让。最后是将拟出让建设用地信息置于土地交易市场,由用地购买者以协商或竞价的方式与土地所有权人达成建设用地使用权出让协议,形成该宗用地最终的流转价格。

从上述过程可以看出,建设用地使用权虽然在交易之前由国家对其估价并确定了出让底价,但是这些价格只是为了保证用地流转价格能够体现地租价值,保护土地所有权人权益,保障用地市场平稳,而最终建设用地使用权的成交价格是由交易双方在市场机制的调节下共同达成的。尽管国有建设用地供给具有垄断性,但流转市场已经形成并较为成熟,用地一级市场流转价格总体而言是市场的定价机制,但不容忽视的是市场价格形成机制外的通过地价体系对建设用地市场的管理和调控。

在国有建设用地一级市场价格形成中,两个要素发挥了重要作用:一是地价体系;二是决策机制。我国地价体系中,土地价格主要包括基准地价、标定地价、交易底价、其他宗地地价和成交地价。① 从国有建设用地出让金形成来看,我国国有土地市场的地价体系已基本建立,借助上述五类价格实现对用地流转价格形成的引导和市场调控。从土地出让金形成过程来看,主要体现了国家在出让用地时对底价确定的决策机制。用地底价在用地价格形成中至关重要,成交价格低于底价是无效的,这样的规则能够有效保护国家作为土地所有权人的经济利益,也能避免土地交易双方对价格的恣意商定,背离价值规律,扰乱土地市场。因此,应当科学确定用地底价。国有用地市场建立了以估价结果和建议为依据修正确定用地底价的决策机制,一方面政府作为国家所有权的行使主体,按照法定规程进行底价决策;另一方面作为土地市场管理者,政府通过底价设定实现对用地价格的管控。

2. 国有建设用地使用权二级市场流转价格形成机制

国有建设用地使用权流转的二级市场价格以建设用地转让价格为代表。在流转二级市场上,交易双方都是建设用地使用权人,都是具有平等地位的民事主体。此时建设用地使用权的再次流转除受出让协议中限制性约定,如用途、期限等的约束外,可以自由地进入流通领域。可以说,建设用地使用权流转二级市场是更自由且充分竞争的市场。因此,建设用地转让价格基本上就是由市场的供给和需求决定的,在市场价格机制的调节下形成。

对于国有建设用地使用权在二级市场上的流转,国家作为转让关系以外的主体,只能以管理人的身份管理和调控用地市场。《城市房地产管理法》第

---

① 参见陈燕:《城乡建设用地市场一体化的突破点及模式选择》,载《福建论坛(人文社会科学版)》2012 年第 12 期。

35 条第 1 款规定，国家实行房地产成交价格申报制度。也就是说，国有建设用地在二级市场的流转价格虽由供需双方决定，但要向地方政府规定的部门如实申报成交价，不得瞒报或者作不实的申报。此外，国家还可以通过税收等手段影响用地转让价格。

（二）我国农村集体建设用地流转价格形成机制现状

新《土地管理法》自 2020 年 1 月 1 日起实施，集体经营性建设用地允许流转入市刚一年有余，很多地方尚没有形成集体土地使用权流转市场，与被列为农村土地改革试点的地区存在较大差距。在用地流转价格形成方面应区分非试点和试点地区进行现状考察。

1. 非试点地区集体经营性建设用地价格形成现状

非试点地区大多存在集体经营性建设用地流转现象，但尚没有形成有序市场，欠缺相应机制和制度保障。流转价格形成上随意性较强，从原来"灰色交易"下的价格发展而来，大多背离土地价格形成基础。很多地方的用地交易价格因缺乏评估和指导，只能以征地价格为依据形成，或参照附近国有建设用地流转价格协商确定，或低或高，价格混乱，无法形成市场调节的价格形成机制，且在流转价格形成中集体决策机制缺乏，常出现村干部代表集体定价流转用地的情形，寻租腐败滋生，农民权益受损。

2. 试点地区集体经营性建设用地价格形成现状

集体建设用地流转试点工作最早始于 20 世纪末。为配合乡镇企业改制，1996 年苏州市政府就出台了《苏州市农村集体存量建设用地使用权流转管理暂行办法》，此后安徽省芜湖市、广东省、上海市、浙江省、北京市、重庆市、四川省成都市等地陆续开展了集体建设用地流转的探索。2015 年在前期试点工作基础上又在全国范围内选取了 33 个市县进行了新一轮农村土地制度改革，包括集体经营性建设用地流转入市。经过多年的先试先行，各试点地区已建立了用地流转相关制度，并培育形成了用地流转市场。在价格形成方面，试点地区基本建立起了在政府指导和管理价格下的市场调节机制。试点地区用地流转与国有建设用地流转制度类似，亦采取协议或竞价方式，供需双方根据市场情况协商价格，并最终按照相应规则确定。与此同时，很多试点亦规定了地价管理办法和集体决策依据,形成一套政府对集体经营性建设用地流转地价的指导体系。如浙江省义乌市颁布了《义乌市农村集体经营性建设用地出让地价管理规定(试行)》,规范地价评估行为;广东省颁布了《广东省集体建设用地定级与基准地价评估成果编制指引(试行)》,规范基准地价制定工作;多地发布集体建设用地基准地价;①大多数试点地区的流转管理办法中规定了用地价格的集体决策机制。②

3. 宅基地价格形成现状

宅基地"三权分置"政策的提出为宅基地制度改革提供了兼顾保障性和财产性的思路,各试点地区也在尝试"三权分置"下的宅基地使用权流转方案,但试点时间较短,尚不成熟。从法规来看,宅基地使用权向集体以外主体的流转仍是被禁止的。因此,宅基地使用权的流转限于试点内或限于本集体成员之间,范围有限,限制较多,即使有交易也多为地下交易,并没有形成有序的流转市场。从试点地区探索的宅基地流转来看,大多是房屋转移带来的"地随房走"规则下的地块转移,在价格方面也是未区分房屋价格和土地价格。宅基地使用权由农户从集体那里无偿取得,再由农户将宅基地及其上房屋流转出去,流转价格一般由农户与转入方协商。在转入方限为本集体成员的情况下,因本村人本就有宅基地,再转入的需求不大,交易量较少,且价格较低,多以建房成本为交易价格;在试点地区允许流转给集体以外主体的情况下,交易双方协商价格,但由于流转刚刚开始,尚未有可供参考的市场价格,亦未建立政府指导价体系,交易价格在形成中随意性较大。总体而言,宅基地尚未形成流转市场,交易价格也并非在市场机制下形成。宅基地价格形成上亦欠缺基准地价等价格体系和决策机制。

三、统一城乡建设用地流转价格形成机制思路与建议

(一)统一城乡建设用地流转价格形成机制思路

我国城市国有建设用地有偿流转已建立了较成熟的一级市场和二级市场,其用地流转价格主要在市场调节机制下形成。而在农村,集体经营性建设

---

① 如广州市、汕头市、湘乡市等。
② 如义乌市。

用地的流转才刚刚得到法律认可，虽有试点地区已经建立了较为成熟的制度，初具市场价格形成模式，但从全国范围来看，流转市场尚在培育阶段，统一规则尚未建立，价格形成机制上仍需进一步构建和完善。宅基地“三权分置”改革尚不成熟，流转市场尚未形成，但在城乡建设用地统一市场构建中，宅基地的流转势在必行，构建完善的宅基地价格形成制度，不仅有利于宅基地流转改革，也有利于城乡建设用地一体化市场的建立。

城乡建设用地价格的形成在统一市场构建的前提下必然为市场调节形成机制。但土地是重要的自然资源，国家对土地市场的调控必不可少，其中价格就是市场调节的重要手段。因此，城乡建设用地的价格形成中还要有国家的价格调控机制。从国有建设用地一级市场较为成熟的用地价格形成制度来看，构建完备的地价体系和科学的决策机制是两个重要方面。完备的地价体系是国家进行地价调控的重要手段，也是交易主体进入市场进行价格决策的基础和依据；科学的决策机制是对土地所有权人用地利益的保障，也是对防止土地使用权流转价格背离价值规律而扰乱市场的把控。对于集体经营性建设用地和宅基地而言，在价格形成方面，地价体系和决策机制都有待构建和完善。

由此，统一城乡建设用地价格形成机制的基本思路为：一方面进一步完善国有建设用地价格形成制度；另一方面参照国有建设用地市场，以地价体系和决策机制为重点，建立和规范集体经营性建设用地和宅基地完备的价格形成制度。需要指出的是，统一城乡价格形成机制，并非建立与国有建设用地相同的集体建设用地价格形成制度，而是要形成统一的国家调控下的市场调节机制，要构建相同规则思路的建设用地价格体系和价格决策机制。

（二）统一城乡建设用地流转价格形成机制建议

1. 建立健全城乡建设用地价格体系

国有建设用地使用权流转市场较为成熟，国家调控下的市场价格形成机制已经建立，在地价调控方面，形成了以基准地价、标定地价、交易底价、其他宗地地价和成交地价为主要内容的较完备的价格体系，有效地指导用地使用权流转价格形成。但集体建设用地因流转市场尚不成熟，亦未形成规范的地价体系。地价体系的建立是国家对建设用地市场进行价格调节的重要手段，统一城乡建设用地使用权流转价格形成机制，首先就要建立城乡统一的地价体系，以指导和调节建设用地市场价格的形成。

(1)加强城乡建设用地价格评估管理

从城乡建设用地使用权流转价格形成，用地的价格评估发挥了重要作用。原国土资源部于2018年3月发布《国有建设用地使用权出让地价评估技术规范》(以下简称《规范》)，明确出让国有建设用地使用权涉及的地价评估，以及因调整土地使用条件、发生土地增值等情况需补缴地价款的评估，适用该规范；国有建设用地使用权租赁、集体建设用地使用权依法入市、国有农用地使用权出让等涉及的地价评估，可参照该规范执行。① 该规范虽规定集体建设用地入市的地价评估可参照执行，但与国有建设用地评估的直接适用仍有区别，规范中的部分内容并不完全适用于集体建设用地。随着《农村土地承包法》和《土地管理法》的修改，土地经营权和集体经营性建设用地允许流转入市，农村土地价格评估需求加大，为了规范对集体土地的价格评估，显化农村集体土地资源资产价值，促进城乡统一土地市场建设，自然资源部自然资源开发利用司会同中国土地估价师与土地登记代理人协会组织专家起草了《农村集体土地价格评估技术指引》(以下简称《指引》)，并于2020年4月发布实施。该指引适用范围包括了集体经营性建设用地、宅基地、其他集体建设用地以及耕地的价格评估。②

上述两个文件分别对国有建设用地和集体建设用地的价格评估进行了有针对性的规范和指引。从评估方法上来看，二者都采取了收益还原法、市场比较法、剩余法、成本逼近法和公示地价系数修正法，但针对不同的用地情况提示了不同的评估要点。比如，在国有建设用地评估中，对"限地价、竞配建""限房价、竞地价""出让时约定租赁住宅面积比例"等特定条件的"招拍挂"出让方式下的地价评估进行了规范；③在集体建设用地评估中，区分了集体经营性建设用地和宅基地，区别了出让、租赁、作价入股等不同目的的评估进行指引，并

---

① 参见《国有建设用地使用权出让地价评估技术规范》第1条。

② 参见《农村集体土地价格评估技术指引》第1条。

③ 参见《国有建设用地使用权出让地价评估技术规范》第6.2条。

明确不得采用国有建设用地公示地价体系直接修正评估集体建设用地价格。①可见，上述两个文件发挥了规范城乡建设用地价格评估的作用。

但从城乡建设用地统一市场角度来看，价格评估制度还有待进一步完善。《规范》和《指引》虽都指导着城乡地价评估工作，但两文件发布机构不同。《规范》由原国土资源部发布，《指引》由中国土地估价师与土地登记代理人协会发布。也就是一个是部门规章，一个是行业协会规范性文件，二者的效力层级不同。事实上，对于集体土地的价格评估更为重要，因为用地交易刚刚开始，市场并不成熟，地价评估结果往往极大影响成交价格。因此，为进一步规范集体土地价格评估，促进城乡统一建设用地市场的形成，应与国有建设用地同等对待，由自然资源部发布《集体土地价格评估技术规范》，或直接整合两部规范，发布《城乡土地价格评估技术规范》，并明确城乡建设用地在价格评估中应关注的相同和不同技术规范。

（2）完善城乡建设用地基准地价制度

基准地价是最重要的政府公示地价之一，是建设用地使用权流转价格形成的参考依据，是建设用地使用权流转市场健康发展的价格指导。基准地价即土地基本标准价格，是按不同的土地级别和地段分别评估测算的商业、工业、住宅等各类用地，在某一时点上土地使用权的平均价格。② 土地市场发达地区以市场交易资料测算结果为准，级差收益测算结果验证；土地市场不发达地区以级差收益测算结果为准，市场交易资料测算结果验证。从基准地价的制定来看，《城镇土地估价规程》较全面地规范了国有建设用地基准地价的评估程序、方法等，而集体建设用地基准地价评估规范主要体现在《农村集体土地价格评估技术指引》中，《指引》虽提示关注了集体土地在地价内涵设定、资料的调查整理与测算、成果表达方式等方面与国有建设用地估价相较可能存在的特色性差异，但多数内容指引参照《城镇土地估价规程》。从上述文件规范来看，无论是利用样点地价还是利用土地收益资料测算基准地价，土地实际流转价格和使用效益都至关重要，土地交易和利用样本越多，基准地价的测算

① 参见《农村集体土地价格评估技术指引》第6、7条。

② 参见刘玉平主编：《资产评估原理》，高等教育出版社2015年版，第88页。

才越可靠。可见,土地市场的成熟度会影响基准地价的评估。国有建设用地市场较为成熟,基准地价测算较容易;而集体经营性建设用地市场尚在培育阶段,基准地价的形成因样本欠缺和特色性差异存在一定的困难。因此,从基准地价的公布来看,各地已有国有建设用地基准地价评估成果的公布,①但集体建设用地因法律允许流转时间较短,市场尚不成熟,仅有少数地方公布了集体建设用地基准地价,②部分地区刚刚启动集体建设用地基准地价评估工作。③基准地价是建设用地价格形成的重要依据,集体建设用地基准地价的欠缺也使得其在价格形成的规范性和科学性上与国有建设用地存在差距。因此,基准地价制度的完善,特别是集体建设用地基准地价的规范制定和及时公布是统一城乡建设用地价格形成机制的重要内容。

(3)厘清地价体系中各类地价关系

地价体系中各类价格内涵和作用各不相同,在城乡建设用地价格形成过程中各类价格之间的关系不甚明确,特别是评估地价与起始价、交易底价、最低价之间的关系和作用需进一步明晰。如前所述,为避免土地价格的随意性和政府官员的利益寻租,要求在建设用地使用权首次流转中进行地价评估。《招标拍卖挂牌出让国有建设用地使用权规定》第 10 条明确,市、县人民政府国土资源行政主管部门应当根据土地估价结果和政府产业政策综合确定标底或者底价。标底或者底价不得低于国家规定的最低价标准。同时也规定了拍卖和挂牌的起叫价、起始价的决策方式。可见,国有建设用地首次流转中的评估地价、起始价、底价和最低价的关系比较明确。《国有建设用地使用权出让地价评估技术规范》中规定,在土地估价报告的"估价结果"部分,应有明确的

---

① 原国土资源部曾发布通知要求各地国有建设用地基准地价应每三年调整公布一次,但从各地公布的数据来看,仍有部分地方没有实现每三年一次的调整。

② 如广州市于 2021 年 4 月公布了 2020 年国有农用地、集体建设用地及农用地基准地价成果,基准日为 2020 年 1 月 1 日,其中,国有农业农地基准地价成果为更新成果,集体建设用地及农用地基准地价成果则为首次编制。湘乡市于 2020 年 7 月发布实施了首轮集体建设用地基准地价成果。济南市、绍兴市、乌鲁木齐市、安庆市等地陆续发布集体建设用地基准地价。

③ 如甘肃省天水市甘谷县于 2022 年 9 月刚刚发布集体建设用地基准地价评估项目招标公告。

底价决策建议及理由。① 也就是说交易底价是依据评估地价而来的，它是政府作为土地出让方掌握的底价，低于该价格的竞价结果无效。与此同时，该底价也不能低于涉及协议出让、工业用地出让等国家规定的最低价标准。交易底价亦不是起始价，起始价或者起拍价是在挂牌或拍卖中的最初叫价，有的挂牌或拍卖是不设交易底价的，此时成交价高于起始价即可；但有的挂牌或拍卖设置交易底价，一般底价要高于起始价，但高到什么程度是保密的，如果竞买的最终价格没有达到或高出底价，竞买就无效了。因此，底价的确定非常重要，底价过高可能导致流拍，底价过低可能导致资产流失。

反观集体建设用地的价格形成，各地实践中对评估价格与起始价、交易底价等的关系并不清晰。如义乌市规定，农村集体经营性建设用地使用权出让起始价和底价，应在评估结果的基础上确定，起始价最低不得低于评估价的80%；需设置底价的，由议价小组确定底价并严格保密。② 在土地估价报告的“估价结果”部分，应有明确的起始价参考依据及理由。③ 如佛山市南海区规定，集体经营性建设用地使用权公开出让的起始价、协议出让价，原则上不得低于基准地价的70%。④ 又如晋江市规定，集体经济组织应当根据土地估价结果和政府产业政策综合确定入市的标底或者底价，标底和底价不得低于基准地价，投标、竞买保证金不得低于起始价的20%。⑤ 再如海城市在改革试点期间规定，具体宗地的出让底价，根据土地估价结果、产业政策和土地市场情况等综合确定。在城市、村镇建设规划区范围内的农村集体经营性建设用地，其入市价格可参照城镇基准地价相应标准确定，但不得低于当地同等条件国有土地使用权协议出让最低价标准。⑥ 由此可见，多数试点地区都规定集体经营性建设用地的评估价格是确定交易底价的依据，但并未明确应在底价评估结

---

① 参见《国有建设用地使用权出让地价评估技术规范》第7.1条。
② 参见《义乌市农村集体经营性建设用地出让地价管理规定（试行）》第6条六（一）。
③ 参见《义乌市农村集体经营性建设用地使用权出让地价评估指导方案（试行）》。
④ 参见《佛山市南海区农村集体经营性建设用地入市管理试行办法》第16条。
⑤ 参见《晋江市农村集体经营性建设用地入市管理暂行规定》第5条第4款第2、3项。
⑥ 参见《海城市农村集体经营性建设用地入市管理办法》（改革试点结束后已废止）第25条第2、3款。

果中写明底价建议,反而有些地方将起始价参考作为估价结果。关于起始价、底价与评估地价的关系,有的地方规定了起始价不得低于估价一定比例的下限,也意味着设置的底价也要高于该下限;有的地方虽规定了底价依估价确定,但并未明确比例下限,反而规定底价不得低于基准地价(一定比例)或协议出让最低价标准。这就使得评估地价在确定底价中的作用模糊,逻辑混乱,不利于底价的科学确定。

因此,应当借鉴国有建设用地市场各类价格规定,理顺集体建设用地价格关系。首先,应明确评估地价是确定起始价和底价的依据,基准地价是评估地价的参考,而不应是底价的底线。其次,建议设定集体建设用地使用权流转最低保护价,以保护农民集体土地所有者的利益。在土地估价报告中应同时列出评估结果和最低保护价。最低保护价类似于国有建设用地在协议出让、工业用地出让中的最低价标准。再次,应明确底价不得低于最低保护价,如不设置底价,起始价应不低于最低保护价,但不应为起始价或底价划定估价结果一定比例的下限,因为估价只是确定起始价或底价的参考和依据,不宜做硬性要求,但最低保护价是国家通过价格管理对农民和集体的最低保障,可作为价格底线。最后,应明确起始价与底价的关系,起始价不是底价,在一些不设置底价的情况下,起始价是最低价格,高于起始价的竞价结果即有效。起始价是公开的,底价是保密的,这也意味着在决策时,起始价可以是大范围的集体决策,但底价应是小范围的决策并严格保密。

(4)健全城乡建设用地价格申报制度

城镇国有土地交易价格实行申报制度。在土地使用权流转一级市场上,政府作为转出方,能够掌握土地交易价格;在流转二级市场上,《城市房地产管理法》第35条第1款亦规定了房地产成交价格申报制度。土地不仅仅是可交易的资产,还是国家需要通过行政管理进行调控的领域。价格申报是国家掌握土地交易情况和价格水平的基础制度,也是重要的土地市场管理手段。实践中,房地产税费的缴纳是以申报的成交价格为基数的,因此,如果申报价格显著偏低,会影响国家的税收利益,一般要求按照评估价格缴纳税费。对于集体建设用地,要建立国家宏观调控下的市场价格形成机制,健全调控管理措施,如价格申报制度是十分必要的。集体建设用地价格申报一方面能够帮助国家掌握城乡建设用地市场交易情况,统筹管理,形成基准地价,提高地价评估的可靠性和成交地价的科学性;另一方面也有利于国家对集体土地交易税费以及首次流转增值收益分成的征纳。从集体经营性建设用地使用权流转试点做法来看,大多并未明确建立地价申报制度,但如佛山市南海区在政府征收调节金的规定中提出虚报成交价格,或无正当理由低于评估价格的,按评估价格征收调节金。① 又如晋江市规定,入市后的农村集体经营性建设用地转让价格低于基准地价 80% 的,市人民政府有优先购买权。② 这些对集体建设用地无论在一级市场还是二级市场的价格限制,都暗含了成交价格的申报。由此,从城乡建设用地统一市场角度来看,集体建设用地也应当建立与国有土地类似的成交价格申报制度。政府部门应对申报的用地价格进行审核,成交地价无正当理由显著低于评估价格,有规避上缴税金之嫌的,政府可按照评估价格为基数征收调节金和税费,或直接行使优先购买权。

2. 建立健全城乡用地价格决策机制

完备的建设用地价格体系是用地市场价格形成的制度基础和科学保障。而市场调节机制下建设用地的流转价格虽是供需影响下形成的,但归根结底是交易双方讨价还价协商一致的结果。从评估价格到交易价格,这中间需要交易主体的决策和双方不断磋商。在建设用地使用权流转的一级市场上转出方是土地所有权人即国家和集体,作为公主体国家和集体如何作出价格决策以体现其意志,既能实现交易又能保护国家和集体及其成员的利益,这相较于私主体具有特殊性,更需要完善的地价决策机制予以保障。而在二级市场上用地使用权流转主体一般为私主体,交易双方按公司、企业等组织作出有效决定的规则出价,与对方磋商用地价格即可。二级市场价格形成较为简单,本部分重点关注用地一级市场上土地所有权主体的价格决策机制。

---

① 参见《佛山市南海区农村集体经营性建设用地土地增值收益调节金与税费征收使用管理试行办法》第 8 条。

② 参见《晋江市农村集体经营性建设用地入市管理暂行规定》第 6 条第 5 款。

(1)健全国有建设用地使用权流转价格决策机制

国有建设用地使用权流转一级市场以出让为例,《招标拍卖挂牌出让国有建设用地使用权规定》和《协议出让国有土地使用权规定》对国有建设用地使用权流转价格决策机制进行了规定,[①]但规定较为简单,仍需进一步完善。

首先,应进一步细化决策依据。上述两规定明确用地价格决策依据是土地估价结果和政府产业政策。拟出让地块的价格评估是必须的,也是政府进行地价决策的重要参考,但不是唯一依据,政府在价格决策时还要充分考量产业政策。特别是工业、商业用地的出让,实践中意向用地者的实力以及对产业布局和经济繁荣的影响力都在政府出让价格决策的考虑范围内。具体哪些产业政策可作为依据,除产业政策外是否还有其他政策可以考量,政策与估价结果的关系是怎样的?可否以产业政策推翻估价结果,还是要在评估中加入政策参考作出更加可靠的评估结果?这些应当在地方政府低价决策具体规则中予以细化。

其次,应进一步完善决策的底价标准。政府决策的价格有拍卖和挂牌的起叫价、起始价,底价,投标、竞买保证金,但主要是出让底价。用地使用权流转的成交价格在市场机制调节下是双方达成一致的结果,而非政府一方的定价。但是政府作为出让方的心理价位或者价格底线应当确定,为保护所有权人利益,高于底价的成交价可以接受,但低于底价的价格无效不能成交。《招标拍卖挂牌出让国有建设用地使用权规定》中明确,标底或者底价不得低于国家规定的最低价标准。2006年原国土资源部发布了《全国工业用地出让最低价标准》并于2009年进行过调整。可见最低价主要指的就是工业用地最低价标准,那么商业、旅游、商品住宅等用地是否要设置最低价呢?对此一些地方进行了规定,如滁州市规定,商品房用地出让最低价不得低于出让地块所在地级别基准地价的70%。[②] 可考虑借助基准地价制度规定各类用地的底价下限。

再次,应进一步明确决策主体。从上述两规定来看,底价决策主体是市、

① 参见《招标拍卖挂牌出让国有建设用地使用权规定》第10条和《协议出让国有土地使用权规定》第11条。

② 参见《滁州市国有建设用地使用权公开出让底价确定办法》第8条。

县人民政府国土资源管理部门。但事实上,国土出让底价决策不宜由一个部门作出,国土管理部门对产业布局政策可能把握不到位,对招商引资工作可能了解不全面,需要其他部门的配合和支持,才能作出科学合理的底价决策。一些地方对此予以了明确,如北京市规定,底价由市国土资源局会同市发展改革、建设、财政等行政主管部门确定;①百色市规定,底价由市国有土地使用权招标拍卖挂牌出让底价领导小组确定,小组成员单位组成:组长由市人民政府分管领导担任,副组长由市国土资源局局长担任,成员由市财政局、建设与规划委员会、监察局、国土资源局(分管土地利用与交易工作)、土地储备中心的领导组成。② 上述地方做法值得借鉴。

最后,应进一步明晰决策方式。底价等价格方案实行集体决策。什么是集体决策？如何进行集体决策？百色市规定,由有资质的评估机构根据评估日期的正常土地市场价格,对出让地块的出让底价进行评估并出具评估报告。市国土资源局汇报出让宗地情况后,由领导小组对出让宗地底价进行无记名投票;如投出的底价低于起始价的票为无效票;根据有效票数采取加权平均的办法计算出让宗地的参考底价。市土地储备中心主任就招标、拍卖或挂牌出让底价投票情况以密件上报市人民政府,由市长或分管副市长签字确定最后的出让底价。③ 百色市给出了集体决策的方案,同时解决了最终底价知晓范围的问题,毕竟底价要求严格保密,而集体决策又势必众人参与,不利于保密。由此可见,国有建设用地出让价格决策仍有诸多规则亟待完善,各地可因地制宜出台细化的规定或办法。

(2)建立集体建设用地使用权流转价格决策机制

集体建设用地一级市场以集体建设用地的出让流转为代表。用地出让价格的多少直接关系集体和农民利益,成交价形成过程中土地所有权人对价格决策的规则将直接影响农民收益,十分重要。《土地管理法》规定,集体经营性建设用地出让、出租等,应当经本集体经济组织成员的村民会议2/3以上成员

① 参见《北京市国有土地使用权招标拍卖挂牌出让底价确定试行办法》第4条。
② 参见《百色市国有土地使用权招标拍卖挂牌出让底价确定试行办法》第4条。
③ 参见《百色市国有土地使用权招标拍卖挂牌出让底价确定试行办法》第5条。

或者2/3以上村民代表的同意。[①]《土地管理法实施条例》规定，土地所有权人编制集体经营性建设用地出让、出租等方案，依照《土地管理法》上述规定，由本集体经济组织形成书面意见，报市、县人民政府，方案中应当载明宗地入市价格等内容。上述法规明确了集体经营性建设用地入市价格的集体决策制度。[②] 但该入市价格指的是什么？如何写入方案？怎样集体决策？这些都并未规定。借鉴试点地区经验做法，参考国有建设用地市场制度，应当建立完善的集体经营性建设用地使用权流转价格决策机制。

首先，应以集体土地评估价格或基准地价等公示价格为决策依据。从各试点规定来看，多数地区要求集体土地入市必须进行地价评估，评估结果是集体形成用地价格的重要依据。[③] 但亦有部分地区将基准地价作为决策依据。[④] 而集体建设用地入市的地价评估不宜作为强制性要求，这一点与国有建设用地不同。需不需要评估应当由土地所有权人决定，国家作为国有土地所有权人选择前置地价评估，并在法规中予以明确，成为强制性程序并无不妥；但集体作为集体土地所有权人有权选择评估还是不评估，因此不应在法规中做强制性规定。如集体选择进行地价评估，应以评估价格为决策依据。此时，基准地价是宗地评估时会用到的价格，根据评估规范在基准地价上进行修正得来的宗地评估价格更具有可靠性。以评估地价为决策依据更为科学。但地价评估势必产生费用，如农民集体不愿进行评估，又有基准地价等公示价格的情况下，集体可以公示价格为决策依据。此外，与国有建设用地相比，集体土地价格决策不应以产业政策为依据，因为集体在价格确定上只需要体现所有者利益，无须考虑地区发展等问题。

其次，应以起始价和流转底价为主要决策内容。集体建设用地成交价格最终是流转双方达成一致的结果，但在这过程中集体作为出让方所出的起始价和心理预设的底价至关重要，这两个价格也应是集体需要决策的主要内容。

---

① 参见《土地管理法》第63条第2款。
② 参见《土地管理法实施条例》第40条。
③ 如义乌市、德清县、海城市、北流市等。
④ 如焦作市、佛山市南海区、泸县等。

要注意以下几点。一是起始价应当低于或等于底价。起始价是最先叫价,在竞价出让的场合,后面的每一次出价都要高于起始价。如果起始价叫出后无人应价,说明起始价过高,本轮价格的确定应当归于无效,需重新拟定。底价应高于或等于起始价,起始价后有人应价也不意味着能够达到底价水平,也可能出让不成功。摆清起始价和底价的位置才有利于形成科学的价格决策。二是底价可以设置也可以不设置。从试点实践来看,一般允许集体选择是否设置底价,如果不设置,起始价实际就是底价,低于起始价的价格无效。也就是说集体需不需要一个心理底价是由集体自己决定的。三是起始价是公示的,而底价应是保密的。起始价和底价作用不同,其表现形式和决策方式也应当有所区别。集体在用地入市前要上报的入市方案所包含的用地价格,应当是起始价。因为底价是保密的,是所有权人流转土地的心理价位,不宜写在方案之中,但应明确在起始价之上是否设置底价。四是应当明确底价下限。从试点实践来看,有的地方如义乌市、湖州市德清县、佛山市南海区等规定了起始价的下限,有的地方如北流市、文昌市等规定了底价的下限,还有的地方如焦作市等规定了成交价的下限。对此,应当明确底价下限,如不设置底价的,起始价应符合该下限要求。这是因为双方达成的价格要高于底价方有效,限制底价实际上就能限制成交价格,而起始价只是最初叫价,在设置底价的场合,限制起始价无形中抬高了集体土地出价,不利于实现成交。至于底价的限制,试点地区多以基准价格的一定比例为底价下限,[①]但实际上,底价应当有法定下限和集体决策下限。如前所述,底价法定下限应不得低于最低保护价;与此同时集体在决策入市价格时应确定本集体对该块宗地流转时底价的下限,以更好保障集体利益。

再次,应以农民集体为价格决策主体。农民集体是集体建设用地所有权人,如何出让建设用地使用权,以什么样的价格出让自然应当由所有权人决

---

① 如北流市规定,集体经营性建设用地使用权出让、出租底价不得低于所在区域城镇基准地价。文昌市规定,底价不得低于入市成本,不得低于出让宗地所在区域基准地价的70%,也不得低于国家规定的相应国有建设用地出让最低价标准。焦作市规定,农村集体经营性建设用地公开出让的起始价和底价,应参照国有建设用地出让相关规定,出让最低价原则上不得低于出让地块所在地级别基准地价的70%。

定。实践中,农民集体一般会委托一些组织代为行使所有权成为用地入市主体,比如集体经济组织、联营公司等。① 用地使用权流转价格的磋商应当由入市主体代所有权人进行并最终与受让方达成协议形成交易价格,但应当为入市主体的谈判设定限制以保障所有权人的权益。该限制应体现为起始价和流转底价,也就是入市主体的最初叫价以及价格底线应当由所有权人即农民集体来决定。但实践中,有的地方并未以集体所有权人为决策主体,如文昌市规定,土地行政主管部门应会同入市主体根据地块评估价格、产业政策等因素,集体决策确定底价,并予以保密。② 如海城市在改革试点期间规定,具体宗地的出让底价,由市国土资源行政主管部门组织有关专家,提出宗地出让底价建议,报农村集体经营性建设用地使用权出让协调决策机构确定,尽管提出确定宗地出让底价时,应当吸收农村集体土地所有者代表参加,充分尊重土地所有权主体的意见,但显然决策主体不是土地所有权人。③ 再如焦作市规定,入市主体是价格决策主体。④ 尽管多数地方规定的入市主体是集体经济组织,由集体经济组织来确定入市价格,但严格来讲《民法典》已明确农民集体才是所有权人,集体经济组织只是代为行使主体,应有所区别。

最后,应以集体决策为决策方式。借鉴国有建设用地价格决策机制,集体经营性建设用地入市起始价和底价也应采取集体决策的方式。但集体所有权人的集体决策与国家所有权人的集体决策仍有区别,且因起始价公开性与底价保密性的差异,两价格的集体决策程序亦应有不同。用地使用权流转的起始价应载明于出让方案,并明确是否设置底价,如设置底价,应写明底价的下限。上述价格内容应作为方案的一部分应依照法定程序经本集体成员决定,即经本集体村民会议 2/3 以上成员或者 2/3 以上村民代表的同意。但具体流转底价是多少,因要严格保密,不宜写入出让方案,也不宜由村民表决通过。设置流转底价的,可借鉴义乌市和德清市的做法,由集体经济组织邀请相关专

① 集体经济组织为入市主体的,如焦作市等。土地联营公司为入市主体的,如北京市等。

② 参见《文昌市农村集体经营性建设用地入市试点暂行办法》第 19 条第 3 项。

③ 参见《海城市农村集体经营性建设用地入市管理办法》(改革试点结束后废止)第 25 条第 2 款。

④ 参见《焦作市农村集体经营性建设用地入市管理办法(试行)》第 19 条第 3 款。

家和成员代表等组成议价小组(不少于5人的单数),于交易活动开始前30分钟内由议价小组确定底价,并在交易活动结束前严格保密。也就是说流转底价的集体决策下限以及起始价由集体成员决定,但具体的底价应由议价小组集体决策并保密。

第二节　统筹城乡建设用地的供给和需求

在城乡建设用地使用权流转市场运行机制下,建设用地价格形成受用地供求因素的影响,反过来建设用地供求关系又会受到用地价格的调节,因此建设用地的供给和需求问题亦是对城乡建设用地市场运行一体化考察的重要内容。在城乡建设用地市场割裂的情况下,城乡建设用地的供需来源和影响因素等问题应当在城市和农村不同市场范围内予以考量;而在允许集体建设用地入市的情况下,集体与国有建设用地形成统一的流转市场,就需要统筹城乡建设用地的供需问题做整体性考察。

一、城乡建设用地的供给和需求现状

过去很长一段时间内,我国集体建设用地使用权流转被严格限制,长期的城乡二元结构严重影响着城乡建设用地市场的供求与发展。即便在集体经营性建设用地允许流转的立法背景下,集体用地市场尚在培育和规范阶段,且集体与国有的住宅用地市场仍然割裂,城乡建设用地供给和需求各有其特点。

(一)城乡建设用地的需求现状

所谓土地需求,是指人类为了生存和发展利用土地进行各种生产和消费活动的需求。土地需求如果从功能上看,可以分为农业用地需求和非农业用地需求。对建设用地的需求属于非农业用地需求的一种。建设用地是指建造建筑物、构筑物及其附属设施的土地,包括城乡住宅和公共设施用地、工矿用地、交通水利设施用地、旅游用地、军事设施用地等。从土地用途来看,我国对城乡建设用地的需求主要来自住宅需求、工业、商业需求及公共和公益事业需求。

总体而言,影响建设用地需求的主要因素是人口增长和经济发展。土地作为人类生存和社会发展的基本条件和不可替代的物质基础,任何人从事任何生产和生活活动都无时无刻不在利用土地。因此人口的增长势必对建设用地产生更大需求。此外,社会生产力水平的提高,使人们用于生产基本生活必需品的劳动所占比重减少,从而对农业用地需求减少,对商业、奢侈、娱乐、教育等需求的比重增加,从而对建设用地的需求增加。由此,建设用地需求会随着经济的不断发展而增加。

1. 城市国有建设用地的需求现状

城市发展对建设用地的需求大体可以分为两类,即基本生存用地需求和城市发展建设用地需求。基本生存用地需求实际上就是指保证城市人口正常生存、保持城市拥有良好的生态环境所需要的城市土地的数量,一般指居民住宅、配套基础设施、基本生活必要场所等用地需求。城市发展建设用地需求一般是指能够使人类生活生产得到更大满足和享受,生存环境得到更大提升的物质建设所需要提供的城市土地,如高档商业场所,现代化办公大楼,大型娱乐场所等建设所需用地。从某种意义上来讲,随着社会经济与技术水平的不断发展,人类对土地的需求是无止的。

在当前我国社会发展阶段,另一个引致城市建设用地需求增加的突出因素就是城市化进程中对土地的压力。城市化是指伴随着现代化工业和信息社会、经济社会分工的细化而产生的人口向城市集中的过程。改革开放以来,我国城市发展迅速,城市化进程的速度显著提高。随着我国大力发展城市化,城市范围在不断扩大,但是由于人口的迅速集中和快速发展要求,城市建设用地需求不断增加,人地关系越发紧张。

2. 农村集体建设用地的需求现状

在集体建设用地使用权流转受到法律限制的情况下,对集体建设用地的现实需求极其有限,主要集中在本集体内部成员对宅基地和公共用地的需求,以及本集体乡镇企业对建设用地的需求。实际上,由于城市建设用地价格昂贵、农村建设用地自然资源丰富等原因,对集体建设用地的潜在需求十分强烈。正是由于潜在需求巨大,政策法规最终放开了对集体经营性建设用地使用权流转的禁止。

对集体建设用地的需求主要集中在住宅和工业、商业等经营性用地两方面。如前所述，随着城市化的不断发展，城市人地关系越来越紧张，对城市土地的巨大需求必然导致城市土地价格高涨，对于城市居民来讲，由此带来的高房价使其不堪重负；对于企业来说，高额的地租投入势必增加其成本而减少利润。因此他们纷纷将目光投入离城市较近的农村集体建设用地，形成对集体建设用地的需求。这使得一些地区集体土地上建造的“小产权房”和工业园区比比皆是。

(二)城乡建设用地的供给现状

通常认为土地的供给包括两个方面，一是自然供给，即地球上天生的可供人类利用的各类土地资源数量的总和，它包括已利用的土地资源和未来可以利用的土地资源，即后备土地资源。一般看来土地的自然供给是一定的，其供给弹性为零。二是土地经济供给，即在土地自然供给的基础上，投入劳动进行开发以后，成为人类可直接用于生产、生活各种用途的土地供给。土地的经济供给是有弹性的，是一个变量，主要受到土地自然供给的数量、社会需求的变化、土地的利用方式等因素的影响①。

对于建设用地供给来说，主要研究的是其经济供给。在我国城乡建设用地的供给状况有所不同，具体分析如下。

1. 城市国有建设用地的供给现状

(1)国有建设用地使用权流转一级市场供给状况

国有建设用地使用权流转市场与普通的商品市场不同，其市场供给亦有其特殊性，具体而言体现在以下几个方面。

第一，从供给主体来看，国有建设用地使用权流转一级市场的供给主体是用地的所有权人国家，具有单一性的特征。国有建设用地使用权流转一级市场是用地所有权人将土地使用权让渡给他人的交易市场，该市场的供给方虽可能是地方各级政府，但都是在代表国家行使所有权，都代表相同的国家利

① 参见毕宝德主编：《土地经济学》(第5版)，中国人民大学出版社2006年版，第298～303页。

益,从本质上说不具有竞争性,可视为单一的供给主体。

第二,从供给方式来看,国有建设用地使用权流转一级市场的供给方式具有多样性特征。其供给方式主要有出让、出租、以使用权出资或作价入股以及划拨。具体而言,国有建设用地出让是指国家以土地所有者的身份,将建设用地使用权在一定年限内让予土地使用者,并由该土地使用者向国家支付出让金的行为。国有建设用地出租,指国有土地所有权人将一定年限的建设用地使用权出租并收取租金,承租人取得承租建设用地使用权的行为。建设用地出让和出租是国有建设用地在一级市场上的主要供给方式。国有建设用地使用权出资或作价入股,是国有土地所有者以一定年限的建设用地使用权作价,以出资或入股方式投入企业,并按出资额或股份分红,建设用地使用者取得集体建设用地使用权的行为。这种对国有建设用地市场的供给是一种间接供给,是一种借助资本市场的供给。此外,国有建设用地划拨也是一种供给方式,但是这种供给方式具有无偿性,所取得的建设用地使用权不能直接进入市场流转,要想进入市场需要办理补缴土地出让金等手续先将土地变为出让建设用地,因此应对划拨供给方式作特殊考量。

第三,从供给来源来看,国有建设用地使用权流转一级市场的供给来源具有有限性特征。国有建设用地供给主要来自两个方面:一方面是来自城市内部建设用地的再供给,可称为内部供给;另一方面是来自农村土地向城市转化的供给,可称为外部供给。内部供给是指通过国有建设用地投资在一定限度内的增加或更加集约化利用现有土地等方式,在国有建设用地面积不增加的情况下,提高土地的使用效率,从而相对地扩大建设用地经济供给,这是一种城市国有土地利用的存量调整。具体表现为在原有城市建成区范围内对建设用地进行二次开发,如适度地增加资金和劳力的投入、提高土地的容积率和增加建筑密度、改变旧城区的土地利用结构等,使单位面积的城市土地具有更大的使用效率,从而达到扩大土地供给的目的。外部供给主要是国家通过征收手段,将农村集体土地包括农用地和建设用地等转变为国有土地,通过不断扩大城市范围,扩张国有土地面积,来增加国有建设用地的供给,这是一种国有土地的增量扩张。

第四,从对土地供给管理来看,国家对国有建设用地使用权流转一级市场的供给管理具有计划性特点。我国国有建设用地供给并非完全自由地进入流转市场。国家作为国有土地所有权人对土地供给行为主要受市场机制调节,但国家同时还是国有资产的管理者,需要对土地利用情况进行全局把握和调控,即根据规划、产业结构、市场信息等对国有建设用地进行适时供给,具有一定的计划性。从实践来看,国家正在逐步建立国有土地储备制度,就是将可供供给的国有建设用地先储备起来,再根据市场需求、政策倾向等因素实际向市场供给,以达到有效的土地供给管理。

(2)国有建设用地使用权流转二级市场供给状况

国有建设用地使用权流转二级市场是用地使用者与使用者之间的交易市场,其市场竞争性和自由性更强,用地市场供给情况亦不同于一级市场。

首先,国有建设用地使用权流转二级市场供给主体众多,且具有竞争性。在二级市场上,国有建设用地的供给主体是用地使用权人,与一级市场上单一供给者不同,其供给主体数量较多,只要合法获得用地使用权的自然人、法人或其他单位,都可以将享有的用地使用权再次让渡给他人。不同的建设用地使用权人各自代表不同的意志,为追求自身的利益最大化,相互之间存在竞争关系。

其次,国有建设用地使用权流转二级市场的供给方式主要有转让、转租、抵押和出资或作价入股。国有建设用地使用权转让,是指取得国有建设用地使用权的单位和个人,将其使用权再次转让给新的土地使用者的行为,其实质是建设用地使用权的再转移。建设用地使用权的转让只能是对原权利剩余期限的转让;必须在土地进行一定开发之后才能转让其权利,未满足规定条件的不得转让。国有建设用地使用权抵押,是建设用地使用者将自己所拥有的建设用地使用权作为融资的担保(包括以地上建筑物抵押连带建设用地使用权抵押的情形),向银行担保取得贷款。当抵押人不能按约偿还贷款或出现当事人约定的实现抵押权的情形,将丧失建设用地使用权,而由受让人或银行取得该宗建设用地的使用权。这种用地供给是结合资本市场的有条件的供给方式,也就是说只有抵押权实现的时候才会形成对建设用地市场的供给。国有建设用地使用权转租和出资或作价入股方式与一级市场的供给方式类似，只是供给者身份不同，且受到原权利的制约。

最后，国有建设用地使用权流转二级市场的供给来源和管理主要依赖一级市场。二级市场上，国有建设用地的供给全部来自一级市场，未经一级市场流转的建设用地使用权不得直接进入二级市场。对于国有建设用地二级市场的供给管理只能靠税收等政策进行间接调控，对土地用途的管理也依赖于一级市场流转协议中对土地用途的限制。

2. 农村集体建设用地的供给现状

集体经营性建设用地使用权流转亦区分首次流转和再次流转。从用地供给特征看，集体建设用地使用权再次流转中的供给状况与国有建设用地使用权流转二级市场相似，在此不做赘述。现对集体建设用地使用权首次流转中的供给状况分析如下。

首先，集体经营性建设用地的供给主体是各农民集体且代行主体多样。一级市场上流转的集体经营性建设用地使用权源于集体土地所有权人农民集体，土地所有权人是供给主体无疑，但不同地块分属不同集体，流转市场中用地的供给主体也就呈现多元特性。与此同时，实践中入市的实施主体也不尽相同，①大致分为两类，一是法定的集体所有权代表行使主体，即《民法典》第262条规定的该农民集体对应的集体经济组织或者村民委员会、村民小组；二是土地所有权人委托实施入市的主体，包括镇级土地联营公司等法人类市场主体，②以及土地整备中心这类政府背景的事业单位。③ 可见，我国广袤农村土地上，有可流转的集体经营性建设用地的农民集体都是用地供给者，且实施主体表现形式不同。

宅基地方面尚未放开流转，也未形成交易市场。但"小产权房"交易不断，且有试点地区在尝试"三权分置"下的流转。因此，在宅基地隐形流转市场上，

---

① 参见岳永兵：《集体经营性建设用地入市实施主体对比分析》，载《中国国土资源经济》2019年第6期。

② 如北京大兴。

③ 如广东南海。

用地供给者就是享有宅基地使用权的农户,数量众多。

其次,集体建设用地的供给来源较为单一,只能来自农用地和未利用地。国有建设用地的扩张可以通过征收集体土地的方式,但是由于建设用地所有权流转的单向性,即国有土地不可能转变为集体土地,因此集体建设用地的供给除本身划为建设用地的土地外,只能来自同样属于集体的农业用地或者未利用的"四荒"地等。"四荒"地是指荒山、荒坡、荒沟、荒滩等以往未能充分利用的土地,其转化为建设用地的可能性较小。由此,农业用地是集体建设用地供给的主要来源。之所以长期以来限制集体建设用地流转,正是担心因土地管理的缺失,农民集体在利益驱动下盲目占用农田,开发为建设用地进行流转,使得我们赖以生存的农地得不到应有的保护。

再次,集体经营性建设用地的供给方式主要为出让、出租等。《土地管理法》规定,土地所有权人可以将集体经营性建设用地通过出让、出租等方式交由单位或者个人使用。出让和出租是主要供给方式,除此之外,"等"字中还包括作价入股、抵押方式。作价入股和抵押在某种程度上可转化为出让,可参照出让规则。集体经营性建设用地中没有划拨的供给方式。在宅基地方面,土地所有权人向农户分配宅基地使用权的行为类似于国有土地的划拨,但不是入市的方式。宅基地的入市是农户将宅基地使用权的再转移,主要是转让、租赁等供给方式。

最后,对于集体经营性建设用地的供给管理刚刚起步还有待完善。根据《土地管理法》及其实施条例的规定,政府要对集体土地入市实施供给管理。一是要求集体经营性建设用地入市须符合国土空间规划,且要按照自然资源部门提出的土地界址、面积、用途和开发建设强度等规划条件入市。二是要符合自然资源主管部门会同有关部门提出的产业准入和生态环境保护要求。三是市、县政府要审查入市方案中的规划、产业和环保等内容是否符合要求,如不符合要提出修改意见,集体修改后方能入市。上述三条是基于试点地区的管理实践,在修法中体现的措施。显然,现行法规中的供给管理较为粗略,具体举措还有待细化和完善。

二、统筹城乡建设用地供需的基本思路及对市场的影响

在允许集体建设用地使用权流转的背景下,集体建设用地合法入市必然

引起城乡建设用地市场供求关系的变化,这种变化又将影响建设用地价格。由市场机制带来的一系列变化都要求统筹城乡建设用地的供给和需求,以便构建统一的城乡建设用地使用权流转市场。

(一)统筹城乡建设用地供需的基本思路

集体建设用地合法入市之后,国有和集体建设用地使用权流转将形成统一市场,建设用地的供给和需求状况也会发生变化。所谓统筹城乡建设用地供给和需求,就是将城乡建设用地作为一个整体置于同一市场下,把原本割裂的城市和农村建设用地各自的供给和需求统一起来,以达到城乡建设用地使用权流转市场的有效融合。

1.统筹城乡建设用地需求

集体建设用地使用权合法流转入市,将使之前长期被压制的对集体建设用地的需求浮出水面,成为集体建设用地市场上一股强有力的新增需求。但从统筹城乡建设用地需求看来,集体建设用地的这股新增需求不会对整个建设用地总体需求产生大的影响。这是因为建设用地的需求主要来自人口的增长和经济的发展,在人口和经济水平一定的情况下,建设用地总需求不会有较大波动。集体建设用地的需求随着相应制度的合法化而变为现实,的确会增加集体建设用地需求,但由于该部分需求始终客观存在,在集体建设用地允许流转之前,是集体土地的潜在需求,却是国有建设用地的现实需求,也就是说,这部分需求随着制度变迁从对国有土地的需求转移至对集体建设用地的需求。因此,对于统一的城乡建设用地市场来说,其总需求并未因集体建设用地潜在需求的转化而有所增加。

但是也应当看到,允许集体建设用地使用权流转这一制度性突破,是符合社会主义市场经济要求的,将必然在一定程度上促进社会经济的发展,从而刺激一部分人对建设用地的需求并引发需求的增加。由此,统筹城乡建设用地需求可以看出,建设用地总体需求不会因为集体建设用地潜在需求的转化而大幅增加,但会因为集体建设用地入市的制度创新所带来的经济发展,促使对建设用地总需求的增加。

2. 统筹城乡建设用地供给

集体建设用地合法入市,会对城乡建设用地的供给产生较大影响,具体而言有以下三个方面。

第一,城乡建设用地统一流转市场的供给量增加。在集体建设用地允许流转之前,集体土地进入流转市场的唯一途径就是先被征收为国有建设用地,然后才能在市场上流转。但是允许集体建设用地流转之后,集体建设用地就可以直接进入用地使用权流转市场,省去了烦琐的征收程序,无疑增加了整个建设用地市场的直接供给量。

第二,城乡建设用地统一流转市场的供给主体多元化。集体建设用地入市后,改变了国家作为唯一合法用地供给者的状况,由各农民集体和国家共同向流转一级市场供应建设用地使用权,打破了国家垄断供给局面。各农民集体和国家之间在建设用地供给上代表不同利益,存在一定的竞争,有助于形成更加合理的建设用地流转价格。

第三,对城乡建设用地统一流转市场的供给管理更加复杂。集体建设用地入市流转,使得统一的建设用地使用权流转市场化程度更高,通过市场优化土地资源配置的效率也更高。但是土地开发投入大、时间长及用途改变困难等特性,决定了建设用地使用权流转中市场机制作用的不完全性,需要政府对市场的调控和管理。在国有建设用地市场上,政府通过用地所有者的双重身份,能够较容易地控制用地供给;而一旦集体建设用地入市,政府对整个建设用地市场的供给调控将较为困难。主要体现在两方面:一是如何有效保护耕地;二是如何确定集体建设用地进入市场的供给模式,是自由进入还是由政府引导进入。对此将在后文做详细论述。

(二)统筹城乡建设用地供需对市场的影响

统筹城乡建设用地供需对市场的影响主要是指对市场上用地使用权流转价格的影响。供求关系是建设用地市场价格形成的关键因素。分析建设用地供需对其市场价格的影响,有助于更加准确地把握统一建设用地使用权流转市场。

1. 分析前提

允许集体建设用地使用权合法流转，与国有建设用地形成统一的流转市场。

2. 城乡建设用地统筹供给和需求曲线分析

(1)供给曲线分析

城乡建设用地的供给主要来自增量供给和存量供给。

第一，对于增量供给的分析。增量建设用地供给主要指由农业用地转化而来的土地。由于我国实行严格的新增建设用地审批制度，通常认为增量土地供给曲线近似于垂直横轴。但在我国经济快速增长，工业化、城市化进程加快的背景下，每年审批通过的增量建设用地，包括征收农用地新增的国有建设用地和改变农用地用途新增的集体建设用地，虽与上年相比会有增有减，但为了适应经济发展对土地的需求，总体来看，呈略有增长趋势，表现为供给曲线有一定斜率，因而增量土地供给由垂直线向右略有倾斜。由于集体建设用地入市与否，对城乡建设用地总体增量供给影响不大，因此代表集体建设用地入市以前的建设用地总量增量供给 S_1' 与集体建设用地入市以后的建设用地总量增量供给 S_2' 曲线基本重合，如图 4.1。

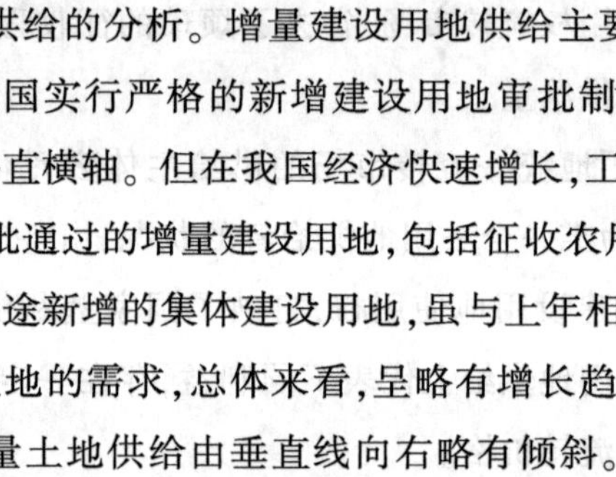

图 4.1 增量供给

第二，对于存量供给的分析。存量供给是指现存建设用地进入用地使用权流转市场的供给。在集体建设用地入市之前，国有建设用地的存量供给主要来自对城市土地的集约利用和旧城改造等再整理供给，随着国有建设用地使用权流转制度的不断完善，存量国有建设用地入市流转增加，土地供给逐年增加。因而在我国转轨经济中,国有建设用地存量供给也有一定弹性,如图4.2中S_1''曲线。应当看到,集体建设用地是建设用地使用权流转市场强有力的存量供给,只是一直处于被法律严格限制状态。因此,一旦集体建设用地被允许流转,建设用地使用权流转市场的存量供给将大幅增加,土地供给弹性也将变大,如图4.2中S_2''所示。

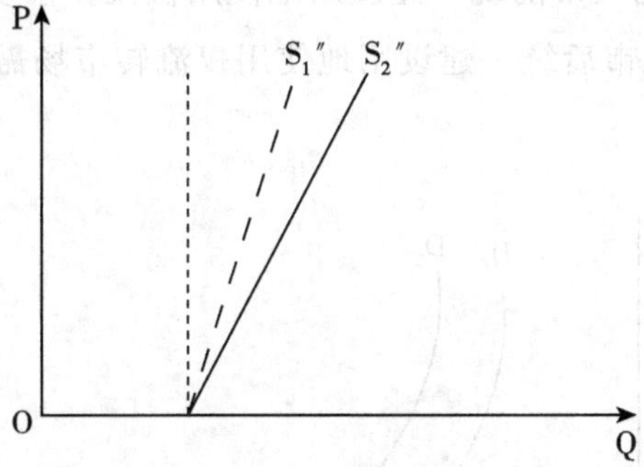

图4.2　存量供给

第三,对于城乡建设用地供给分析。城乡建设用地供给总量是增量供给与存量供给的总和。集体建设用地入市前后,城乡建设用地的增量供给基本没有变化,但随着集体建设用地的入市流转,城乡建设用地的存量供给大幅增加,因此从供给总量来看,集体建设用地入市后的统一用地市场供给(如图4.3中S_2所示)大于集体建设用地入市之前(如图4.3中S_1所示)。这样,将存量土地与增量土地供给曲线叠加,得到新的供给曲线如图4.3所示,S_2供给弹性大于S_1。

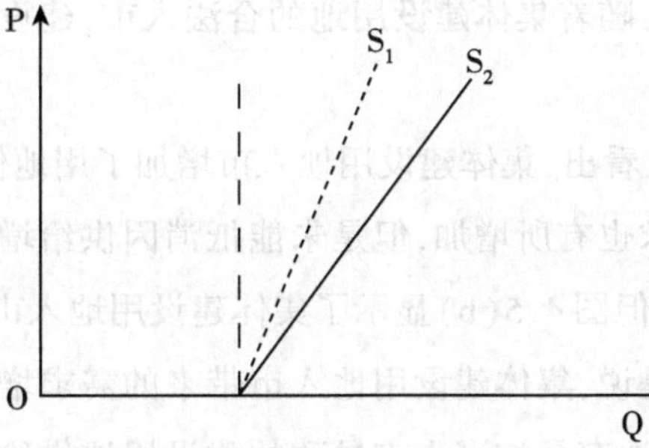

图4.3　城乡建设用地供给

(2)需求曲线分析

建设用地需求是随着人口增长和经济发展而不断增长的。集体建设用地入市流转将有助于盘活农村土地,有利于刺激农村经济乃至整个社会经济的发展,从而刺激一些人对建设用地的需求并引发需求的增加。因此集体建设用地入市流转将会带动建设用地需求的增长,从而使需求曲线变动,需求曲线由 D_1(集体建设用地入市前统一建设用地使用权流转市场需求曲线)上移到 D_2(集体建设用地入市后统一建设用地使用权流转市场需求曲线),如图 4.4 所示。

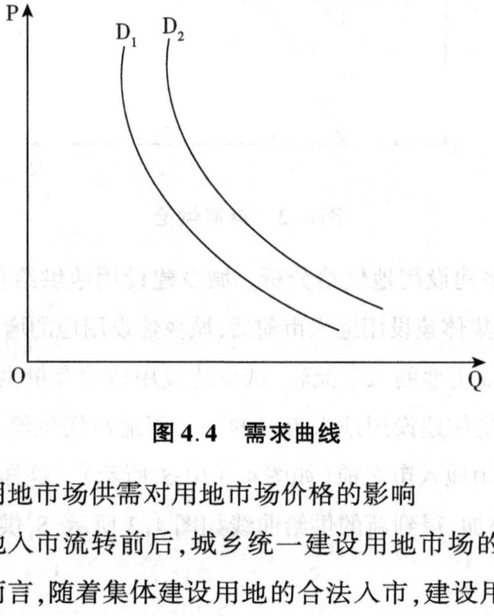

图 4.4 需求曲线

3. 统筹建设用地市场供需对用地市场价格的影响

集体建设用地入市流转前后,城乡统一建设用地市场的供给和需求都会发生变化。总体而言,随着集体建设用地的合法入市,建设用地市场的供给和需求都会有所增加。

从图 4.5(a)可以看出,集体建设用地入市增加了用地供给,使用地市场价格下降,尽管用地需求也有所增加,但是未能抵消因供给增加带来的对用地价格的冲击,即 $P_2 < P_1$;但图 4.5(b)显示了集体建设用地入市带来的建设用地价格上升的情况,也就是说,集体建设用地入市带来的需求增加而致的价格上涨幅度大于集体建设用地存量挖潜入市导致的建设用地供给增加带来的价格下降幅度,即 $P_2 < P_1$。

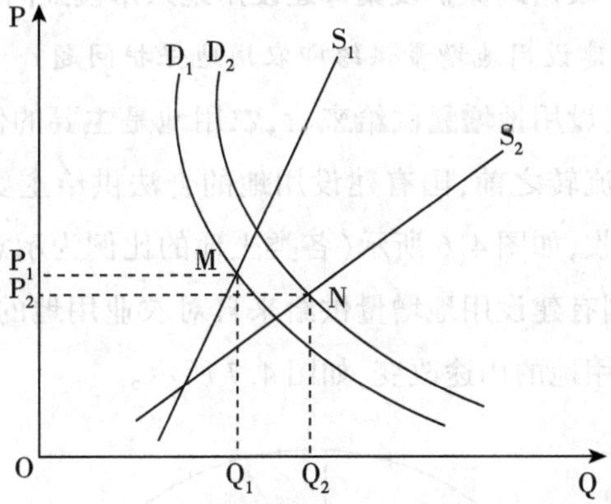

图 4.5(a) 入市前后需求增量不大情形下用地市场变化

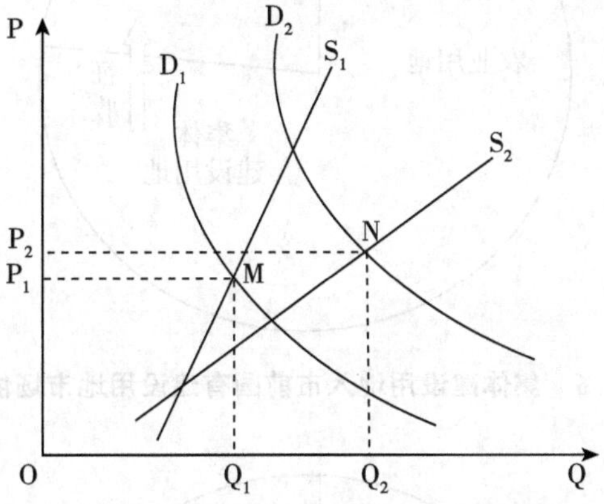

图 4.5(b) 入市前后需求增量较大情形下用地市场变化

上述分析说明,集体建设用地使用权流转之后,虽然增加了建设用地的供给量,但不一定带来价格的下降。但是也应当看到,结合对城乡统一建设用地市场供需的统筹分析,集体建设用地入市所带来的建设用地市场需求增加是一种间接影响,即通过制度变迁对经济的增长促进而引致的市场需求增加。可见这种需求变动应当是相对滞后且幅度较小的,与集体建设用地入市直接增加用地存量供给的效果相比,应当处于弱势地位。因此,集体建设用地入市将会带来建设用地市场价格的下降,将有助于控制当前国有土地出让金过高的现象,形成更为合理的建设用地市场价格。

三、统筹供需中农用地保护及集体建设用地入市模式问题

(一)如何控制建设用地增量供给即农用地保护问题

如前所述,从建设用地增量供给来看,农用地是主要的供给来源。集体建设用地被允许合法流转之前,国有建设用地的合法供给主要来自对集体建设用地和农用地的征收,如图 4.6 所示(各类土地的比例为示意图);集体建设用地合法入市之后,国有建设用地增量供给来自对农业用地的征收,集体建设用地增量供给来自农用地的用途改变,如图 4.7 所示。

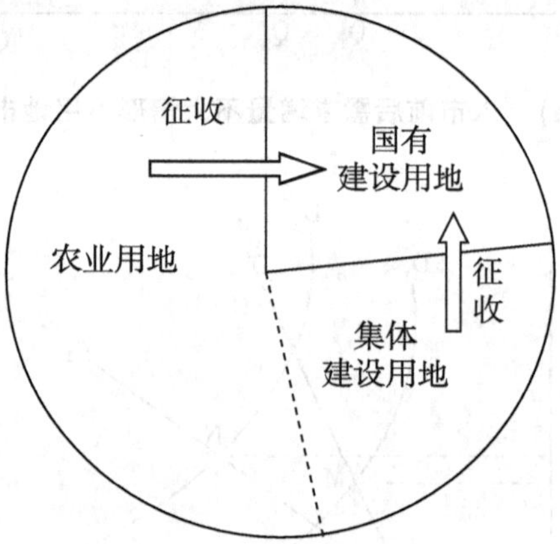

图 4.6　集体建设用地入市前国有建设用地市场供给

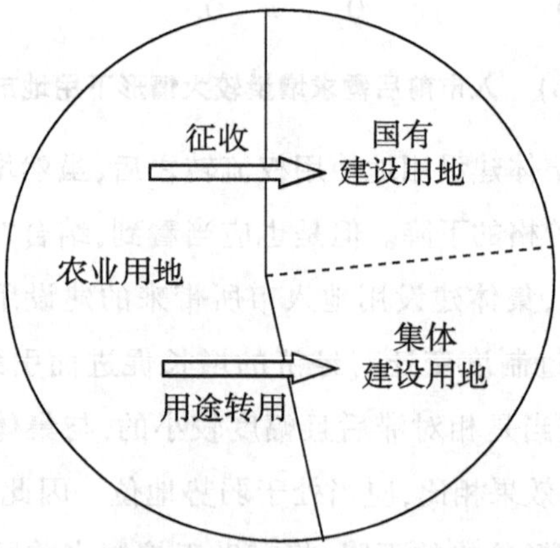

图 4.7　集体建设用地入市后城乡统一建设用地市场供给

在构建城乡统一建设用地使用权流转市场的过程中，对农业用地特别是耕地的保护是至关重要的。我国以世界7%的耕地养活世界22%的人口，形势相当严峻。"'民非谷不食，谷非地不生。'……要像保护大熊猫那样保护耕地，严防死守18亿亩耕地红线。"①"耕地是粮食生产的命根子，是中华民族永续发展的根基……农田必须是良田，要建设国家粮食安全产业带，加强农田水利建设，实施黑土地保护工程，分类改造盐碱地，努力建成10亿亩高标准农田。要采取'长牙齿'的硬措施，全面压实各级地方党委和政府耕地保护责任……"②可见，农用地保护特别是耕地保护是必须长期坚持的一项基本国策。如何在构建城乡统一建设用地使用权流转市场中，运用经济和政策手段切实保护好农用地，是值得深入探讨的问题。下面将从国有和集体建设用地的不同增量供给途径入手分别进行研究。

1. 控制农用地向国有建设用地市场的供给

农用地一般地处农村或城市郊区，属集体所有。农用地向国有建设用地的流转涉及所有权从集体向国家的转移，在我国主要是通过土地征收程序完成的。因此，规范农用地征收制度是减少国有建设用地增量供给的主要思路。其中，提高农用地征收补偿是遏制过度征收以保护农地的根本之道。对此阐述如下。

(1)竞价地租理论下的模型分析

目前，我国农用地征地补偿价格低廉，而被征收后成为国有建设用地能在流转市场上获得高价，这之间产生的巨大利润空间，是地方政府滥用征地权的最主要驱动力。那么提高农用地征收补偿势必会增加地方政府征地成本，缩小其利润空间，遏制过度征收现象，有助于保护农业用地。对此可以用竞租理论进行阐述③。

根据屠能的农业竞标地租理论模型，得到农业地租曲线。假设农民的行

① 2020年12月28日，习近平在中央农村工作会议上的讲话。

② 2022年3月6日，习近平在看望参加全国政协十三届五次会议的农业界社会福利和社会保障界委员时的讲话。

③ 王佳丽、於忠祥：《基于农地非农化理论的农地保护分析》，载《安徽农业大学学报》2008年第1期。

为是理性的；在一个区域内，只有一个中心市场即单中心城市，其外围是一片均质的平原，用于农业生产；中心市场是农产品的消费中心，交通运输需要成本；每个农民只生产单位农产品。单位农产品的销售价格为 P、生产成本为 C、农产品单位距离运输成本为 t，生产一个单位的农产品需要一个单位的土地，农民除运输支出 tx 和农业地租支出 $R_A(x)$ 外的其他消费性支出为 Z_A，则预算约束方程为 $P = C + tx + R_A(x) + Z_A$。在距中心市场距离 x 处，地租 $R_A(x) = P - C - Z - tx$，当地租 $R_A(x) < 0$ 时，土地被闲置，如图 4.8 所示。

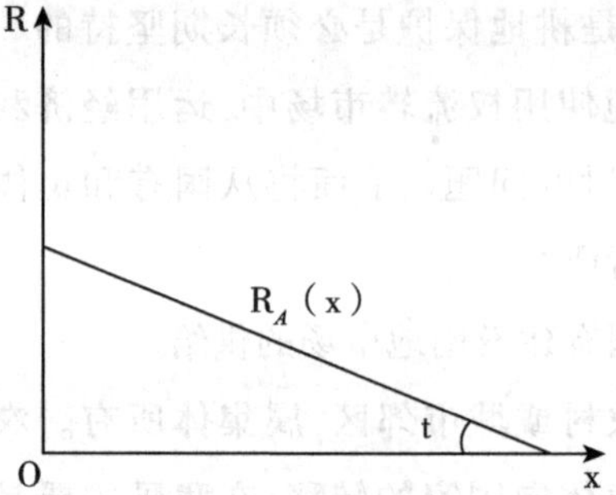

图 4.8　农业地租曲线

根据威廉·阿伦索（William Alonso）对竞价地租理论的发展即城市居住区位的研究，得到城市地租曲线。假设城市只有一个市中心，城市边缘是 X_f；居民是理性的，工作在市中心，工资为 W；居民居住在 CBD 之外，每人需要消费一个单位的土地用于居住。单位距离的通勤成本是 c，其他消费支出为 Z_u，距离市中心 x 处的土地租金为 $R_u(x)$，则预算约束方程为 $W = R_u(x) + cx + Z_u$，城市土地竞租模型为 $R_u(x) = W - Z_u - cx$，如图 4.9 所示。

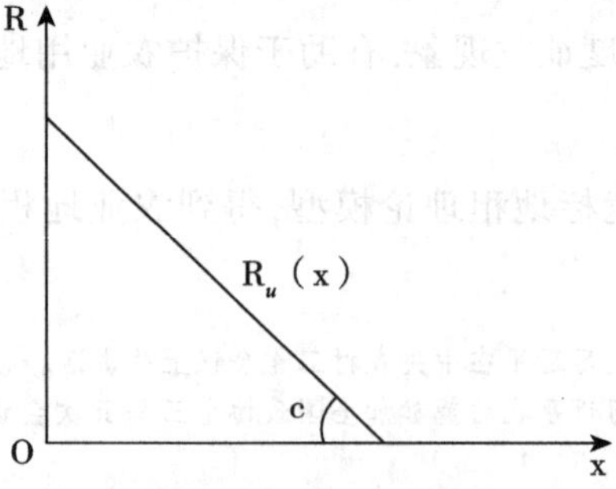

图 4.9　城市地租曲线

现在运用上述理论下农业和城市用地地租模型，来分析征收补偿变化对农地保护的影响。假设一个区域内只有农业用地和城市建设用地两种用地类型，那么农业用地被征收转化为国有建设用地的过程，可以看作土地在农业与城市建设用地之间配置的竞争。根据竞租理论，城市地租和农业地租是从居民和农民总收入中得来，如果农业用地被征收，农民收入就来自征地补偿款，因此，可以将农业地租表达式中的P即农民全部收入，视为其所获得的征地补偿。

设城市建设用地的竞租曲线为R_u，土地总量为Q，如图4.10所示。当农业用地的竞租曲线为R_A时，OQ_1段上城市建设用地的租金R_u高于农业用地R_A，在经济比较利益的驱动下，农业用地会源源不断地向城市建设用地转化，因为这种转化是有利可图的，直到$R_A=R_u$，即达到均衡点Q_1，此时，Q_1数量的农业用地将被征收为城市建设用地。如果在其他条件不变的情况下，提高农民的征地补偿，则农业用地的竞租曲线会向上平移，即调整为R_A'，那么同样在比较利益驱动下，被征收为城市建设用地的农业用地数量将下降为Q_2，也就是说，由于征地补偿的提高，政府作为理性经济人将减少征地数量，将有(Q_1-Q_2)的农业用地得到保护。同时由于征地补偿的增加，农业用地的范围也在扩大，即在Q_3Q_4段上的农业用地由于地租变得大于0了，而得到农民的开垦和利用，更加有利于农地保护。

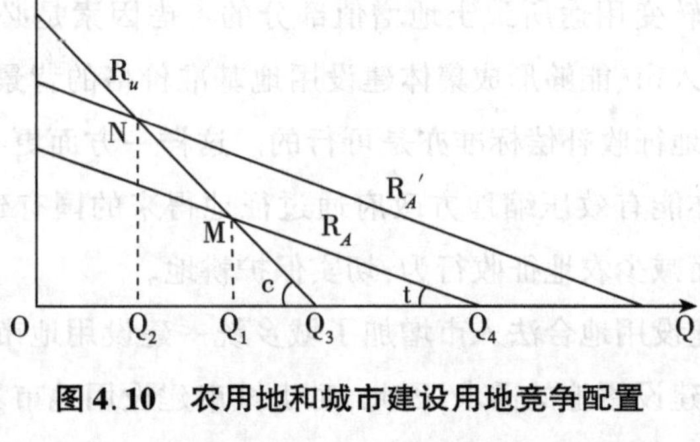

图4.10　农用地和城市建设用地竞争配置

(2)集体建设用地入市流转对提高农用地征收补偿的影响

通过上述分析可以看出，增加农用地征收补偿将有助于减少征地数量从而保护农地。正因如此,2019 年修改的《土地管理法》改变了原法中按产值倍数计算的农用地征收补偿标准,规定征收农用地的土地补偿费、安置补助费标准由省、自治区、直辖市通过制定公布区片综合地价确定。制定区片综合地价应当综合考虑土地原用途、土地资源条件、土地产值、土地区位、土地供求关系、人口以及经济社会发展水平等因素,并至少每三年调整或者重新公布一次。区片综合地价标准较之前的产值倍数标准有大幅提升。但从制定区片综合地价考虑的因素来看,并未包含农用地转为建设用地所带来的价值增长部分。

集体建设用地入市形成的流转价格恰恰能为农用地转为建设用地的增值部分提供依据,有助于进一步提高农用地征收补偿标准。集体建设用地与农用地同属集体所有,虽使用用途不同,但基本处于同一区位。国家征收农用地后一般会改造为建设用地再利用。同一区位的集体建设用地使用权流转价格与农用地被征收后形成的国有建设用地价格更为接近,包含了用途转变带来的增值收益部分。以广州市为例,比较其公布的 2020 年征收农用地区片综合地价和 2020 年集体建设用地基准地价,区片综合地价中的土地补偿费在 4.5 万元/亩到 25.5 万元/亩的水平,而集体建设用地中商服用地整体地价水平为 3537 元/平方米,即 235.5 万元/亩,最低的工业用地整体地价水平为 594 元/平方米,即 39.5 万元/亩。可以看出,农用地征收补偿远远低于相近地段集体建设用地的基准地价水平。尽管农用地转为建设用地需要土地整理成本,但在征收补偿中增加转变用途所致土地增值部分的考虑因素是必要的,特别在允许集体建设用地入市、能够形成集体建设用地基准价格的背景下,将增值收益囊括以提高农用地征收补偿标准亦是可行的。这样一方面更有利于保护农民利益,另一方面亦能有效压缩地方政府通过征地得来的国有建设用地再流转的利润空间,从而减少农地征收行为,切实保护耕地。

此外,集体建设用地合法入市增加了城乡统一建设用地市场的存量供给,进一步满足了对建设用地的需求,因此,对于城市建设用地市场的增量供给即征收行为在法律上应当予以限制。2019 年修改的《土地管理法》进一步明确了集体土地征收的公共利益范围①。但其中成片开发条款被认为国家可能滥用征地权的突破口。为此,2020 年 11 月自然资源部出台了《土地征收成片开发标准(试行)》,明确依据国土空间规划确定的一个完整的土地征收成片开发范围内基础设施、公共服务设施以及其他公益性用地比例不得少于 40%;土地征收成片开发方案应当充分征求成片开发范围内农村集体经济组织和农民的意见,并经集体经济组织成员的村民会议 2/3 以上成员或者 2/3 以上村民代表同意;以及专家论证、不得成片开发等规定。② 尽管当前法规以列举方式明确了哪些属于集体土地征收的公共利益范围,有效避免了国家滥用征收权通过再流转收获巨大利差的行为,但仍有征收后由国家再流转为商业、住宅等用途的可能性,比如成片开发。因此,如前所述,如因成片开发征收集体土地的,农用地的征收补偿标准更应提高,宜按照同地段集体建设用地市场价格进行补偿,一方面减少政府成片开发动力;另一方面有效减少农用地向国有建设用地的供给,以保护农用地。

2. 控制农用地向集体建设用地市场的供给

农业用地和集体建设用地在所有权上都属于集体所有。在集体建设用地被严格限制流转的情况下,农用地和集体建设用地只是两种不同用途的集体土地,各司其职,都是为了满足农民的生产生活需求,并没有价值上的差别,也就没有将土地在不同用途之间转换的利益驱动力。但是当集体建设用地被允许入市流转后,集体建设用地的价值凸显出来,将给农民集体带来巨大的流转利益。面对集体建设用地流转利益的诱惑,如不加以限制,农用地作为集体建设用地最主要的供给源,势必将被随意转用而遭破坏。在构建集体建设用地使用权流转市场过程中,如何控制其主要供给源农用地的用途转换,以切实保护好农地不被随意滥用,是亟待解决的问题。

对此,通过下面的经济模型进一步予以分析,并试图找出可行的解决途径。

(1)模型分析

假设某农村土地数量固定,只有农业用地和农村建设用地两种土地类型,

---

① 参见《土地管理法》第 45 条。

② 参见《土地征收成片开发标准(试行)》第 3 ~6 条。

土地可以在两种用途之间自由转换。市场是一个逐利系统,以追求经济利益最大化为目的。① 在土地数量有限的情况下,不同类型土地在使用中的边际收益相等时,土地达到最优分配。这是在完全自由竞争市场机制下的模型,其中收益仅指农用地和集体建设用地的经济收益,农用地的环境价值、社会保障价值等非生产价值在市场中无法表达。

如图 4.11 所示,横轴表示土地数量,OS 为该农村的土地总量,纵轴代表边际收益 MR,其随着使用土地数量的增加而减少。MR_a为农用地使用边际收益曲线,MR_u为建设用地使用边际收益曲线。在集体建设用地入市流转以前,MR_a和 MR_u相交于 C 点,此时两类用地边际收益相等,即农用地和农村建设用地达到最优配置,OS_u^1为建设用地,$S_u^1S(OS_a^1)$为农业用地。

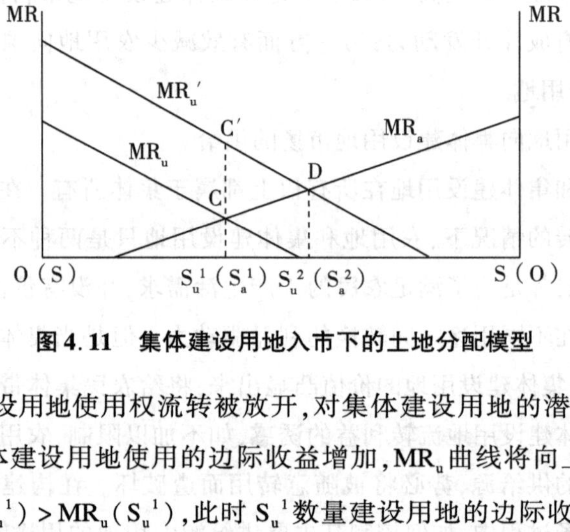

图 4.11 集体建设用地入市下的土地分配模型

当集体建设用地使用权流转被放开,对集体建设用地的潜在需求将转为现实,导致集体建设用地使用的边际收益增加,MR_u曲线将向上移至 MR_u'曲线,即 $MR_u'(S_u^1) > MR_u(S_u^1)$,此时 S_u^1数量建设用地的边际收益高于集体建设用地入市之前,亦高于农用地的边际收益。在利益驱动下,更多土地要从农业用途向建设用地转换,直到达到新的均衡 D 点。新均衡下,OS_u^2为集体建设用地,$S_u^2S(OS_a^2)$为农业用地。比较集体建设用地使用权流转前状态,将有 $S_u^1S_u^2(S_a^2S_a^1)$的农用地转为建设用地。

① 陈秀芝、陈会广、陈利根:《农地非农化与可持续土地利用规划——基于农地非农化调控机制的分析》,载《西北农林科技大学学报(社会科学版)》2004 年第 9 期。

那么若要减少集体建设用地使用权流转可能带来的农地转用，需要采取措施以达到以下两个目的：一是提高农用地使用的边际收益；二是降低集体建设用地使用的边际收益。如果双管齐下，则效果更加，如图 4.12 所示。

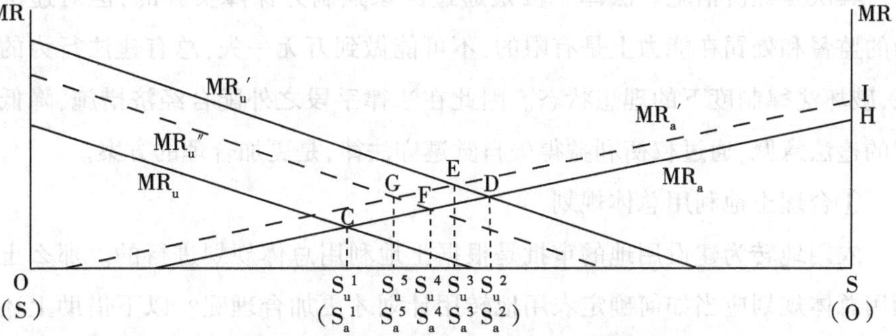

图 4.12　实施措施后的土地分配模型

在允许集体建设用地入市情况下，如提高农用地边际收益，将 MR_a 曲线上移至 MR_a' 曲线，与 MR_u' 曲线相交于 E；如降低建设用地边际收益，将 MR_u' 曲线下移至 MR_u'' 曲线，与 MR_a 曲线相交于 F；如既提高农用地边际收益，又降低建设用地边际收益，MR_u'' 曲线与 MR_a' 曲线相交于 G。均衡点 E、F、G 与均衡点 D 相比，均有部分农用地不被非农化，有效保障农用地数量。

(2)减少农地转用措施

面对集体建设用地使用权流转可能引起的农用地随意转用的问题，从法律手段和经济措施两方面来提供解决方案。

首先是法律手段。《土地管理法》规定了基本农田制度①和严格的农用地转建设用地审批手续②。我国土地用途管制制度是解决农用地随意占用的有效措施。但是从实践来看，我国土地用途管制制度的实施并不理想，各地私自占用农地现象大量存在。因此，进一步完善有关土地利用规划和农用地转用审批制度的法律法规，是必要保障。特别应当严格制定和执行农用地转用审批手续。同时，由于农用地的私自占用大多是因为建设用地使用权流转的利

---

① 参见《土地管理法》第 33 条。
② 参见《土地管理法》第 44 条。

益驱动,因此,对私占农田的农民集体,即使是村民大会一致通过的决议,也应当判定决议因违反法律法规的强制性规定而无效,且给予严厉处罚,增加其违法成本,以遏制非法转用农地行为。

其次是经济措施。法律手段是通过国家强制力保障实施的,但对违法行为的监督和处罚在能力上是有限的,不可能做到万无一失,总有违法行为的存在,破坏法律制度下的理想状态。因此在法律手段之外配合经济措施,降低人们的违法意愿,通过权衡利益得失自觉遵守法律,是更加合理的方案。

①合理土地利用总体规划

农用地转为建设用地的审批是根据土地利用总体规划进行的。那么土地利用总体规划应当如何确定农用地转用计划才更加合理呢?以下借助上述模型进行讨论。

上述模型中,农用地与集体建设用地之间的配置均衡点是由各自的使用边际收益曲线决定的,从经济利益最大化的角度考虑,是最为有效的配置。但是这种配置下并没有考虑农用地的环境价值、社会保障价值等非生产价值,因此并不能实现土地利用与配置的社会效率。

若考虑农用地的非生产价值,则农用地使用边际收益曲线将上移,如图4.12中的MR_a'所示。图中MR_a'与MR_u'相交于E点,此点即为社会效率最大化的新的均衡点。在此点处,OS_u^3的土地供非农建设使用,S_u^3S(OS_a^3)土地供农业活动使用,这是社会效益最大化的土地资源配置方式,较之市场配置可增加四边形EDHI的社会利益。

由此,如果土地利用总体规划将集体建设用地最大量控制在S_u^3,将是较为合理的做法。这样,农用地的环境价值、社会保障价值等非生产价值可以通过政府干预在土地用途管制制度下得以彰显;同时在该土地用途规划下可以达到社会整体利益的最大化;最重要的是较之集体建设用地合法流转后的单纯市场配置,可保护$S_u^3S_u^2$($S_a^2S_a^3$)的农用地不被建设占用,将有效遏制集体随意占用农业用地的行为。

②增加农民补贴和适当提高集体建设用地使用权流转税费

如前所述,农业用地使用边际收益曲线MR_a的上移将有利于保护耕地。

另一种可以使 MR_a 上移的办法就是增加农民补贴。农民在农用地上的收益增多了，自然将减少冒着违法风险私自转用农用地为集体建设用地的意愿和动力。

此外，另一种有助于减少农用地占用的方法是减少集体建设用地的使用边际收益。集体建设用地使用权的流转将提高农民集体收益，如果政府从保护农地角度出发，适当提高集体建设用地使用权流转中的税费，将在一定程度上降低农民集体因流转建设用地所得的收益。也就是说，通过税费调整，MR_u' 曲线将下移至 MR_u''，如图 4.12 所示。MR_u'' 与 MR_a 相交于 F 点，在此点处，OS_u^4 的土地供集体建设使用，$S_u^4S(OS_a^4)$ 土地供农业活动使用，这是在集体建设用地使用权流转税费调整下的土地资源配置方式，较之没有税费调整的土地配置，将有 $S_u^2S_u^4(S_a^4S_a^2)$ 的农用地免于被农民集体肆意占用而得以保护。

如果上述两项措施一同实施，即一方面增加农民补贴，另一方面提高集体建设用地使用权流转税费，将进一步减少农用地的占用，有效抵销集体建设用地流转所可能带来的农用地流失，如图 4.12 所示。两项措施共同实施下，农用地和集体建设用地使用边际收益分别调整为 MR_a' 和 MR_u''，二者相交于 G 点，则 OS_u^5 的土地为集体建设用地，$S_u^5S(OS_a^5)$ 土地为农用地。此时农用地转用数量最少，农地保护效果最佳。

（二）如何调控建设用地供给量即集体建设用地入市模式问题

在集体经营性建设用地被允许流转前的国有建设用地市场，建设用地的供给是市场和管理相结合的，国家通过调控土地供应量可以较直接地管理土地市场，以达到既能满足市场需求又能实现相关规划和政策的目的。集体经营性建设用地入市流转将会增加整个建设用地市场供给，且有国家以外的农民集体加入用地供给者行列，国家垄断用地市场且同时进行调控的局面被打破。面对这种情况，从国家的供给管理角度来看，应当允许集体建设用地直接自由入市，还是应当在政府主导下进入市场，这将成为需要解决的问题。

面对这一问题，可以应用古诺（Cournot）模型和斯塔克尔伯格（Stackelberg）模型进行理论分析。分析之前首先澄清以下几点。

第一，模型所要解决的问题是集体经营性建设用地应当直接自由入市，还是在政府的建设用地供给总量等计划主导下进入市场。

第二,在城乡统一的建设用地市场上,供给主体有国家和各农民集体。各农民集体之间在土地交易上代表各自不同利益群体,存在竞争关系。但是在上述所要解决的问题中,集体经营性建设用地的入市模式是各农民集体都要遵循的规则,各农民集体就此可形成同一利益集团,与国家并肩参与用地供给和决策。由此,可以将由各农民集体形成的集团与国家为供给主体的市场视为双头垄断市场。

第三,模型假设。

假设一:国家和集体作为市场供给主体进入分析框架,其目标都是追求利润最大化,即给定国有建设用地或者集体经营性建设用地供给量反应曲线,国家或集体作出自己最优的供给选择,使自己利润最大化;

假设二:模型所论述的建设用地为均质土地,不考虑土地特性等因素对建设用地价格的影响;

假设三:为了分析简便,取建设用地成本为零;建设用地市场面临的需求曲线是线性的。

1. 集体经营性建设用地直接自由入市下的模型分析

集体经营性建设用地直接自由入市流转下,国家和集体的市场主体地位平等,形成双头供给。国家和集体同时作出用地供给量决策,且无勾结行为,这种情况下可以选择寡头垄断市场中的古诺模型来进行简单分析①。

在古诺模型中,国家和集体都是在预测对方供给量的基础上进行建设用地供给决策的,都在追求自身利润最大化。

首先假定国家在建设用地市场上的供给量为 $Q_1^{国}$,集体的供给量为 $Q_1^{集}$,建设用地市场价格由整个市场供给量 $Q_1 = Q_1^{国} + Q_1^{集}$ 决定,因此反需求函数 $P_1 = a - b(Q_1^{国} + Q_1^{集})$。

对于国家而言,其利润函数为 $\pi_1^{国} = [a - b(Q_1^{国} + Q_1^{集})] \times Q_1^{国}$,根据利润最

---

① [美]哈尔·R. 范里安:《微观经济学:现代观点》,费方域等译,格致出版社、上海三联书店、上海人民出版社2007年版,第394~395页。

大化条件，可得国家的反应函数 $Q_1^{国} = \frac{a - bQ_1^{集}}{2b}$；对于集体而言，同理可得其反应函数 $Q_1^{集} = \frac{a - bQ_1^{国}}{2b}$。在市场均衡时，国家和集体的建设用地供给水平是相同的，也就是 $Q_1^{国} = Q_1^{集}$，将上述两个反应函数代入，经推导可得出市场均衡时，整个建设用地市场总供给量为：

$$Q_1 = Q_1^{国} + Q_1^{集} = \frac{2a}{3b} \tag{4.3}$$

均衡价格为：$P_1 = a - b \quad Q_1 = \frac{a}{3}$ (4.4)

古诺均衡时的福利分析见图 4.13，其中消费者剩余即建设用地使用权受让人剩余 $S_1^{消} = \int_{\frac{a}{3}}^{a} (\frac{a - P_1}{b}) dP_1 = \frac{2a^2}{9b}$，即①面积；生产者剩余即国家和集体作为建设用地供给者的剩余 $S_1^{(国+集)} = \frac{a}{3} \times \frac{2a}{3b} = \frac{2a^2}{9b}$，即②面积，则社会总福利为：

$$S_1 = \frac{2a^2}{9b} + \frac{2a^2}{9b} = \frac{4a^2}{9b} \tag{4.5}$$

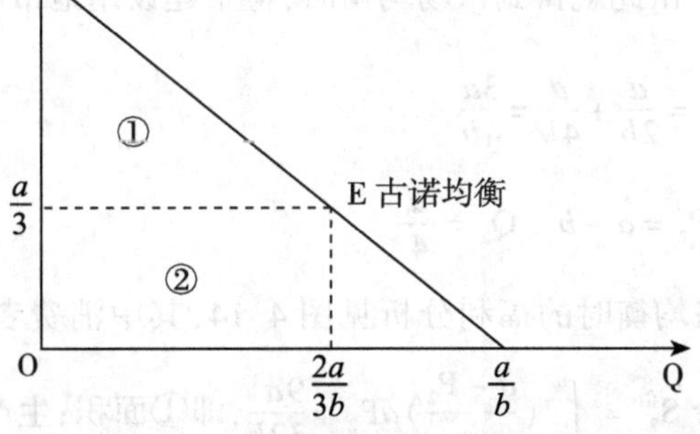

图 4.13　古诺均衡下的社会福利描述

2. 集体经营性建设用地在国家主导下进入市场的模型分析

如果在城乡统一建设用地市场上集体建设用地不是直接自由进入市场，而是采取以国家为主导、集体参与的供地模式入市，那么，可以选择斯塔克尔伯格模型，即领导者—追随者模型对此进行分析①。

假设国家每年年初作出当年供地计划，并宣布国有建设用地的供给量，集体会在国家计划既定的情况下，确定自己的供给量以实现自身利润最大化。同时国家也会认识到它的选择会影响集体的建设用地供给，国家在进行供给量选择时，也会考虑集体受国家计划影响可能作出的决定，其目的也是获取最大利润。

首先假定国家在建设用地市场上的供给量为 $Q_2^{国}$，集体的供给量为 $Q_2^{集}$，建设用地市场价格由整个市场供给量 $Q_2 = Q_2^{国} + Q_2^{集}$ 决定，因此反需求函数 $P_2 = a - b(Q_2^{国} + Q_2^{集})$。

对于集体而言，其利润函数为 $\pi_2^{集} = [a - b(Q_2^{国} + Q_2^{集})] \times Q_2^{集}$，根据利润最大化条件，可得集体的反应函数 $Q_2^{集} = \frac{a - bQ_2^{国}}{2b}$。对于国家来说，其利润函数为 $\pi_2^{国} = [a - b(Q_2^{国} + Q_2^{集})] \times Q_2^{国}$，将集体的反应函数代入，可得 $\pi_2^{国} = \frac{a}{2}Q_2^{国} - \frac{b}{2}(Q_2^{国})^2$，这个函数的边际收益是 $MR = \frac{a}{2} - bQ_2^{国}$。根据边际收益等于边际成本，这里已假设边际成本为0，求解得到 $Q_2^{国} = \frac{a}{2b}$，再将 $Q_2^{国}$ 代入集体的反应函数，得到 $Q_2^{集} = \frac{a}{4b}$。由此就得到市场均衡时，整个建设用地市场的供给总量为：

$$Q_2 = Q_2^{国} + Q_2^{集} = \frac{a}{2b} + \frac{a}{4b} = \frac{3a}{4b} \qquad (4.6)$$

均衡价格为：$P_2 = a - b \quad Q_2 = \frac{a}{4}$ (4.7)

斯塔克尔伯格均衡时的福利分析见图4.14，其中消费者剩余即建设用地使用权受让人剩余 $S_2^{消} = \int_{\frac{a}{4}}^{a} (\frac{a - P_2}{b}) dP_2 = \frac{9a^2}{32b}$，即①面积；生产者剩余即国家和集体作为建设用地供给者的剩余 $S_2^{(国+集)} = \frac{a}{4} \times \frac{3a}{4b} = \frac{3a^2}{16b}$，即②面积，则社会总

① ［美］哈尔·R.范里安：《微观经济学：现代观点》，费方域等译，格致出版社、上海三联书店、上海人民出版社2007年版，第386～390页。

福利为：

$$S_2 = \frac{9a^2}{32b} + \frac{3a^2}{16b} = \frac{15a^2}{32b} \tag{4.8}$$

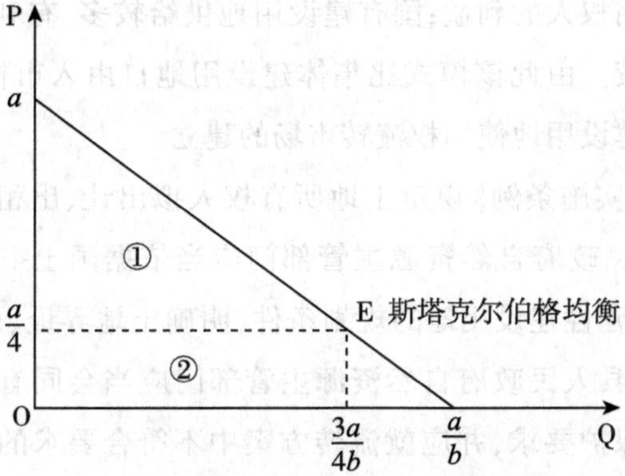

图 4.14　斯塔克尔伯格均衡下的社会福利描述

3. 比较分析及结论

比较上述两种模式下的市场均衡，得出以下结论：

$Q_1 = \frac{2a}{3b} < Q_2 = \frac{3a}{4b}$；

$P_1 = \frac{a}{3} > P_2 = \frac{a}{4}$；

$S_1 = \frac{4a^2}{9b} < S_2 = \frac{15a^2}{32b}$；

$Q_1^{国} = \frac{a}{3b} < Q_2^{国} = \frac{a}{2b}$；

$Q_1^{集} = \frac{a}{3b} > Q_2^{集} = \frac{a}{4b}$

可见，应用斯塔克尔伯格模型分析的以国家主导的集体建设用地入市模式，在市场均衡时的建设用地供给总量较大，用地市场价格较低，国有建设用地供给较多，从社会总体福利来看较有效率。

通过对集体建设用地直接自由入市和以国家为主导的入市模式分析，不难看出后者比前者更具有优势。事实上，以国家为主导的集体建设用地入市模式是一种比较符合目前我国渐进式改革战略的模式。该模式下,建设用地供给较大,价格较低,有利于满足工业化城市化过程中对建设用地的巨大需求;社会总体福利较高,有利于提高土地资源配置效率,且有利于保护广大农民及建设用地使用权人的利益;国有建设用地供给较多,有利于政府实施建设用地宏观调控政策。由此该模式比集体建设用地自由入市模式更加可行,更有利于城乡统一建设用地使用权流转市场的建立。

《土地管理法实施条例》规定土地所有权人拟出让、出租集体经营性建设用地的,市、县人民政府自然资源主管部门应当依据国土空间规划提出拟出让、出租的集体经营性建设用地的规划条件,明确土地界址、面积、用途和开发建设强度等。市、县人民政府自然资源主管部门应当会同有关部门提出产业准入和生态环境保护要求,并应就流转方案中不符合要求的内容提出修改意见。[①] 可见,从法规上来看,国家对集体经营性建设用地的入市仅从规划方面予以管理,并未实施按国家供地计划主导集体建设用地入市的措施。这一规定有利于集体土地所有权人自主决定用地入市的权利落实和保障以及集体建设用地使用权流转市场的培育,但从统一土地市场构建和社会总福利角度来看,随着集体土地市场越来越活跃,应当制订并执行统筹城乡的供地计划,实行国家主导的集体建设用地入市模式,以更好地构建城乡统一建设用地市场。

当然也需要指出的是,以上对集体建设用地不同入市模式的模型分析,是把建设用地当作一般商品来进行的。而事实上,土地与一般商品不同,其具有明显的异质性、显著的外部性以及供给数量的有限性。且国家和集体也并不仅以简单市场交易主体的身份出现,其目标也不是简单的经济效益最大化,而是要兼顾社会、生态等的综合效益最大化。因此上述模型分析仅能说明一定问题,尚存在缺陷,需进一步研究。

---

① 参见《土地管理实施条例》第39、40条。

第三节　对接城乡建设用地交易平台和竞争模式

在构建城乡统一建设用地使用权流转市场中,城乡建设用地市场交易平台和交易规则,特别是竞价模式的对接是其市场运行的重要内容。本节将从对城乡建设用地使用权流转市场结构的解析入手,统一城乡建设用地市场上具有竞争性的土地消费者参与竞争的模式,通过土地交易市场管理,对接城乡建设用地交易平台及交易规则。

一、对接城乡建设用地竞争模式

(一)城乡建设用地流转市场结构解析

在经济分析中,根据不同市场结构的特征,市场被划分为完全竞争市场、垄断竞争市场、寡头市场和垄断市场四种类型。土地市场作为市场的一种,其结构划分亦应遵循上述标准。

1. 当前城市国有建设用地市场结构特征

当前我国在法律层面上尚不允许集体建设用地使用权流转,因此在建设用地市场上唯一合法流转的只有城市国有建设用地。对我国土地市场结构的讨论需要区分一级市场和二级市场。在一级市场上,城市建设用地使用权流转的市场结构具有垄断与竞争相耦合的特征①,具体而言有以下几个方面。

从城市建设用地市场的供给方面来看,首先,市场上合法的供给主体是唯一的,即国有土地所有权人为国家,尽管从形式上看各级地方政府进入市场交易,但他们只是具体的执行人,均代表国家利益。其次,市场流转的客体是唯一的,在集体土地使用权不允许出让、转让或出租用于非农业建设的法律制约下,国有建设用地使用权是唯一合法的流转客体,且没有相近的替代品。最后,作为唯一的土地供给者国家对建设用地使用权流转价格具有相当的控制程度,国家通过土地利用总体规划严格控制新增建设用地供给量,并对流转地

① 李贵东:《土地要素市场建设的路径探析——以上海市为例》,载《中国土地》2019 年第 5 期。

块价格进行评估管理,从而较大程度上影响国有建设用地的流转价格。基于上述特征,可以判断城市建设用地使用权流转市场具有垄断性。

但是,城市建设用地使用权流转市场在垄断性供给的同时,并不排除竞争。从市场需求来看,国有建设用地的需求方有着众多利益不同的主体,他们地位平等,常为取得土地使用权而展开价格竞争,表现为市场竞争性。

对此,有些学者认为我国国有建设用地使用权流转一级市场是一种垄断竞争型市场,①这种说法不大准确,容易与垄断竞争市场结构相混淆。因此,我国国有建设用地流转一级市场应当是垄断性与竞争性相耦合的市场。

对于国有建设用地使用权流转二级市场,无论是供给者还是需求者都数量众多,地位平等,具有充分讨价还价空间,用地转让价格主要由市场竞争形成,与一级市场上的垄断特征不同,具有较大的竞争性。

2. 集体经营性建设用地合法入市后城乡统一建设用地市场结构

集体经营性建设用地合法入市后增加了建设用地供给主体,势必将改变城乡统一建设用地使用权流转一级市场的市场结构。

第一,从市场供给方来看,集体经营性建设用地入市流转后,土地的供给方除国家之外还增加了农民集体。农民集体是个相对于国家的概念,在关系国家和农民集体不同集团利益决策时,可以将农民集体视为一个具有共同意志的主体,与国家形成双头垄断供给。但是在一般土地交易中,各个农民集体分别代表不同的利益群体,供给不同的集体建设用地使用权,应当被认为是不同的土地供给主体。由此,国家与各个农民集体在平等地位上向使用者供给建设用地,形成多方供给的局面,根本上改变了国家高度垄断供给的市场结构。

第二,从市场流转客体来看,集体经营性建设用地入市流转后,流转客体不再只是国有土地使用权,而增加了集体建设用地使用权。市场上流转的各集体建设用地之间及与国有建设用地之间具有一定的替代性,相互之间存在竞争,但都各有特质,存在差别。

第三,从市场流转价格来看,集体经营性建设用地入市流转后,建设用地

---

① 郑国铎:《论建立垄断竞争型城市土地市场模式》,载《理论探索》1996 年第 4 期。

供给的国家高度垄断将被削弱,这将促进建设用地市场的竞争,使建设用地的价格形成更多取决于市场的调节,国家对价格的调控虽仍在继续,但会有所减弱。

由此可见,集体经营性建设用地入市流转使建设用地一级市场结构在供给方面从原来的高度垄断,将转变为垄断竞争;在需求方面,仍然继续保持土地使用者竞价取得使用权的竞争模式。在这种市场结构下,城乡统一的建设用地市场将形成更加合理的土地市场价格,进一步提高在市场机制作用下的土地资源配置效率,是一种更加符合我国市场经济条件的土地市场模式。

集体经营性建设用地入市后的建设用地二级市场仍将是供给方和需求方都充满竞争的市场结构。

3. 宅基地使用权流转对城乡建设用地市场结构的影响

宅基地使用权流转实际上是分得宅基地的农户转让、租赁宅基地的行为,并非土地所有权人的直接流转,因此,进入的是建设用地二级市场,而非一级市场。城乡建设用地一级市场上应当没有宅基地供给,因为宅基地只能由集体无偿分配给本集体农户,具有身份性和福利性,不是可供交易的商品。

建设用地二级市场本身竞争的市场结构,宅基地使用权的进入使供给方数量增加,使二级市场特别是住宅供地市场的竞争更加充分,有利于城乡建设用地市场的形成。

(二)统一城乡建设用地竞价方式

建设用地使用权流转的市场竞争机制在很大程度上是由用地使用者为获得使用权而展开的价格竞争来体现的。集体经营性建设用地使用权流转入市之后,城乡统一建设用地市场特别是一级市场上亦应当建立使用者竞价制度,以确保建设用地所有权人的权益和市场机制作用的发挥。下面以一级市场上建设用地使用权的出让流转为对象,对城乡统一建设用地市场应当建立的竞价模式进行探讨。

1. 国有建设用地竞价模式

国有建设用地使用权流转市场上,其出让模式主要有两种:一种是协议出让方式;另一种是竞价模式。协议出让方式,是指出让方与选定的受让方通过协商有偿出让建设用地使用权的方式。具体说，它一般是由建设用地使用者（有意受让方）向代表政府的土地管理部门提出用地申请，经批准后，再由出让方与受让方协商地价、出让年限、付款方式、付款期限以及用地条件等，经双方达成协议后，签订建设用地使用权出让合同，实现建设用地使用权的有偿出让。协议出让建设用地使用权的方式是由建设用地出让人与有意受让人进行一对一、面对面的谈判和磋商，他们之间可以讨价还价，平等协定合同的各项条款，具有比较灵活、自由度大等优点，在国家垄断的国有建设用地市场上，有利于受让人意志的表达和权利的保障；但其缺陷也是非常明显的，如缺乏透明度，容易滋生腐败、导致国有土地收益流失。因此，为了在国有土地市场上引入竞争机制，并保证国家土地利益的正确表达，我国法律在肯定协议出让的同时，又建立了竞价出让模式。

我国《民法典》第 347 条第 2 款明确了国有建设用地竞价模式的适用范围，即工业、商业、旅游、娱乐和商品住宅等经营性用地以及同一土地有两个以上意向用地者的，应当采取招标、拍卖等公开竞价的方式出让。由此，凡经营性用地及有两个以上竞买者的用地必须采取公开竞价出让模式。①

我国出让国有建设用地的公开竞价方式主要有招标、拍卖和挂牌②，具体在以下详述。

（1）招标出让方式。根据《招标拍卖挂牌出让国有建设用地使用权规定》，招标出让国有建设用地使用权，是指市、县人民政府国土资源行政主管部门（出让人）发布招标公告，邀请特定或者不特定的自然人、法人和其他组织参加国有建设用地使用权投标，根据投标结果确定国有建设用地使用权人的行为。实践中，中标者不一定是出价最高者。政府国土资源行政主管部门作为招标人，在审慎研究各投标者的全部规划方案后，将能够最大限度地满足招标文件中规定的各项综合评价标准，或者能够满足招标文件的实质性要求且价格较高的投标人，确定为中标人。然后，与之签订合同，中标者经登记领取建设用

① 陈耀东、杨雅婷：《刍议〈物权法〉对建设用地使用权的规定》，载《中国房地产》2007 年第 10 期。

② 陈耀东主编：《房地产法》（第 2 版），复旦大学出版社 2009 年版，第 134 页。

地使用权证书，成为建设用地使用权人。

(2)拍卖出让方式。拍卖出让国有建设用地使用权，是指出让人发布拍卖公告，由竞买人在指定时间、地点进行公开竞价，根据出价结果确定建设用地使用权人的出让方式。拍卖与招标都是以竞争方式取得出让土地使用权，都适用于竞争比较强、投资回报率比较高的开发项目，但两者在具体运作过程中也存在较大的区别。第一，拍卖是一种公开竞价方式。每个竞买人均知道前面竞买人的报价；招标则是一种秘密的竞争方式，每个投标人均不知道其他投标人的条件。第二，拍卖奉行价高者取得土地使用权的规则；招标除此还要综合考量投标人的其他条件，如规划设计方案、业绩、资金等，以确定最佳的土地使用人。

(3)挂牌出让方式。挂牌出让国有建设用地使用权，是指出让人发布挂牌公告，按公告规定的期限将拟出让宗地的交易条件在指定的土地交易场所挂牌公布，接受竞买人的报价申请并更新挂牌价格，根据挂牌期限截止时的出价结果或者现场竞价结果确定国有建设用地使用权人的出让方式。以挂牌方式出让建设用地使用权是《招标拍卖挂牌出让国有建设用地使用权规定》所创立的一种新型的土地使用权出让方式。这种方式是招标和拍卖方式的重要补充形式，它综合体现了招标、拍卖和协议方式的优点，具有公开、公平、公正的特点。同时，挂牌出让的方式在实践中操作简便，便于开展，且有利于土地有形市场的形成和运作。作为土地资源市场配置的创新，挂牌出让方式在土地交易市场中日益发挥着重要作用。

2. 集体经营性建设用地竞价模式

《土地管理法实施条例》第 41 条规定，土地所有权人应当依据集体经营性建设用地出让、出租等方案，以招标、拍卖、挂牌或者协议等方式确定土地使用者。也就是明确了集体经营性建设用地入市应采取竞价或协议方式，但并没有规定竞价模式的适用范围，也尚未出台适用集体建设用地的竞价规则等。

应当看到，国有建设用地出让要严格控制“招拍挂”适用范围，是为了限缩协议出让适用空间，以增加土地出让透明度，保护国有资产价值，保障土地所有权利益。集体经营性建设用地入市要采取什么样的竞价方式，首先，应当由土地所有权人即农民集体通过民主程序予以决定,是采竞价模式还是协议方式,只要集体决定即可,国家无须以规范形式严格"招拍挂"的适用范围。其次,应当建立适用集体经营性建设用地入市的"招拍挂"程序和规则。参照适用国有建设用地规定,难以区分国家因作为所有权人和市场管理者不同角色所形成的程序,不利于集体用地入市。最后,应当建立适用集体经营性建设用地入市的协议出让规则。从出让成本和成功率角度来看,协议出让是集体经营性建设用地使用权流转宜采取的方式,特别在与国有建设用地进入统一市场的情况下,集体用地采灵活的协议出让方式是其一方面的竞争优势。但要有明确规则和完善程序以保障集体利益不会因个别村干部的行为而受损。

3. 建设用地市场竞价模式的改进

目前,我国国有建设用地市场的竞价模式主要采取的是"价高者得"的规则。这样大大增加了政府的土地收益,减少了"暗箱操作"以权谋私损害国家利益的行为。但是土地价格在竞价中一路飙升,推动房价物价上涨,将生产要素市场上的价格上升最终转嫁给消费者。在集体经营性建设用地合法入市后,建设用地市场供给增加,在一定程度上将缓解用地压力,但如前所述,建设经营性用地供给增加的同时,需求也会增加,用地价格仍有上涨的可能。那么在竞争环节上通过制度改进来降低用地价格,亦是一种解决途径。

比较招标、拍卖、挂牌三种竞价模式,拍卖和挂牌基本相同,都是通过竞买人竞争出价,最终由出价最高者获得建设用地使用权。而招标方式略有不同,招标中标人不一定是出价最高者,而是能够最大限度地满足招标文件中规定的各项综合评价标准,或者能够满足招标文件的实质性要求且价格较高的投标人。因此招标方式的评价体系较拍卖和挂牌更加全面。但是在实践中,挂牌出让方式的运用最多,而考评指标较为综合的招标方式在建设用地交易市场所占比重过低,有提高的空间和必要。①

在集体经营性建设用地入市后,构建城乡统一建设用地使用权流转市场过程中,应当在竞价模式上进行技术上的改进。首先,应当在各种竞价方式中

---

① 李智强、吴诗嫚、邹啸:《浅析"招拍挂"土地出让方式的完善和调整》,载《价格理论与实践》2010 年第 4 期。

加入对竞买人信誉资质业绩及开发方案等的考察,并通过一定的评分和加权体系体现在竞价结果中,这样有利于避免炒地行为的出现,而且有利于保证用地开发品质;其次,应当允许建设用地出让人,特别是农民集体选择竞价方式,但对于区域面积较大、开发要求较高及受城乡发展规划严格制约的地块,应当由土地或规划部门建议采取招标的出让方式,以防止由于用地使用者开发能力偏低,而用地所有者特别是农民集体监督管理的技术和能力有限,致使土地浪费的现象发生;最后,可以考虑在一些关系民生项目用地出让中,附加一些条件,如限制开发商的利润率,或限定最高竞价,如果到达最高限价仍有多位竞买人,可以通过评定开发方案和企业资质,或者竞配套建设面积等方式最终确定受让人,以控制用地价格的过度高涨。

二、对接城乡建设用地交易平台

交易场所是有形市场形成必备的基本要素,是市场供需双方进行交易的平台。随着集体经营性建设用地使用权流转市场的逐步成熟,建立与国有建设用地统一规则的用地交易场所是必然要求。

从我国现已建立的各地国有建设用地交易有形市场来看,从设立方式到职责范围等都各有差异,如北京市土地交易市场由市土地储备中心建立和管理,土地使用权供应者要委托市土地储备中心入市交易,而不能直接进入土地交易市场;深圳市土地交易市场由市人民政府设立,且市政府设立交易中心理事会,理事会对交易中心的重大问题进行决策;上海市土地交易市场由市政府批准设立,由市房地产交易中心作为承办机构,市土地交易市场直接接受土地供应者的委托组织实施土地交易活动。从集体建设用地使用权流转试点地区来看,有的地方建立了农村土地交易所,如重庆市;更多的地方建立了农村产权交易所,如北京市、广东省广州市、浙江省等。由此可以看出,城乡建设用地交易平台仍处于割裂状态,交易所的设置和交易规则亦不尽相同,为构建城乡统一的建设用地使用权流转市场,建议建立具有统一规则的全国性土地交易所。

1. 建立公司制土地交易所并在全国各地设立分支机构

土地交易所应定位于服务性机构,而非管理性机构。因此,可以考虑建立公司制的土地交易所,这样由于交易所法人财产独立,更利于交易所的运作和市场活力,而且可以减轻政府财政压力。同时考虑对土地市场的管理和宏观调控,应当在交易所设立时由国有企业特别是国家自然资源管理部门下属企业控制公司 2/3 以上股权,并须经国务院或相关部门批准设立。在交易所运行中应当受到国家自然资源管理部门的监管,交易规则的制定亦应当符合法律法规和相关部门的土地管理政策。为方便各地方土地交易,应在各地设立土地交易所分支机构,但都遵守相同的交易所制度和交易规则。

2.统一土地交易所职责

土地交易所的主要职责就是为土地使用权供需双方提供交易信息和场所。具体而言有以下几个方面。

(1)接受县级以上人民政府自然资源主管部门及各农民集体所有权代表行使机构如集体经济组织的委托,发布拟出让或出租建设用地的相关信息。土地交易所在接受上述委托时,应当审查建设用地供应者及供应地的各项材料,特别指出的是集体经济组织委托交易所发布出让集体建设用地信息时,应当提交委托人身份证明,并按照《土地管理法实施条例》的规定,提交出让或出租流转方案、方案经集体同意的书面意见以及市、县人民政府同意的批件。集体经营性建设用地出让、出租等方案应当载明宗地的土地界址、面积、用途、规划条件、产业准入和生态环境保护要求、使用期限、交易方式、入市价格、集体收益分配安排等内容。流转方案须经本集体经济组织成员的村民会议 2/3 以上成员或者 2/3 以上村民代表同意,并形成书面意见。上述材料不全,土地交易所有权拒绝委托。这样可以从入市条件上规范集体建设用地使用权流转市场,既通过流转方案经集体意见的提交有利于农民利益的保护,又通过市、县人民政府审核意见的提交有利于国家对建设用地市场的宏观调控。

委托人提交的材料通过土地交易所审查的,并需要委托土地交易所进行建设用地交易的,应当与交易所签订委托合同。委托合同一般包括委托事项、时限、公告期限、委托费用等条款。土地交易所应提供委托合同示范文本,委托人与交易所签订委托合同时,对示范文本没有包含的内容可以由双方另行补充。

(2)接受委托组织实施建设用地使用权出让、出租交易活动。出让、出租建设用地需要“招拍挂”的，由土地交易所为出让人和竞买人提供专门交易场所，按照“招拍挂”相关规定中的程序和规则，组织实施交易活动。其中为保证“招拍挂”的顺利进行，土地交易所应配备一定数量的专业人员和必要的设施，建立土地招标拍卖专家库，为举办土地使用权招标、拍卖会提供场所和服务，并提供招标拍卖专家库等技术支持。

(3)公示交易结果并组织交易双方签订建设用地出让、出租协议。建设用地出让、出租协议的签订标志着建设用地首次流转基本结束，尚需要交易双方办理过户登记。为方便操作，土地交易所内也可设置登记代办窗口，办理建设用地登记手续。

(4)接受单位或个人委托发布拟转让、转租或抵押建设用地相关信息并组织市场交易。土地交易所的主要职责是组织实施建设用地一级市场交易，建设用地使用权再次流转时不一定必须在土地交易所内交易，但土地交易所并不排除提供相关服务。

(5)从事与土地交易相关的其他事务。例如收集、汇总、储存、上报、发布土地交易信息行情，提供有关法律和其他信息咨询服务；提供土地使用权交易、洽谈、招商、展销场所，为土地交易代理、地价评估、信息咨询等中介机构提供服务场所等。

3. 建立土地使用权流转统一信息平台

在信息技术高速发展的今天，建立土地使用权流转统一信息平台，是建立统一交易市场的必要手段。土地交易所应当与中国土地市场网挂钩，专门用于土地使用权流转信息的发布。土地交易所各分支机构应当及时汇总建设用地交易的各项信息，并每天将信息发布到该信息平台，主要包括各地每年的建设用地供地计划、当天拟流转建设用地信息公告、地块成交公示、用地交易成功的结果公告以及土地市场相关供求信息等。

第五章　城乡建设用地统一市场构建的关键：收益分配机制合理

建设用地收益分配机制关系到各参与主体的切身利益，是构建城乡建设用地流转市场一体化的关键问题。特别是集体建设用地流转后，其流转收益分配将涉及多方主体，如何平衡各方利益，如何更有利于保护农民权益，如何与国有建设用地流转收入分配制度相衔接等，都是亟须探讨的问题。

第一节　国有建设用地流转收益使用管理

国有建设用地所有权人是国家，根据所有权权能分析，首次流转建设用地所获收益应当归国家所有。国家所有并非政府所有，而应当是全民所有。因此，为规范国有建设用地流转收入分配，体现全民利益，国务院办公厅于2006年年底发布了《关于规范国有土地使用权出让收支管理的通知》（以下简称《收支管理通知》）。该通知明确了国有建设用地流转收支管理模式，特别强调了出让收入的使用即分配上的合理性。2006年12月31日财政部、原国土资源部、中国人民银行根据《收支管理通知》等规定联合发布了《国有土地使用权出让收支管理办法》(本章以下简称《收支管理办法》)。下面以国有建设用地一级市场上出让流转为分析对象,对其收入使用分配制度予以考察。

一、国有建设用地流转收入范围及与收益的区别

根据《收支管理办法》的规定,国有建设用地使用权出让收入是指政府以出让等方式配置国有建设用地使用权所取得的全部土地价款。具体包括以下三类价款。

第一,出让国有建设使用权所取得的总成交价款,包括以招标、拍卖、挂牌和协议方式出让国有土地使用权所得的总成交价款,其中不包含代收代缴的税费。

第二,各类须补缴的建设用地价款,包括转让划拨国有土地使用权或依法利用原划拨土地进行经营性建设应当补缴的土地价款;处置抵押划拨国有土地使用权应当补缴的土地价款;转让房改房、经济适用住房按照规定应当补缴的土地价款;改变出让国有土地使用权土地用途、容积率等土地使用条件应当补缴的土地价款。

第三,其他和国有土地使用权出让或变更有关的收入。

除出让收入外,流转收入还包括依法出租国有土地向承租者收取的土地租金收入;出租划拨土地上的房屋应当上缴的土地收益;土地使用者以划拨方式取得国有土地使用权,依法向市、县人民政府缴纳的土地补偿费、安置补助费、地上附着物和青苗补偿费、拆迁补偿费等费用(不含征地管理费)。

需要指出的是,国有建设用地流转收入与流转收益不同。从范围上看,流转收入大于流转收益,流转收益是流转收入中刨去土地征收和开发成本的部分。分析清楚国有建设用地流转收入的使用制度,实际就能明晰其流转收益的分配机制。

二、国有建设用地流转收入征收管理

国有建设用地出让主体是土地所有权人国家,国家是出让法律关系主体,亦应是出让收入取得者。《民法典》规定,国有财产由国务院代表国家行使所有权。因此,国务院办公厅下发的《收支管理通知》,明确了中央与地方、政府

各部门在国有建设用地出让收入征收管理中的权力和职责。

首先，从中央与地方关系来看，地方政府部门具体负责出让收入征收管理。《收支管理办法》规定，市、县国土资源管理部门具体负责土地出让收入征收工作，地方国库负责办理土地出让收入的收纳、划分、留解等各项业务。国务院主管部委和省级主管部门负责制定征管政策，指导具体管理工作。可见，国有建设用地出让收入由地方政府部门征收管理，具有属地性，中央政府不参与具体工作。

其次，从政府各部门职责来看，涉及多部门分工协作。《收支管理办法》规定，市、县财政部门具体负责土地出让收支管理和征收管理工作，市、县国土资源管理部门具体负责土地出让收入征收工作。地方国库负责办理土地出让收入的收纳、划分、留解等各项业务，及时向财政部门、国土资源管理部门提供相关报表和资料。原国土资源管理部门在2018年党的十三届人大一次会议审议通过的国务院机构改革方案中被纳入自然资源部门。2018年《国税地税征管体制改革方案》出台，明确按照便民、高效的原则，合理确定非税收入征管职责划转到税务部门的范围，对依法保留、适宜划转的非税收入项目成熟一批划转一批，逐步推进。基于此，2021年5月财政部、自然资源部、税务总局、人民银行四部门联合发布《关于将国有土地使用权出让收入、矿产资源专项收入、海域使用金、无居民海岛使用金四项政府非税收入划转税务部门征收有关问题的通知》，明确为贯彻落实党中央、国务院关于政府非税收入征管职责划转税务部门的有关部署和要求，决定将国有土地使用权出让收入等四项政府非税收入统一划转税务部门征收。自2021年7月1日起在河北、内蒙古、上海、浙江、安徽、青岛、云南开展征管职责划转试点，探索完善征缴流程和职责分工，积累经验，自2022年1月1日起将全面实施。至此，国有建设用地出让收入将由税务部门按照属地原则负责征收。自然资源部门负责组织土地供应和出让，与受让人签订出让合同后，不再直接收取土地出让金，而只是向税务部门推送合同、缴费期限等费源信息，由税务部门征收；竞买人的竞买保证金仍由自然资源部门收取，竞买成功后抵作部分出让收入的竞买保证金由自然资源部门代竞得人向税务部门申报缴纳。财政部门和人民银行与自然资源部门和税务部门就土地出让合同、收入征缴事宜等实现信息共享。财政部门主要负责出让收入的收支管理，人民银行主要负责地方国库管理。

为规范土地出让收入征管工作，《收支管理办法》还规定，对未按照合同约定足额缴纳土地出让收入，并提供有效缴款凭证的，国土资源管理部门不予核发国有土地使用证；对违规核发国有土地使用证的，应予收回和注销，并依照有关法律法规追究有关领导和人员的责任。任何地区、部门和单位都不得以“招商引资”“旧城改造”“国有企业改制”等各种名义减免土地出让收入，实行“零地价”，甚至“负地价”，或者以土地换项目、先征后返、补贴等形式变相减免土地出让收入；也不得违反规定通过签订协议等方式，将应缴地方国库的土地出让收入，由国有土地使用权受让人直接将征地和拆迁补偿费支付给村集体经济组织或农民等。

三、国有建设用地流转“收支两条线”管理

为规范国有建设用地流转收入的征缴与使用，防止政府私吞私占用地出让收入损害人民利益，《收支管理通知》规定，自 2007 年 1 月 1 日起，土地出让收支全额纳入地方基金预算管理，实行“收支两条线”管理。

“收入全部缴入地方国库”，这意味着国有建设用地出让收入全部落入地方财政，不再与中央政府分成。也因此，土地收入成为地方财政的重要支撑。根据《国家金库条例》，中国人民银行具体经理国库，国库业务工作实行垂直领导，各省、自治区、直辖市分库及其所属各级支库，既是中央国库的分支机构，也是地方国库。国家各项预算收入，分别由各级财政机关、税务机关和海关负责管理，并监督缴入国库。国家的一切预算支出，一律凭各级财政机关的拨款凭证，经国库统一办理拨付。

“支出一律通过地方政府基金预算从土地出让收入中予以安排”，进入地方国库的土地出让收入只能通过预算予以支出。《预算法》第 5 条第 1 款规定，预算包括一般公共预算、政府性基金预算、国有资本经营预算、社会保险基金预算。第 9 条第 1 款规定，政府性基金预算是对依照法律、行政法规的规定在一定期限内向特定对象征收、收取或者以其他方式筹集的资金，专项用于特定公共事业发展的收支预算。由此，地方基金预算应当属于政府性基金预算。要建立健全年度土地出让收支预决算管理制度。每年第三季度，有关部门要

严格按照财政部门规定编制下一年度土地出让收支预算;每年年度终了,有关部门要严格按照财政部门规定编制土地出让收支决算。同时,按照规定程序向同级人民政府报告,政府依法向同级人民代表大会报告。编制年度土地出让收支预算要坚持"以收定支、收支平衡"的原则。

"实行彻底的'收支两条线'",收入进入地方国库,再通过地方基金预算安排支出,不得将出让收入直接用于征地补偿款等支出。具体可参见图5.1。要求在地方国库中设立专账,专门核算土地出让收入和支出情况。应该说,土地使用权出让收入划归国税总局下辖的税务分支机构统一征收,进一步落实了土地收入管理上的"收支两条线"。[①] 这也全面体现了国家所有权实质,即人民监督和参与出让收支管理的权利。

图5.1　国有建设用地出让收支管理

① 参见袁野:《尝试理解国有土地使用权出让收入由税务部门征收的影响》,载微信公众平台"袁野宏观":https://mp.weixin.qq.com/s/82Waft08BS6x8zgyEd5QRA,最后访问日期:2021年8月16日。

四、国有建设用地流转收入使用分配

根据《收支管理通知》和《收支管理办法》的规定,建设用地流转收入的使用范围包括以下几类。

第一,征地和拆迁补偿支出。包括土地补偿费、安置补助费、地上附着物和青苗补偿费、拆迁补偿费。

第二,土地开发支出。包括前期土地开发性支出,如对拟出让土地进行"三通一平"或"七通一平"("三通"指通电、通路、通水;"七通"指通道路、通给水、通电、通排水、通热力、通电信、通燃气;"一平"指土地平整)的基础设施建设支出;以及按照财政部门规定与前期土地开发相关的费用,如银行贷款本息等。

第三,支农支出。包括计提农业土地开发资金、补助被征地农民社会保障支出、保持被征地农民原有生活水平补贴支出以及农村基础设施建设支出。

第四,城市建设支出。包括完善国有土地使用功能的配套设施建设支出以及城市基础设施建设支出。具体包括:城市道路、桥涵、公共绿地、公共厕所、消防设施等基础设施建设支出。

第五,其他支出。包括计提国有土地收益基金支出、土地出让业务费、缴纳新增建设用地有偿使用费、城镇廉租住房保障支出、支付破产或改制国有企业职工安置费支出等。

结合国有建设用地出让收入及其使用范围(见图5.1),可以看出,出让收入的前两项使用支出,即征地和拆迁补偿及土地开发支出,实际上是国有建设用地出让的成本支出,而第三项、第四项即支农支出和城市建设支出是国有建设用地流转收益的主要分配方向。国有建设用地流转收益的使用流向基本兼顾了农村和城市建设,《收支管理通知》中还特别提出流转收入的使用要重点向新农村建设倾斜,逐步提高用于农业土地开发和农村基础设施建设的比重。

可见,对于农村而言,其基础设施和生产生活环境的改善费用大部分来自地方财政中国有建设用地流转收入。也就是说,一旦集体建设用地流转入市,地方政府通过征收土地再流转的收益就会减少,那么地方政府对于农村设施的建设投入也会下降,同时投入城市建设的支出也会减少,地方官员的政绩水平受到影响,势必将对集体建设用地流转产生阻力。

第二节　集体建设用地流转收益分配机制考察

集体建设用地使用权流转收益分配是用地流转中的关键问题,不仅关系集体建设用地流转机制的建立,而且关系我国城乡差距问题的解决和城乡一体化制度的构建。① 由于我国长期存在城乡"二元化"结构,农村居民与城市居民在地位、生活方式、社会保障特别是收入等方面存在差别。在农村,集体土地是农民赖以生存和发展的主要资源,担负着保障农民生产和生活并提供社会福利的功能。集体建设用地使用权的流转是农民土地财产权的体现,是农民分享社会经济发展的结果。但如果集体建设用地流转收益分配处理不当,就不仅无法实现农民的土地财产权利,而且还会使农民丧失土地对其生活的保障,同时会进一步扩大城乡差距,进而影响农村社会稳定。因此,建立一套既有利于农民权益保护又有利于集体建设用地流转制度运行的土地收益分配机制,将是亟须考察并深入研究的制度创新。

一、集体经营性建设用地流转收益分配基础与实践考察

(一)流转收益的内涵及分类

1. 区分集体经营性建设用地流转收入和收益

与国有建设用地流转收入和收益的区别相似,集体经营性建设用地流转收益亦包含在流转收入之中。集体经营性建设用地流转收入是指用地所有者或使用者在建设用地流转过程中所获得的全部土地价款。具体包括:①以出让或转让方式流转集体经营性建设用地使用权的,其流转收入是用地使用权出让金或转让金;②以出租或转租方式流转集体经营性建设用地使用权的,其流转收入是该宗土地的租金;③以作价入股方式流转集体经营性建设用地使

---

① 参见杜文婷、陈安春:《规范农村集体建设用地使用权流转的法律思考》,载《山东国土资源》2011年第9期。

用权的,其流转收入是入股企业的相应股权及企业利润分红;④以抵押方式流转集体经营性建设用地使用权的,其流转收入是该用地使用权的抵押担保价值。

流转收益是流转收入减去用地开发成本的部分。与国有建设用地成本构成不同的是,集体经营性建设用地成本主要是土地前期开发费用,而并不包括征收补偿。集体经营性建设用地本身属于农民集体所有,其首次流转的主体也是所有权人农民集体,因此不存在征收问题,在用地成本中自然不包含征收补偿费用。实际上,这是农民参与集体土地使用权流转收入分配方式的转变。当集体经营性建设用地不允许流转,被政府征收时,农民获得的是征收补偿款;而当集体经营性建设用地使用权在农民集体手中自主流转时,农民将参与的是流转收益的分配,是农民土地财产权的体现。需要说明的是,农民要参与分配的用地流转收益是要从收入中刨去土地前期开发成本投入的。土地前期开发费用一般包含在用地使用权流转收入中,但并不属于用地所有者的土地收益,不在要分配的用地收益范围内。

2. 集体经营性建设用地使用权流转收益分类

集体经营性建设用地使用权流转收益按照不同的标准可以进行不同的分类。对土地使用权流转收益进行分类,有利于区分不同流转收益下的收益分配主体,从而设计不同的收益分配机制。

(1)按照收益来源不同,集体经营性建设用地使用权流转收益可分为转让收益和土地增值收益。有学者指出,集体经营性建设用地使用权流转产生的收益包括转让收益和土地增值收益。[①] 转让收益是用地使用者将用地使用权再让渡给他人而获得的那部分收益。土地增值收益的形成,主要是社会经济发展和周边环境改善的结果。[②] 这种对于土地使用权流转收益的分类有助于确定收益分配主体,但实践中转让收益和增值收益通常混合在一起,难以区分。因此,这种分类只能从性质上理解,不能依此做定量分析。

---

① 参见李延荣:《集体土地使用权流转中几个值得注意的问题》,载《法学杂志》2007 年第 5 期。

② 参见李延荣:《集体建设用地流转要分清主客体》,载《中国土地》2006 年第 2 期。

(2)按照收益主体不同,集体经营性建设用地使用权流转收益可分为首次流转收益和再次流转收益。用地使用权的流转,以权利转出方是否是所有权人为标准,可以划分为用地使用权的首次流转和再次流转。① 首次流转收益和再次流转收益就是在首次流转和再次流转中获得的收益,其所涉及的主体不同。这种分类较容易区分,并且有助于明确不同流转中用地所有者与使用者是否应参与收益分配等问题。

(二)集体经营性建设用地流转收益分配关系解析

通过对集体经营性建设用地流转收益分配关系的分析,找到流转收益分配机制的核心问题。下面区分首次流转收益和再次流转收益,分别梳理集体经营性建设用地流转收益分配各参与主体之间的关系。

1.集体经营性建设用地首次流转收益分配关系

(1)农民集体与国家的分配关系

在集体经营性建设用地首次流转收益分配中,首要解决的是农民集体与集体以外主体即国家之间的分配关系问题。在集体经营性建设用地使用权允许流转的情况下,农民集体作为集体土地的所有权人享有较完整的产权权能,即享有占有、使用、收益和处分用地的权利。集体经营性建设用地使用权的首次流转就是农民集体将用地使用权从所有权中分离,并转让出去的一种处分行为,由此所获得的流转收益应当由农民集体享有,以体现其产权中的收益权能。②

问题是农民集体以外的主体能否参与流转收益分配呢?基于私权保护的原理,一般而言,普通的自然人或法人不得介入农民集体所有权保护下的收益分配,但国家在集体经营性建设用地流转中具有特殊的地位,应另当别论。首先,集体经营性建设用地流转并非完全的市场行为,在很多方面如流转价格形成、市场供给准入等都要受到国家的管理和调控,集体经营性建设

---

① 参见杨雅婷、陈耀东:《关于集体建设用地流转收益分配主体及归属的思考》,载《中国房地产》2011年第9期。

② 参见杨雅婷:《农村集体经营性建设用地流转收益分配机制的法经济学分析》,载《西北农林科技大学学报(社会科学版)》2015年第2期。

用地流转的运行还要仰仗国家公权力的维护和保障;其次,国家是农村基础设施建设和改善的主要投入者,对提升集体经营性建设用地流转价格进而增加流转收益都具有重要影响。基于此,国家虽处于集体经营性建设用地流转法律关系之外,但不能轻易被排除在流转利益分配之外,仍需要对其应否参与集体经营性建设用地流转收益分配及如何参与等问题予以进一步研究和探讨。

(2)农民集体与农民之间的分配关系

在集体经营性建设用地首次流转收益分配中,第二个需要解决的是农民集体与集体内部成员即农民之间的分配关系问题。在集体经营性建设用地首次流转法律关系中,农民集体是一方主体,而其内部成员农民并非流转主体。但是基于集体所有权的性质,农民实际上是农民集体利益的最终享有者,理应分享流转集体土地所得来的收益。那么,农民应当如何分享流转收益,应当制定一个怎样的流转收益内部分配方案,将是关系农民切身利益的问题,也是这一层次分配关系中应当考察的核心问题。

2. 集体经营性建设用地再次流转收益分配关系

集体经营性建设用地再次流转收益分配关系相对比较清晰。用地再次流转是用地使用权人与使用权人之间的交易,再次流转的用地供给方自然是获得流转收益主体。但是同样存在用地使用者以外的主体能否参与收益分配的问题。

首先是集体经营性建设用地使用权人与国家之间的分配关系。国家在用地再次流转中仍然是流转法律关系之外的主体。国家要想参与用地再次流转收益分配的理由与首次流转相同,只是参与的环境即流转法律关系发生了变化,因此需要对此重新进行考量。

其次是用地使用权人与农民集体之间的分配关系。在用地使用权再次流转中,农民集体也置身于流转法律关系之外。但基于流转用地所有权人身份,农民集体对用地使用权期限、用途等有一部分限制,同时总是意图分享使用权流转的增值收益。但是农民集体能否参与用地再次流转收益,参与的法理基础,以及该如何参与等问题值得进一步探讨。

综上所述,集体经营性建设用地流转收益分配机制所要解决的核心问题集中在两个方面,一是用地流转民事法律关系以外的主体能否参与流转收益分配,应如何参与;二是农民集体获得的流转收益该如何使用,如何在农民之间分配。解决好了上述两方面问题,就能建立起一套合理合法的集体经营性建设用地流转收益分配机制。

(三)试点地区用地流转收益分配机制的实证考察及评析

自党的十八届三中全会作出在符合规划和用途管制前提下,允许农村集体经营性建设用地出让、租赁、入股,实行与国有土地同等入市、同权同价的重要部署以后,集体建设用地流转不再处于被严格限制的状态。[①] 在此之前,集体建设用地流转大多都是地下交易或说灰色交易,这些隐形流转由于缺乏法律规范和保护,从流转价格形成到收益分配机制都相当混乱,农民权益大大受损。因而,2015 年经全国人大常委会授权,"三块地"改革试点工作正式开始,2017 年中央一号文件又对"三块地"改革试点提出了"统筹协调推进"的新部署,将集体经营性建设用地改革推广到全部 33 个试点地区。[②] 相比较而言,试点地区的集体经营性建设用地流转制度有一定的规范性,各地不同的流转收益分配方案对建立一套合理有效的用地流转收益机制,具有一定的借鉴意义。

1. 试点地区流转收益分配方案的实证考察

(1)浙江省德清县

作为较早一批农村集体经营性建设用地入市改革试点县(市、区)之一,浙江省德清县在 2015 年便率先敲响了农村集体经营性建设用地使用权拍卖的"第一槌"。在如何入市的问题上,浙江省德清县构建了"一办法、两意见、五规定、十范本"的政策体系,以相对完整的制度模型来有序推动改革试点。对于流转收益分配也就是"钱怎么分"的问题,首先,浙江省德清县 2015 年出台的《德清县农村集体经营性建设用地入市管理办法(试行)》规定,集体经营性建

① 参见盖凯程、于平:《农地非农化制度的变迁逻辑:从征地到集体经营性建设用地入市》,载《农业经济问题》2017 年第 3 期。

② 参见陆剑、陈振涛:《集体经营性建设用地入市改革试点的困境与出路》,载《南京农业大学学报(社会科学版)》2019 年第 2 期。

设用地入市，应承担相应的基础设施建设等开发成本，在试点期间以向县人民政府缴纳土地增值收益调节金的方式履行相应义务。[①] 同时以“同权同价同责”为出发点，确定“按类别、有极差”的调节金收取方式，差别化确定调节金征收比例。其规定，集体经营性建设用地以出让形式入市的，出让人要根据不同情况按照不同比例的成交价格缴纳调节金，对于位于县城规划区内的商业用地和工业用地分别按照48%和24%缴纳调节金；对于位于乡镇规划区内的商业用地和工业用地分别按照40%和20%缴纳调节金；对于位于其他地块的商业用地和工业用地分别按照32%和16%缴纳调节金。[②] 其次，差别化落实集体内部入市收益分配。乡镇集体入市收益用于辖区内农村基础设施建设、民生项目等支出；村集体入市收益不直接分配，而是追加量化农户股权，年底享受收益现金分红。[③]

（2）河南省长垣县（现长垣市）

河南省长垣县同样是较早一批改革试点地区，为了有序开展改革试点工作，其先后出台了多个规范性文件，其中《长垣县农村集体经营性建设用地土地增值收益调节金征收使用管理实施细则》就调节金征收比例问题作了明确规定。农村集体经营性建设用地在出让时，根据不同基准地价等级和不同用途征收不同比例的调节金，对于1～2级的商服用地、住宅用地、公共管理Ⅰ用地以及公共管理Ⅱ用地分别按照30%、20%、15%以及10%征收调节金；对于3～4级的商业用地、住宅用地分别按照20%、15%征收调节金；对于5～7级的商业用地、住宅用地分别按照15%、10%征收调节金；对于3～5级的公共管理Ⅰ用地、公共管理Ⅱ用地分别按照10%、5%征收调节金；对于工业用地按照5%征收调节金。[④]

---

① 参见《德清县农村集体经营性建设用地入市管理办法（试行）》第40条。

② 参见《德清县农村集体经营性建设用地入市土地增值收益调节金征收和使用规定（试行）》第4条。

③ 参见《德清集体经营用地入市改革形成整套经验》，载《中国改革报》2018年11月12日，第10版。

④ 参见《长垣县农村集体经营性建设用地土地增值收益调节金征收使用管理实施细则》第6条。

缴纳调节金后的剩余入市收益原则上全部留归村组集体，实行专账管理和“村财乡管”，用于村组生产生活设施改造和公共基础事业支出，也可用于发展壮大集体经济。① 若需要对土地原使用权人给予补偿，则从剩余收益中按照不超过当地征地补偿标准的标准扣除。另外，剩余收益也可用来支付土地整治费用，村集体也可从中提取不超过30%的公益金用来开展公益事业。②

(3)江苏省常州市武进区

2017年2月江苏省常州市武进区根据中央关于土地改革若干文件精神和要求制定《常州市武进区农村集体经营性建设用地入市管理办法（试行）》，该办法规定集体经营性建设用地使用权发生出让、租赁、作价出资（入股）和转让等交易行为的，交易双方都应当按照规定缴纳土地增值收益调节金。③ 土地增值收益调节金主要用于统筹城镇和农村基础设施建设、农村生态补偿、被征地农民保障、风险基金等。④ 关于土地增值收益调节金征收标准，江苏省常州市武进区制定了《常州市武进区农村集体经营性建设用地入市收益调节金征收和使用管理暂行管理办法》。该办法规定以出让方式入市的，按成交价格分级累进缴纳调节金。出让价格在每亩100万元以内部分按20%缴纳；出让价格在每亩100万～200万元部分按30%缴纳；出让价格在200万元以上部分按40%缴纳。以租赁和作价出资（入股）方式入市的，在取得租金、股息、红利收入时，按照收入的20%缴纳。⑤ 此外，入市的农村集体经营性建设用地再转让的，应根据土地增值收益、差价补偿数额按规定比例缴纳调节金。以出售方式再转让的，按增值收益分级累进缴纳调节金。增值收益在50%以内部分按30%缴纳；增值收益在50%～100%部分按40%缴纳；增值收益在100%以上部分按50%缴纳。以出租或作价出资（入股）方式再转让的，视同出售方式缴纳调节金。以交换方式再转让的，由收取差价补偿方按补偿价款的30%缴纳调

---

① 参见《长垣县农村集体经营性建设用地入市收益分配指导意见》第8条。

② 参见《长垣县农村集体经营性建设用地入市收益分配指导意见》第5～7条。

③ 参见《常州市武进区农村集体经营性建设用地入市管理办法（试行）》第38条。

④ 参见《常州市武进区农村集体经营性建设用地入市管理办法（试行）》第39条。

⑤ 参见《常州市武进区农村集体经营性建设用地入市收益调节金征收和使用管理暂行管理办法》第5条。

节金。该办法还规定农村集体经营性建设用地入市交易过程中,受让(承租)人同样需要缴纳调节金,按照成交地价总额的3%进行缴纳。①

对于农村集体经营性建设用地入市收益内部分配,该地区规定农村集体经济组织获得的集体经营性建设用地入市增值收益,归农村集体经济组织所有,在集体经济组织内部合理分配。主要用于量化股权、社会保障、完善基础设施和提升农村公共服务等公益事项。建立集体经营性建设用地入市增值收益辅助账户,纳入农村集体三资平台统一管理。②

(4)山西省泽州县

山西省泽州县自开展农村集体经营性建设用地入市试点改革工作以来,始终坚守土地公有制性质不改变、耕地红线不突破、粮食生产能力不能减弱、农民利益不受损的四条底线,围绕"入市主体、入市范围、服务监管、收益分配"四个核心问题,结合省情、县情实际,构建了"1 +9 +3"制度体系。其中,为了确保土地增值收益分配合理,山西省泽州县根据省财政厅、国土厅规定的土地增值收益征收制度,制定了《入市收益分配使用管理办法》,规定在入市的一级市场,入市地块成交后,由入市主体(农村集体经营性建设用地的出让方、出租方、作价出资入股方)按入市收入的16%缴纳土地增值收益调节金。其余收益留归农村集体土地所有权人,确保农民利益不受损。③ 在集体经济组织内部,70%分配给村集体经济组织成员,30%留给村集体经济组织,用于村集体经济组织的各项基础设施建设和社会福利事业。④

(5)广西壮族自治区北流市

《北流市农村集体经营性建设用地入市管理办法》规定,市财政部门根据集体经营性建设用地的不同入市途径、用途,按不同的比例从入市收益中收取

① 参见《常州市武进区农村集体经营性建设用地入市收益调节金征收和使用管理暂行管理办法》第6~9条。

② 参见《常州市武进区农村集体经营性建设用地入市管理办法(试行)》第41条。

③ 参见《泽州32宗农村集体经营性建设用地成功入市》,载《山西日报》2017年12月3日,第1版。

④ 参见《集体经营性建设用地制度探索与效果评价——以全国首批农村集体经营性建设用地入市试点为例》,载《中国农村经济》2021年第11期。

土地增值收益调节金。[①] 具体征收标准[②]如下：

①就地入市和入市后再转让的集体经营性建设用地，按工业、公益性用地入市的，收益调节金的计提比例为5%；按仓储、物流、旅游用地入市的，收益调节金的计提比例为15%；按商服、住宅用地入市的，收益调节金的计提比例为40%。

②零星分散集体经营性建设用地整治后，按工业、公益性用地入市的，收益调节金的计提比例为5%；按仓储、物流、旅游用地入市的，收益调节金的计提比例为15%；按商服、住宅用地入市的，收益调节金的计提比例为48%。

③城中村集体建设用地整治后入市的集体经营性建设用地，收益调节金计提比例为15%。

④新增农村集体非建设用地办理农转用审批手续后入市的集体经营性建设用地，按工业、公益性用地入市的，收益调节金的计提比例为5%；按仓储、物流、旅游用地入市的，收益调节金的计提比例为15%；按商服、住宅用地入市的，收益调节金的计提比例为50%。

其中，对于零星分散集体经营性建设用地，还需要由市人民政府收取整治复垦费用和土地增值收益平衡再分配金。整治复垦费根据零星分散集体经营性建设用地整治后入市的不同用途，按成交总价款（入市收入）从土地入市增值收益中按不同的比例收取。按工业、公益性用地入市的，整治复垦费的计提比例为5%；按仓储、物流、旅游用地入市的，整治复垦费的计提比例为10%；按商服、住宅用地入市的，整治复垦费的计提比例为20%。[③] 为实现零星分散集体经营性建设用地整治调整入市不同区域不同土地用途入市主体集体间以及整治复垦区归属集体组织的土地增值收益分配的大体平衡，对零星分散集体经营性建设用地整治后以商服、住宅用地调整入市，不需政府安排留用地（回建地）的，不再征收土地增值收益平衡再分配金；需要政府安排留用地（回建地）的，在收益调节金和整治复垦费的基础上，再按成交总价款（入市收入）从

① 参见《北流市农村集体经营性建设用地入市管理办法》第65条。
② 参见《北流市农村集体经营性建设用地入市管理办法》第71条。
③ 参见《北流市农村集体经营性建设用地入市管理办法》第72条。

土地入市增值收益中按不同的比例征收土地增值收益平衡再分配金，由市财政会同市国土资源局根据城市规划区基准地价分等定级的级别范围和城镇规划区基准地价覆盖范围按比例提取，城市规划区基准地价一级、二级覆盖范围内以商服、住宅用地入市的，土地增值收益平衡再分配金的计提比例为12%；城市规划区基准地价三、四级覆盖范围内以商服、住宅用地入市的，土地增值收益平衡再分配金的计提比例为8%；城市规划区基准地价五级和乡镇城镇规划区一、二覆盖范围内以商服、住宅用地入市的，土地增值收益平衡再分配金的计提比例为4%；不在城市规划区和城镇规划区范围内的，只提取调节金和整治复垦费用，暂不提取土地增值收益平衡再分配金。①

对于新增农村集体非建设用地，市人民政府还需要收取办理农转用审批手续报批费用和征收办理农转用审批手续后入市土地增值收益平衡再分配金。新增农村集体非建设用地办理农转用审批手续入市后，根据入市土地不同用途，按成交总价款（入市收入）从土地入市增值收益中按不同的比例收取报批费用，统筹全市报批费用的平衡。按工业、公益性用地入市的，报批费的计提比例为5%；按仓储、物流、旅游用地入市的，报批费的计提比例为10%；按商服、住宅用地入市的，报批费的计提比例为20%。② 政府为实现不同区域不同土地用途入市主体集体间土地增值收益分配大体平衡，新增农村集体非建设用地办理农转用审批手续后以商服、住宅用地入市，不需政府安排留用地（回建地）的，按规定比例提取调节金和报批费用后不再征收土地增值收益平衡再分配金；需要政府安排留用地（回建地）的，在提取调节金和报批费用的基础上，再按成交总价款（入市收入）从土地入市增值收益中按不同的比例征收土地增值收益平衡再分配金，由市财政会同市国土资源局根据城市规划区基准地价分等定级的级别和城镇规划区范围按比例提取，城市规划区基准地价一级、二级覆盖范围内以商服、住宅用地入市的，土地增值收益平衡再分配金的计提比例为10%；城市规划区基准地价三、四级覆盖范围内以商服、住宅用地入市的，土地增值收益平衡再分配金的计提比例为8%；城市规划区基准地

① 参见《北流市农村集体经营性建设用地入市管理办法》第73条。
② 参见《北流市农村集体经营性建设用地入市管理办法》第74条。

价五级和乡镇城镇规划区一、二覆盖范围内以商服、住宅用地入市的，土地增值收益平衡再分配金的计提比例为2%；不在城市规划区和城镇规划区范围内的，只提取调节金和报批费用，暂不提取土地增值收益平衡再分配金。①

《北流市农村集体经营性建设用地入市管理办法》还规定，农村集体经营性建设用地入市收益归属村集体部分，应大部分留存村集体组织，纳入农村集体财产，实行专账核算、专户存储、专项管理。主要用于本集体组织成员的社会保障安排，本村基础设施建设和公共服务设施。②

2. 试点地区流转收益分配机制评析

从上述对集体经营性建设用地使用权流转收益分配机制的实证考察可以看出，随着集体经营性建设用地流转试点经验的积累，以及相关制度研究的不断成熟，用地流转收益分配机制呈现如下特点和趋势。

（1）从收益分配主体来看，农民集体是集体经营性建设用地的所有权人，当然地参与收益分配；而地方政府虽然不是集体经营性建设用地的权利人，但因其代表国家在集体经营性建设用地入市过程中发挥重要作用，一般参与收益分配。

农民集体作为集体建设用地的所有权人，在各地收益分配实践中都获得了收益保障，除去集体经营性建设用地入市前所花费成本以及需要向地方政府缴纳的收益调节金外，剩余收益全部归农民集体所有，由集体内部分配。由于政府在集体经营性建设用地入市流转中提供的市场环境、交易平台、资源支持等贡献，其应当参与收益分配，而非权利人的身份导致政府不能直接参与分配。从各地收益分配实践来看，地方政府都是通过征收土地增值收益调节金的方式参与分配。土地增值收益调节金由于不同的入市方式、入市用途以及区位等级等采取不同的征收标准，虽然2016年财政部、原国土资源部联合印发的《农村集体经营性建设用地土地增值收益调节金征收使用管理暂行办法》规定，调节金分别按入市或再转让农村集体经济性建设用地土地增值收益的20%～50%征收，但是具体征收比例由各试点地区综合考虑各方面因素，在保

① 参见《北流市农村集体经营性建设用地入市管理办法》第75条。

② 参见《北流市农村集体经营性建设用地入市管理办法》第79条。

障农民利益、平衡各方收益的原则下自由规定、大胆探索。

(2)从收益分配的方式来看，各试点地区均采取意思自治模式进行收益分配，地方政府只收土地增值收益调节金等，基本不干预农民集体内部的收益分配，但对于农民集体内部收益的用途大部分还是做了原则性的规定。

从试点地区的整体情况来看，根据发展壮大集体经济的原则，大部分试点地区选择将农民集体内部收益全部留存集体或者作价入股，由集体统一管理，例如河南省长垣县将农民集体内部收益实行专账管理和“村财乡管”，用于村组生产生活设施改造和公共基础事业支出，也可用于发展壮大集体经济。浙江省德清县对农民集体内部收益不直接分配，而是以折股量化的形式将农民集体内部收益转化为成员股权，由集体对农民集体内部收益进行实际经营管理，用以发展壮大集体经济。少部分试点地区将农民集体内部收益按比例在集体和成员之间进行分配，分配比例不尽相同。例如山西省泽州县按照30%归集体、70%归成员的比例进行分配，而广西北流市则按照70%归集体，30%归成员的比例进行分配。①

(3)从收益用途来看，始终坚持集体土地所有者的土地使用权流转收益用于集体公共设施、公益事业建设以及农民的社会保障，逐步建立了专项资金账户，将收益用途落到实处。

对于集体经营性建设用地流转收益用途，从试点初期到现在始终坚持用于保障农民的长久之计。但由于缺乏相关制度建立，难以落到实处。试点实践过程中，各试点地区通过建立专项资金账户的方式，解决了集体收益使用过程中容易滋生的滥用、挪用流转收益资金等问题，更好地保护了农民的实际利益。

由此可见，试点地区集体经营性建设用地使用权流转收益分配方案随着各地经验和相关研究的不断积累在逐步走向成熟，为构建有利于城乡统筹发展的建设用地流转制度提供具有价值的实践参考和借鉴。

---

① 参见岳永兵、刘向敏：《集体经营性建设用地入市增值收益分配探讨——以农村土地制度改革试点为例》，载《当代经济管理》2018年第3期。

二、“三权分置”下宅基地收益界定及分配存在的问题

有关宅基地收益分配问题一直以来讨论热烈，但由于宅基地长期以来囿于其社会保障功能而限制流转和经营利用，对其收益的研究也限于宅基地被征收进入国有建设用地市场后价值陡增带来的收益分配和发展权归属等的思考。① 随着社会经济的发展，农村发生着深刻变革。农民土地财产价值日益凸显，与其被承载的社会保障功能日渐冲突。宅基地实践改革以经济利用为核心，②试图找到破解之道，直到宅基地“三权分置”政策的提出，为宅基地各种禁锢的突破带来了新的契机。在宅基地无偿、无期限取得的保障性制度背景下，放活宅基地使用权允许改变用途进行宅基地经营性利用和流转，势必带来巨大的增值收益。③ 这些收益与征收背景下的收益迥然不同，它是宅基地“三权分置”政策红利的产物，也是宅基地改革推进的内在动因。④

（一）“三权分置”下放活宅基地收益之界定

基于适当放活宅基地上使用权的政策出发点，宅基地收入是指原始取得宅基地的农户经营性利用和流转宅基地使用权时形成的土地收入。宅基地收益即增值收益是指宅基地收入减去用地成本的部分。参照《农村集体经营性建设用地土地增值收益调节金征收使用管理暂行办法》第 6 条第 2 款的规定，土地增值收益是指使用或流转土地所得收入扣除取得成本和土地开发支出后的净收益。在我国，宅基地的取得原则上是无偿的，即取得成本为零；⑤宅基地本身就是建设用地，具有一定符合居住条件的基础设施建设，不存在生地变熟地的问题，目前宅基地的经营性使用和流转仍多限于与住房相关的利用，涉及

---

① 参见孙秋鹏：《地方政府征收宅基地过程中的利益分配问题探讨——基于马克思地租理论的视角》，载《马克思主义研究》2013 年第 11 期；朱从谋等：《基于发展权与功能损失的农村宅基地流转增值收益分配研究——以义乌市“集地券”为例》，载《中国土地科学》2017 年第 7 期；杨丽霞、苑韶峰、李胜男：《共享发展视野下农村宅基地入市增值收益的均衡分配》，载《理论探索》2018 年第 1 期。上述论文中所论述的宅基地流转或入市增值收益都是宅基地被征收后进入国有土地供应市场产生的增值收益，而不是宅基地使用权流转产生的增值收益。

② 参见陈小君：《宅基地使用权的制度困局与破解之维》，载《法学研究》2019 年第 3 期。

③ 参见张先贵：《我国土地用途管制改革的法理求解》，载《法学家》2018 年第 4 期。

④ 杨雅婷：《“三权分置”下宅基地增值收益分配研究》，载《法学家》2021 年第 5 期。

⑤ 有些试点地区在探索宅基地的有偿取得制度，但仍以无偿取得宅基地为主。

房屋改造的较多,但涉及土地开发的较少,可以说,基本没有土地开发支出。从宅基地增值收益的本意来看,增值应当是现值与原来价格的差异,[①]而宅基地在不允许经营性利用和流转时是没有价格的,按取得价格来看,农户是无偿取得的,因此,宅基地利用或流转收益本身就是土地增值收益,且与因宅基地获得的收入无异。从改革试点实践来看,放活宅基地所获收益主要包括以下几点。

1. 农户经营性利用宅基地形成的土地收益

现行法律规定下,农村宅基地使用权由农户无偿取得,用于建造住宅及其附属设施。农户仅享有对宅基地占有和使用的权利,主要为了实现农民的居住保障。事实上,实践中对宅基地的经营性利用长期存在且较为常见,比如自家或相邻几户共同开办"农家乐"[②]。在成都、广州等地,"农家乐"发展较快,亦出台了相应管理规定。[③] 农户通过"农家乐"等形式利用宅基地,已经超出了居住保障的使用目的,其经营性价值得以彰显,用途改变上的政策红利带来宅基地的增值,形成土地增值收益。需要指出,经营性利用宅基地的土地收益被包含在农户获得的总体经营性收益中,应当被区分出来。

2. 农户流转宅基地使用权形成的土地收益

允许有条件流转宅基地是放活宅基地使用权的重要形式。现行法规框架下,宅基地只能用于农户居住或在本集体经济组织成员内部进行流转,宅基地使用权作为一项用益物权只体现了占有和使用的权能[④]。"三权分置"政策下,宅基地改革试点地区探索不同的流转方式,一定程度上允许社会主体参与流转,扩大了宅基地使用权流转范围和使用用途,形成流转市场,体现宅基地的交换价值。放开宅基地使用权的流转彰显了宅基地的财产属性,必然进一步释放禁锢的土地价值,从而带来增值。具体而言有以下几种形式。

---

① 参见王兆林、骆东奇:《宅基地"三权分置"中农民分享退地增值收益研究》,科学出版社2019年版,第48~58页。

② 参见张孝德:《乡村生活价值的再发现及实现路径》,载《行政管理改革》2019年第6期。

③ 成都于2018年5月出台《成都市农家乐管理办法》;广州于2020年7月出台新的《广州市农家乐管理办法》,取代了2018年的管理办法。

④ 《民法典》第362条规定,宅基地使用权人依法对集体所有的土地享有占有和使用的权利,有权依法利用该土地建造住宅及其附属设施。

第一,出租。实践中,农户将闲置农房和宅基地出租给他人使用的现象比较普遍。一些试点将承租人限为本集体经济组织成员,如天津市蓟州区、江西省鹰潭市余江区。也有一些地方允许社会主体向农户承租宅基地,如重庆市大足区规定城镇居民可租赁农村宅基地。① 宅基地"三权分置"政策出台后,出租成为放活宅基地使用权的一种被普遍接受的流转方式,如浙江省安吉县就形成了宅基地租赁使用权流转模式。② 该方式下,出租农户将其宅基地不超过20年期限的使用权租赁给其他主体,并获得土地收益。一般情况下,农户与承租人约定的租金包含了房屋和土地两部分对价,宅基地租赁收益应当是从总租金中将房屋租金剥离后的部分。

第二,转让。现行国家政策禁止城镇居民受让农民住房和宅基地。③ 宅基地使用权合法受让主体被限于本集体经济组织成员。④ 在宅基地"三权分置"政策下,试点地区不断探索在农户不丧失资格权的前提下宅基地使用权转让的途径。⑤ 如浙江省义乌市允许跨集体经济组织转让宅基地使用权,但仍限于农户身份,转让后使用年限最高为70年;⑥浙江省德清县允许宅基地使用权转让,且受让人不受身份限制,转让最高年限为30年,到期后由资格权人收回宅基地使用权。⑦ 一般情况下,农户转让宅基地使用权后不得再申请取得宅基地。农户转让宅基地使用权将一次性获得土地转让金,该笔资金就是宅基地转让的土地收益。

第三,入股(联建)。利用宅基地使用权入股与社会主体联建房屋,是试点地区放活宅基地使用权的有益尝试。如四川省泸县探索了"共建共

---

① 参见《重庆市大足区农村宅基地使用权流转管理办法(试行)》。

② 参见《安吉县人民政府关于农村闲置农房(宅基地)流转的意见(试行)》。

③ 1999年国办发〔1999〕39号文《国务院办公厅关于加强土地转让管理、严禁炒卖土地的通知》第2条第3款规定:"农民的住宅不得向城市居民出售,也不得批准城市居民占用农民集体土地建住宅,有关部门不得为违法建造和购买的住宅发放土地使用证和房产证。"

④ 如天津蓟州区明确宅基地可以以转让、出租等方式流转给本村内符合宅基地申请和批准条件的村民。

⑤ 参见宋志红:《宅基地资格权:内涵、实践探索与制度构建》,载《法学评论》2021年第1期。

⑥ 参见《义乌市农村宅基地使用权流转暂行办法》和《义乌市农村宅基地使用权转让细则(试行)》。

⑦ 参见《德清县农村宅基地管理办法(试行)》。

享”模式，[①]即农户与社会主体一方提供土地一方提供资金合作建设，房产权利双方按约定共享；土地权利方面，社会主体获得约定享有的部分房屋所有权相应分摊土地部分一定年限的建设用地使用权，商业40年，住宅70年，农户仍享有约定拥有房产分摊土地部分的宅基地使用权；社会主体建设用地使用权到期后土地权利回归农户，农户继续享有完整的宅基地使用权。该模式下宅基地收益较难体现，实际上是农户将部分面积的宅基地使用权转让给社会主体，交换的对价是社会主体出资建造约定由农户享有的房屋及其上所有权，因此农户在共建中享有房屋的价值应当是其宅基地的使用收益。

此外，宅基地使用权的流转方式还有互换和赠与等。因这两种方式基本不产生土地收益，暂且不予讨论。

（二）“三权分置”下宅基地收益分配存在的问题

“三权分置”改革带来了宅基地新的增值收益，有利益必然要明确分配机制。但在试点实践中和理论界都对此问题关注较少。究其原因，主要是宅基地“三权分置”改革尚浅，实践探索和理论研究还都在摸着石头过河，没有形成较成熟的经验。关于“三权分置”下放活宅基地使用权的态度从政策上就明确为“适度”，实践中各试点也较为谨慎。从上面宅基地增值收益取得途径即可见一斑。“三权分置”政策带给宅基地增值收益的凸显，还有赖于宅基地制度改革的进一步深化和对宅基地管制的进一步放开。但即便如此，宅基地收益分配的理论基础和法律关系仍有必要研究清楚，构建起清晰的收益分配方案才能为宅基地“三权分置”改革提供有力支撑，未雨绸缪，避免各方主体因利益分配不均对改革掣肘。

借鉴集体经营性建设用地入市中收益分配制度，结合试点地区[②]宅基地管理办法中有关土地收益分配的探索，以构建兼顾个人、集体和国家的分配方案为目标，宅基地收益分配制度应当重点厘清以下问题。

1. 主体方面谁应当分享宅基地收益？

在经营性利用和流转宅基地中，原始取得土地的农户是直接参与者，宅基

---

① 参见史卫民、董鹏斌：《户有所居视角下共享宅基地使用权的法律规制》，载《湖南农业大学学报（社会科学版）》2021年第2期。

② 如天津市蓟州区、浙江省义乌市、江西省鹰潭市余江区、重庆市大足区等地。

地利用和流转的对价也由农户直接获得。但农户只是宅基地的使用权人，与作为所有权人的农民集体之间谁是享有宅基地收益的权利主体？另外一方应否参与收益分配？在乡村振兴战略实施中，土地价值的增加很大程度上取决于周边环境和基础设施的改善，地方政府的地租贡献是否可以让其分享宅基地的增值收益？这些问题在实践中缺乏有效的、可以借鉴的经验和相应理论研究，亟待解决。特别是集体参与分配的权利基础涉及集体土地所有权这一复杂问题，且集体在宅基地使用权流转和经营性建设用地入市中的地位不同，应当如何构建以落实集体土地所有权为着眼点、以放活宅基地使用权为目标的集体参与宅基地收益分配方案是一个关键问题。

2. 方式上各主体应如何参与收益分配？

在宅基地收益分配中，农户、农民集体和地方政府应当以何种方式参与收益分配？在集体经营性建设用地流转增值收益分配中，实践中地方政府以调节金方式分得利益。那么调节金是否适用于宅基地收益分配？是否要建立宅基地增值收益调节制度？此外，改革试点中很多地方探索了宅基地有偿使用，针对“一户多宅”等情况，农户需要缴纳有偿使用费，那么有偿使用费与宅基地经营性使用和流转的增值收益之间是什么关系？在增值收益分配中如何与有偿使用费制度进行衔接？这些问题尚缺乏系统梳理和探讨。

3. 集体收益应如何管理？

宅基地收益分配管理制度是保障分配机制落实的关键，部分改革试点已对此给予了关注，如重庆市大足区规定了宅基地收益分配程序；浙江省义乌市规定了集体所得宅基地使用权流转收益的使用和内部分配，即集体获得该部分收益；浙江省德清县仅规定了收益分配比例和程序，但没有明确集体所获收益应当如何使用。可见，实践中对宅基地增值收益分配的比例、程序、使用等一系列管理规则尚欠缺统一系统的制度，亟须建立并完善相关制度。

第三节　构建城乡统筹的建设用地流转收益分配机制

构建城乡统一建设用地流转市场首先要解决好流转收益分配的问题，这关系着创新制度的推行和社会的和谐稳定。集体建设用地流转入市，需要一套兼顾各方利益的流转收益分配机制做保障。而国有建设用地流转收益分配制度也需要因此作出调整，以有利于城乡统筹的建设用地流转市场的构建。

一、构建集体经营性建设用地流转收益分配机制

随着集体经营性建设用地流转入市，亟须理顺用地收益分配主体之间的关系，确定分配方案，构建起一套合理有效的收益分配机制。下面在借鉴试点地区收益分配经验的基础上，对集体经营性建设用地流转收益分配机制中的核心问题进行深入探讨。

（一）用地交易双方以外主体参与收益分配机制

在集体经营性建设用地首次流转中，交易双方是农民集体和用地使用者，但国家作为交易双方以外的主体，由于其特殊地位可能参与流转收益分配；在用地再次流转中，交易双方都是用地使用者，但作为用地所有权人的农民集体和作为土地市场管理者的国家仍有参与流转收益分配的意愿。下面将分别讨论这些交易双方以外的主体能否参与收益分配及如何分配等问题。

1.国家参与用地首次流转收益分配方案

（1）国家应当参与收益分配的理论基础

从用地首次流转法律关系来看，国家置身于流转主体之外，本应与流转收益的分配无关，但是根据马克思地租理论从用地流转收益的形成来看，国家仍有参与分配的理论基础。

集体经营性建设用地流转收益来自其流转收入，与流转价格有密切关系。如前所述，根据马克思地租地价理论，建设用地价格主要由绝对地租、级差地租Ⅰ和级差地租Ⅱ组成。① 绝对地租是在土地所有权垄断的条件下，使用任何土地者必须支付的地租，即无论土地的优劣土地所有者总要取得的土地收益，是其所有权的体现。而级差地租，对于建设用地而言，土地位置和设施环境是其形成的决定性因素。由于土地区位、地理环境的差别所产生的超额利润转化成的级差地租，是建设用地级差地租Ⅰ。在同一地块上连续追加投资而产

---

① 参见［德］马克思：《资本论》（第3卷），郭大力、王亚南译，北京理工大学出版社2011年版，第577～583页。

生的超额利润转化而成的是级差地租Ⅱ，这里包括两方面的土地资本投入：一是整个社会对基础设施建设投入大量的土地资本引起土地收益的差别，最终形成级差地租Ⅱ；二是个别投资者在一定面积土地上，连续追加投资，获得更多的超额利润，在一定条件下转化为级差地租Ⅱ。

根据上述理论来剖析集体经营性建设用地首次流转收益可以看出，农民集体和国家都对流转收益的形成作出了贡献。首先，农民集体作为集体建设用地的所有权人，凭借其对土地私有权的垄断而当然享有绝对地租，同时还享有由于历史原因形成的区位优势所转化的部分级差地租Ⅰ；其次，国家作为整个社会的管理者，是基础设施建设的主要投入力量，特别在新农村建设中，国家为改善农村环境投入了大量资本，大大提升了农村的区位优势。可见，国家对集体经营性建设用地价格形成中的级差地租Ⅰ和级差地租Ⅱ均有贡献。

由此，集体经营性建设用地流转收益中包含了国家的资本投入，有投入就应当有回报。因此，国家应当参与集体经营性建设用地流转收益分配。

(2)国家应当参加收益分配的博弈分析

从先前集体建设用地严格限制流转下的征地制度来看，国家是土地征收后流转收益的主要获得者，且用地流转收入全额纳入地方政府财政，而农民集体只能获得被迫征地所给予的征收补偿。当集体经营性建设用地允许流转后，国家和农民集体的流转收益及收益分配的力量都发生了变化。在这种情况下，集体经营性建设用地流转能否顺利进行将是国家和农民集体进行博弈的结果。以下将通过建立博弈模型来分析国家是否应当参与集体经营性建设用地首次流转收益的分配。①

Ⅰ.前提假设

集体经营性建设用地流转各方是非合作的，且是理性的，严格追求自身效用最大化，对彼此的行动规则及效用函数等有准确的认识，即信息是完全的。因此运用完全信息动态博弈模型进行分析。

---

①　参见袁枫朝、燕新程：《集体建设用地流转之三方博弈分析——基于地方政府、农村集体组织与用地企业的角度》，载《中国土地科学》2009年第2期。

Ⅱ.模型要素

i)行为主体。用地首次流转主要涉及农民集体、农民、用地使用者及国家等主体。考虑到所要分析问题的需要,以下重点探讨农民集体和国家之间的博弈关系。其中国家分中央政府和地方政府。中央政府负责制定相关法律及政策;地方政府代表国家利益与农民集体进行博弈。

ii)行动空间。经过集体经营性建设用地入市改革试点探索,2019 年修改的《土地管理法》明确开放了对集体建设用地流转的严格限制,即允许农村集体经营性建设用地在符合规划、依法登记并经 2/3 以上集体经济组织成员同意的情况下可以入市流转。[①] 在中央政府既定的行动选择下,地方政府的行为包括对集体经营性建设用地进行征收和不进行征收两种类型。对于农民集体,需要根据中央政府和地方政府的行动,作出自己的选择。在地方政府进行征收的情况下,农民集体只能被迫征收,别无他选;在地方政府不进行征收的情况下,农民可以选择自用土地或自主流转。如图 5.2 所示。

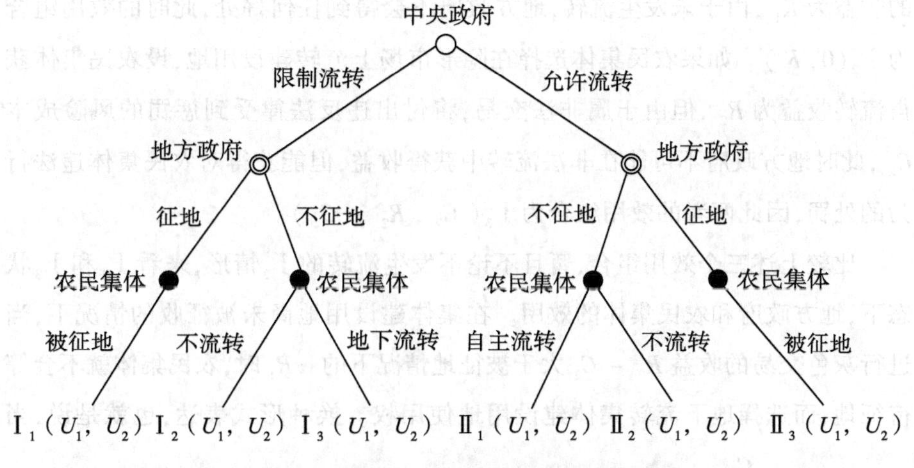

图 5.2　集体经营性建设用地流转博弈模型

iii)效用函数。博弈主体的效用函数不但受自身的行动影响,还取决于对方的行动选择。(U_1,U_2)为行为主体的效用函数组合。行为人地方政府的效

① 参见《土地管理法》第 63 条。

用 U_1 和行为人农民集体的效用 U_2 都主要取决于两方面：一是在集体经营性建设用地流转过程中取得的收益，二是违反法律要受到的处罚风险成本。

Ⅲ. 博弈分析

i)限制流转情况下的博弈分析

在集体建设用地使用权流转被严格限制的情况下，集体建设用地唯一合法的流转途径就只有通过征收程序转变为国有建设用地后在国有土地市场上流转。这种情况下，假设地方政府通过征地后在国有建设用地市场上出让土地使用权的总收入为 R_1，其中给被征地农民的补偿为 αR_1，α 为农民补偿占所征建设用地出让价款的份额，则地方政府所得收益为 $(1-\alpha) R_1$。由此，得出地方政府进行征地时两方参与者的效用组合为 $\mathrm{I}_1((1-\alpha) R_1, \alpha R_1)$。

在集体建设用地被限制流转使用的情况下，如果地方政府不进行征地，农民集体可能选择不流转集体建设用地而自己使用，也可能在利益驱动下选择非法入市，进行集体建设用地使用权的地下交易。设农民集体自用建设用地的收益为 K_1，由于未发生流转，地方政府不会得到任何好处，此时的效用组合为 $\mathrm{I}_2(0, K)$。如果农民集体选择在隐形市场上流转建设用地，设农民集体获得流转收益为 R_2，但由于属非法交易，将付出违反法律受到惩罚的风险成本 C_2，此时地方政府不可能在非法流转中获得收益，但能获得对农民集体违法行为的处罚，因此两者的效用组合为 $\mathrm{I}_3(C_2, R_2 - C_2)$。

比较上述三个效用组合，暂且不论不发生流转的 I_2 情形，来看 I_1 和 I_3 状态下，地方政府和农民集体的效用。在集体建设用地尚未被征收的情况下，当进行灰色交易的收益 $R_2 - C_2$ 大于被征地情况下的 αR_1 时，农民集体就不会等待征地，而选择地下流转集体建设用地使用权。换种形式表达，也就是说，当满足 $\alpha < 1 - \dfrac{C_2}{R_2}$ 时，农民集体就会自发流转。可见，征收补偿过低是集体建设用地地下交易的主要原因。此外，如果地方政府严惩非法流转行为，使农民集体流转建设用地的违法成本 C_2 过高，也可以减少农民集体的自发流转行为。

ii)允许流转情况下的博弈分析

在允许集体建设用地使用权流转的情况下，农民集体无论进行用地流转，还是自己使用,或等待被征收都将是合法行为。在集体经营性建设用地流转解禁的同时,对征地范围的缩小、明晰和严控将是必然之举。由此地方政府不进行征地,还农民集体以自主流转经营性建设用地的财产权利将是常态。此时,若农民集体选择自用,则效用组合仍是$\text{Ⅱ}_2(0, K)$;若农民集体对集体经营性建设用地进行流转,假设流转所得全部收入为R_2',地方政府参与收益分配且分得β份额,即地方政府获得收益为$\beta R_2'$,则农民集体所剩流转收益为$(1-\beta)R_2'$,由此二者的效用组合为$\text{Ⅱ}_1(\beta R_2', (1-\beta)R_2')$。

当然,在行为主体都是追求自身效用最大化的前提下,地方政府有可能不满意从集体经营性建设用地流转中所获得的收益,而继续选择进行征地。但此时由于征地行为已被严格限定在为公共利益的范围内,若地方政府为了追求利益滥用征收权的话,就要付出被上级政府查处的风险成本C_1'。假设地方政府强行征地后再进行流转的建设用地使用权出让总收入为R_1',其中将$\gamma R_1'$收益分给被征地农民作为补偿,γ为农民补偿占所征建设用地出让价款的份额,则地方政府所得流转收益为$(1-\gamma)R_1'$,同时还要支付违法成本C_1'。由此,地方政府进行强行征地时两方参与者的效用组合为$\text{Ⅱ}_3((1-\gamma)R_1' - C_1', \gamma R_1')$。

将地方政府和农民集体在上述不同状态下的效用总结于表5.1中。

表5.1　博弈模型下的效用总结

效用	中央选择	集体选择			
		征地	自用	地下流转	自主流转
地方政府 U_1	限制流转	$(1-\alpha)R_1$	0	C_2	—
	允许流转	$(1-\gamma)R_1' - C_1'$	0	—	$\beta R_2'$
农民集体 U_2	限制流转	αR_1	K	$R_2 - C_2$	—
	允许流转	$\gamma R_1'$	K	—	$(1-\beta)R_2'$

比较在允许集体经营性建设用地流转条件下不同行动主体的效用可以看出,对于农民集体而言,只要自主流转建设用地的效用大于自用且大于被迫征地下的效用,即$(1-\beta)R_2' > K$,且$(1-\beta)R_2' > \gamma R_1'$,农民集体就会选择进行用地流转,而不再自己使用或等待被征收。对于地方政府而言,如果从集体

经营性建设用地自主流转中所获得收益不能满足政府追求效用最大化的需求，即小于在征地状态下的潜在利益，则地方政府就会不惜冒着被惩罚的风险，行使不正当的征地权，阻碍集体经营性建设用地的流转而促成征收。也就是说，地方政府会选择进行征地的条件是 $\beta R_2' < (1-\gamma) R_1' - C_1'$，整理得 $\beta < \frac{(1-\gamma) R_1' - C_1'}{R_2'}$。假设地方政府征地后流转建设用地的价格 R_1' 与农民集体流转集体经营性建设用地使用权的市场价格 R_2' 相同，则上述不等式可化简为 $\beta < (1-\gamma) - \frac{C_1'}{R_2'}$。可见，地方政府参与集体经营性建设用地流转收益分配的份额 β 过小，是地方政府以强行征地的方式阻碍集体用地流转的主要原因。另一方面，如果增大 γ 或 C_1'，则不等式右边会变小，在 β 不变的情况下，不等式关系可能发生反方向变化。这说明提高农民集体从征地中得到的补偿或严惩地方政府滥用征收权行为，都将降低地方政府阻挠用地流转而选择征地的意愿，有利于保障集体经营性建设用地制度的顺利推行。

Ⅳ. 模型启示①

i）征地补偿标准过低是农民集体在集体经营性建设用地不符合流转条件时选择地下流转的主要原因。农民为了体现其应有的土地财产权利，纷纷进行建设用地的地下流转，尽管冒着被政府查处的风险，也在利益驱动下流转得如火如荼。这种地下交易不受法律保护，极不规范，不仅难以保障农民的合法权益，而且会造成地方政府土地收益的流失。因此，在征地补偿不可能大幅提升的情况下，通过明晰产权、零星整治等手段消除集体建设用地的流转限制条件是地方政府和农民集体的必然选择，也势在必行。

ii）在允许集体经营性建设用地流转的情况下，地方政府应当参与流转收益分配，以保障流转的顺利进行。在我国现阶段如果为盘活农村土地市场，促进城乡经济一体化发展而实行集体经营性建设用地使用权的流转，就应该在土地收益中允许地方政府介入分配，否则使用权流转难以真正存在。集体建

① 杨雅婷：《农村集体经营性建设用地流转收益分配机制的法经济学分析》，载《西北农林科技大学学报（社会科学版）》2015 年第 2 期。

设用地流转从市场准入到价格形成,都要受到国家土地管理权力的制约和调控,在供给方面可以流转的集体经营性建设用地需要符合土地利用总体规划,一般要经地方政府批准。也就是说,地方政府有权决定集体经营性建设用地能否入市流转。如果在用地使用权流转中地方政府不会分得任何利益的话,其很有可能运用手中的权力,阻碍使用权的流转,促成征收的实施,使流转制度形同虚设。① 因此地方政府应当适当参与集体经营性建设用地流转收益的分配。

iii)明确并缩小土地征收范围,严格限制地方政府对征收权的行使,将是保障集体经营性建设用地流转的重要手段。目前我国土地征收范围虽在《土地管理法》中明确了公共利益目的,但仍存在对成片开发的争议,被诟病征收范围仍较为宽泛,存在政府滥用征收权的可能性。如果在允许集体经营性建设用地流转的同时,不对征收制度进行完善,不对征收范围进行限定,则地方政府在利益驱动下,面对较小的违法成本,将继续滥用征收权而阻挠集体经营性建设用地的流转。因此,在法律上限制政府征收土地的范围和权力,在执行上加大对政府违法征地的处罚力度,将有助于集体经营性建设用地流转制度的运行。

(3)国家参与收益分配的具体模式

在国家应当参与集体经营性建设用地流转收益分配的前提下,以何种形式参与分配是一个值得探讨的问题。从试点地区实践来看,国家参与用地流转收益分配的方式主要有两种:一种是只向转让人和受让人征收土地增值收益调节金;另一种是在征收土地增值收益调节金的基础上另外收取相应税费。应当说,虽然国家应当参与用地流转收益分配,但从法律关系来看,国家并不是流转交易的主体,地方政府凭借公权力从土地使用权流转收益者那里直接取得收益是没有法理依据的。因此,国家只能间接参与收益分配。而从上述博弈模型可以看出,如果地方政府分得的流转收益过少,就有可能导致其利用手中权力阻碍用地流转而促成征收。因此,对于地方政府参与用地使用权流

① 参见陈耀东、李俊:《集体建设用地流转与土地征收客体范围重叠的困境与出路》,载《长白学刊》2016年第1期。

转收益分配的方式应当逐步进行规范。在现阶段为盘活农村土地市场,积极促进集体经营性建设用地流转市场的建立,应当允许地方政府以恰当的方式介入用地使用权流转收益分配,否则用地使用权流转有可能难以真正存在。在各个试点地区广泛存在的土地增值收益调节金模式经过多年的探索尝试,短暂地解决了地方政府参与收益分配的问题,但土地增值收益调节金的形式只是改革试点阶段的暂时手段,且在改革试点阶段就暴露出诸多问题,从长远来看,国家以税费的方式参与收益分配是更加合理合法的方案,也应当是国家参与集体经营性建设用地流转收益分配的最终模式。而对于国家最终征收何种税替代现阶段的土地增值收益调节金尚未达成共识,有待进一步的研究探索。

2. 农民集体和国家参与集体建设用地再次流转收益分配方案

在集体经营性建设用地首次流转中,农民集体是转出方,作为用地所有权人和交易一方主体,理应获得除国家参与分配部分的全部流转收益。但是在再次流转中,用地流转发生在用地使用权人之间,农民集体不再是交易一方,而只是作为用地所有者置身于流转行为之外,在必要时对不符合合同约定或法律规定的再次流转进行限制。① 农民集体在用地首次流转中已经获得了相应对价,在再次流转中不应再参与流转收益分配。即使用地再次流转中有增值收益,也大多来自用地使用者在土地上连续追加投资,通过改善用地条件在一定条件下转化形成的级差地租Ⅱ,应当由用地使用者享用这部分收益,农民集体没有理由介入分配。

对于国家而言,是否还应当参与集体经营性建设用地再次流转收益分配?基于国家对基础设施建设的投入和对流转市场的管理,应当以土地增值税的方式参与收益分配。鉴于用地再次流转的市场自由度更大,国家的监管和制约手段减弱,不存在博弈模型中出现的问题,因此国家以征税方式参与收益分配的方案相对比较简单可行。

---

① 参见杨静:《农村集体土地确权工作中存在的问题及其对策》,载《人民论坛》2013 年第 8 期。

(二)农民集体流转收益内部分配机制

集体经营性建设用地流转收益分配机制的第二个核心问题就是农民集体所获得的流转收益在集体内部的分配,主要涉及农民的切身利益。农民是集体经营性建设用地收益的实际享用者,在集体建设用地流转的各种法律关系中应当享有最终受益者的地位和权利,但在用地流转中面对强大的农民集体和地方政府却始终处于弱势地位,因此,切实保护好农民的利益是解决农村土地问题的重点和关键点。

1. 农民应是集体经营性建设用地流转收益的最终受益者

在用地首次流转中,农民集体是集体土地的所有权人,也是用地流转收益的分配主体。但是从农民集体所有权的性质来看,农民集体所获得的土地使用权流转收益应属于本集体成员集体所有,即应由集体成员共享这部分收益,大部分收益应落实到每个集体成员。由此,农民应该是用地首次流转收益最终的受益者,在土地收益分配中要特别保护农民的利益。

在用地再次流转中,涉及的收益分配主体主要是用地使用权人,农民集体已经不是收益分配主体,因此农民也不能作为本集体成员获得收益。

2. 农民集体流转收益用途管理

农民集体内部流转收益分配机制中的一个重要内容就是对农民集体所获得流转收益使用的管理,通过严格控制农民集体收益用途的方式可以有效保护农民在用地流转中的权益。从试点地区的实践来看,对于集体经营性建设用地流转收益用途,从试点初期到现在始终坚持用于保障农民的长久之计①。

现阶段法律规定,根据发展壮大集体经济的原则,农民集体可以提留一定比例的收益用以发展壮大集体经济。而面临的问题是农民集体对土地代管理经营组织的不信任以及理性自然人的自利性等,在集体与其成员的出让收益内部分配中提留资金制度的开展存在难度。应当明确的是出让收益内部分配必须保护和尊重农民集体的产权,但是一味地迁就农民集体的任意性和随意性将不利于农村地区未来可持续性发展,因此,虽然对农民集体收益的内部分

① 详见前面对试点地区的考察和评价部分。

配问题,国家不宜介入过多,但由于我国绝大多数农村地区的经济发展水平比较落后,农民的生产和生活还缺乏许多必要的保障,农业生产所面临的风险难以回避,农民抵御风险的能力十分微弱,国家应当在相关地方性法规中体现对农民集体流转收益用途管理的规定以及对提留资金最低比例的规定,在保障未来可持续性发展的基础上保护和尊重农民集体的产权,在规定最低提留资金比例的基础上由农民集体内部自行决策确定最终提留资金比例,以实现充分保障农民权益和发展壮大集体经济的双赢局面。

3. 农民集体流转收益在农民之间的分配

农民集体流转收益在农民之间的分配实际是一个自治问题,应当由本集体成员按照民主程序共同决定。首先要保障农民对集体经营性建设用地流转收益的知情权,即确保农民知晓农民集体所获得土地收益的收支及分配情况;其次要保障农民对用地流转收益的监督权,即用地收益的收取和支出情况,应当向集体成员公开并接受监督;最后也最重要的是要保障农民对用地流转收益分配方案的参与权,即分配方案应当由本集体全体成员依照民主程序共同决定,以确保分配方案的公正透明。

可见,农民具体会在集体的流转收益中获得多少应当是由村民共同决定的,其中包括从流转收益中应拿出多少投入到集体公共事业的发展问题也应当通过民主决策机制决定具体方案。建立农民土地收益内部分配制度,应当实行土地收益分配使用的民主决策,完善监督制约机制,以切实维护农民利益。①

二、建立宅基地收益分配制度②

宅基地使用权流转属于宅基地的再次流转,宅基地首次流转是农民集体无偿分配给农户的,再次流转是“三权分置”政策下放活宅基地上使用权的改革重点。这里所讨论的宅基地收益主要指农户将宅基地使用权流转出去获得的收益。从法律关系来看,流转双方是农户和获得宅基地使用权利的主体,集

① 参见胡玉贤:《关于创建集体建设用地流转新制度的若干思考》,载《资源·产业》2003 年第 2 期。

② 杨雅婷:《“三权分置”下宅基地增值收益分配研究》,载《法学家》2021 年第 5 期。

体和政府都在流转法律关系之外，那么，农户、集体和政府可否分享宅基地收益呢？以下对此逐一进行分析。

（一）农户获得宅基地收益的权利保障

我国《民法典》第362条规定，宅基地使用权人仅享有占有和使用宅基地的权能，而没有收益权能。从权能分离理论来看，宅基地所有权人仍保留收益和处分权能，仅将占有和使用权能让渡给了宅基地使用权人。这是否就意味着农户不能享有经营性利用和流转宅基地的增值收益？在农村土地制度改革背景下，农户应当是获得宅基地增值收益的主体。

首先，用益物权本意要求扩大宅基地使用权权能。“宅基地使用权在物权体系定位上属‘用益物权’，‘用益’即为‘使用和收益’，反映着用益物权的两大权能。”①根据《民法典》第323条的规定，用益物权应当具有占有、使用和收益权能。当然，并非所有的用益物权均具有收益权能，②但与具有相似属性的建设用地使用权相比，宅基地使用权的权利内容受到了极大限制。将宅基地使用权限于占有和使用权能，是为了维护宅基地使用权的福利保障功能，保护农民的利益。③ 但随着城乡经济的不断发展，宅基地的财产属性日益彰显，仅体现宅基地福利性的权能规定已经不能适应社会和时代的发展。改革实践和物权理论都要求宅基地使用权回归一般用益物权的权能范畴，将收益权能纳入其中。很多学者也指出，应当在立法层面赋予宅基地使用权完整权能。④

其次，国家政策提出要保障农户宅基地用益物权。《中共中央关于全面深化改革若干重大问题的决定》等一系列重要文件都指出要“保障农户宅基地用

---

① 高圣平：《宅基地制度改革与民法典物权编编纂——兼评〈民法典物权编（草案二次审议稿）〉》，载《法学评论》2019年第4期。

② 学说上认为，我国《物权法》上的地役权即无收益权能。参见王利明：《物权法研究》（下卷）（第4版），中国人民大学出版社2016年版，第22页。

③ 参见胡康生：《中华人民共和国物权法释义》，法律出版社2007年版，第141页。

④ 参见席志国：《民法典编纂视域中宅基地三权分置探究》，载《行政管理改革》2018年第4期；房绍坤：《民法典物权编用益物权的立法建议》，载《清华法学》2018年第2期；高圣平：《宅基地制度改革政策的演进与走向》，载《中国人民大学学报》2019年第1期。

益物权”。如何保障？就是“要依法保障农户宅基地依法取得、使用、收益的权利”①。其中，收益权是对农民利益最有力的保护。宅基地“三权分置”政策要求保障农户资格权，资格权在很大程度上体现为农户对土地收益的享有。由此，政策上鼓励赋予农民完整的用益物权，农民应当享有宅基地收益权。

最后，基于宅基地使用权利用和流转法律关系，农户应当获得宅基地使用权增值收益。宅基地改革试点地区赋予了农户宅基地上收益权能，因政策上的突破，农户在经营性利用和流转宅基地时可以形成有效的法律关系。在经营性使用宅基地中农户利用自己的宅基地获得经营收入，其中包含了土地收益，农户既是土地供给者又是土地使用者，土地收益应直接由农户获得。在宅基地使用权流转中农户与转入方达成协议约定土地使用对价，农户是合同的直接参与者，按照合同相对性理论农户也应享有宅基地使用权收益。

鉴于此，尽管现行立法限制尚未突破，但农户应当享有宅基地使用权的收益权能，这也是宅基地制度改革的方向。《乡村振兴促进法》提出全面实施乡村振兴要坚持农民主体地位，充分尊重农民意愿，保障农民民主权利和其他合法权益，调动农民的积极性、主动性、创造性，维护农民根本利益。那么，赋予宅基地使用权人收益权能，使农户享有基于合同关系获得土地增值收益的权利基础，将有助于理顺经营性利用和流转宅基地所形成的法律关系，彰显宅基地财产价值，保障农民土地权益。

(二)集体参与宅基地收益分配的理论基础与制度设计

1. 集体参与宅基地收益分配的正当性

在经营性利用和流转宅基地的法律关系中，集体不是直接的参与者，那么集体是否应当分享宅基地增值收益？集体是宅基地的所有权人，尽管在宅基地上设立了用益物权，让渡了部分权能，但集体基于尚保留的权能，应当分得宅基地增值收益。

集体土地所有权是一个较为复杂的概念，尽管《民法典》物权编在所有权部分规定了以土地为核心的集体所有权，但学界对集体土地所有权权能内容

① 徐绍史：《健全严格规范的农村土地管理制度》，载《〈中共中央关于推进农村改革发展若干重大问题的决定〉辅导读本》，人民出版社2008年版，第142页。

的解读仍莫衷一是。[①] 依据列举具体权能的所有权定义，所有权一般具有占有、使用、收益、处分四项权能。[②] 但有学者认为集体土地所有权不同于一般私人所有权，[③]它从本质上是一种新型总有，[④]应当赋予集体土地所有权经济功能实现的权能、社会保障功能实现的权能以及因公共利益使其权能受到限制的利益补救权能。[⑤] 基于这样的认识，集体所有权因其主体的群体性，在权能上除了具有一般所有权的四项权能外，还应具有管理方面的权能。[⑥]

首先，集体基于收益权能应分享宅基地增值收益。集体通过无偿分配方式将其所有权中的占有和使用权能转移给宅基地使用权人，以实现农民的户有所居。宅基地上的收益权能不是基本保障功能应涵盖的范围，因此，农户无偿取得的宅基地使用权中不应包含收益权能。有人提出同样具有保障功能的农用地上土地承包经营权人就享有收益权能，但应当看到，农用地是生产资料，农民需要通过占有和使用农用地获得收成才能保障生活；而宅基地是生活资料，通过占有和使用在该土地上建造住宅及其附属设施就可以给农民提供保障。可见，集体在无偿分配宅基地使用权时仅让渡了占有和使用权能，仍保留着收益权能。

如前所述，随着宅基地财产属性日渐凸显，应当赋予宅基地使用权人更完整的用益物权，即使其权能扩大至收益权。需要指出，这里的宅基地收益权能不应与占有和使用这样的社会保障功能实现权能一样由所有权人无偿配给，也不是农户在无偿取得宅基地使用权时当然享有的。具体而言，无偿分配宅基地是为了保障农户住有所居，仅限于对宅基地的占有和自住使用，如果农户经营性利用和流转宅基地，扩展了土地用途，增加了农民财产性收益，实际上超越了宅基地原本的福利性。因此，农户享有收益权能就不应再无偿取得了，

---

① 参见高海：《论“三权分置”与集体土地所有权的坚持》，载《中国农村观察》2019年第3期；房绍坤、曹相见：《集体土地所有权的权能构造与制度完善》，载《学习与探索》2020年第7期；韩松：《城镇化对农民集体土地所有权制度的影响及其应对》，载《江西社会科学》2020年第2期。

② 参见《民法典》第240条。

③ 参见孙宪忠：《所有权制度的历史分析》，载《河南财经政法大学学报》2013年第3期。

④ 参见王利明、周友军：《论我国农村土地权利制度的完善》，载《中国法学》2012年第1期。

⑤ 参见韩松：《农民集体土地所有权的权能》，载《法学研究》2014年第6期。

⑥ 参见韩松：《论农民集体土地所有权的管理权能》，载《中国法学》2016年第2期。

而应当通过有偿方式从所有权人手中获得,从而正当地经营性利用或流转宅基地。

其次,集体基于管理权能亦应分享宅基地增值收益。管理权能被认为是与占有、使用、收益和处分权并行的一项集体所有权权能,是为了保障集体所有权及其成员用益物权行使的权能。在宅基地经营性利用和流转中,集体作为所有权人的管理权能主要体现在两个方面:一是土地用途管制,二是公共服务提供。一方面,宅基地本是自住用地,但经营性利用和流转后,土地用途势必扩大,属经营性用地,这就需要集体对本村用地规划的调整及对用途改变的批准,并对经营性利用的宅基地用途进行监督,应符合规划以居住类商业用途为主,而不能变成工业用地。另一方面,集体作为土地所有权人还承担着集体各项公共服务的提供义务,如人居环境的保障,基础设施的完善,土地使用权流转管理等。基于上述管理权能,集体亦应分享宅基地增值收益。从土地用途管制来看,集体有宅基地用途调整的决定权和监督权,如集体不能分享收益,宅基地的经营性利用和流转难以实施。从公共服务提供来看,由于宅基地经营性用途的扩展会加重集体承担的村庄公共服务负担,集体有对因用途扩展而产生的增值收益予以分享的权利和必要。①

2. 集体参与宅基地收益分配的正当方式

关于集体参与宅基地收益分配的方式,实践中做法不一。如浙江省湖州市德清县要求农户将宅基地使用权出租、转让的,向集体缴纳土地增值收益调节金。浙江省义乌市规定跨集体转让宅基地使用权的,受让人应当向宅基地所在集体缴纳土地所有权收益。重庆市大足区明确宅基地使用权流转时,农户向集体缴纳集体土地收益金。江西省鹰潭市余江区规定宅基地收益须在集体和农户之间进行合理分配,但未明确集体获得收益的属性。上述实践反映出各地对集体分享宅基地增值收益的法律关系尚未理顺,且都仅规定了宅基地使用权的流转收益分配,而对经营性利用宅基地情况均未提及。如前所述,集体分享宅基地增值收益是基于所有权下收益权能的转移以及集体所有权下

① 参见宋志红:《乡村振兴背景下的宅基地权利制度重构》,载《法学研究》2019 年第 3 期。

的管理权能。因此,农户在经营性利用和流转宅基地时,集体不仅可以获得集体宅基地收益金,还可以获得集体宅基地调节金。具体而言有以下几点。

首先,集体收益金是集体获得的其宅基地所有权下收益权能对价。类比国有划拨建设用地流转,因其公益用地性质改变,需要土地使用权人获得批准并补缴土地出让金后才能变更用途或转让。无偿取得宅基地的使用权人在经营性利用或流转时亦应通过向集体补缴宅基地收益金以获取完整的用益物权。这里需要指出,从权利分离和行使的角度看,集体获得宅基地收益权对价应当是农户经营性利用和流转宅基地的前提,严格意义上不应当是宅基地经营性利用和流转后产生的增值收益的分享。① 但是,如果将农民缴纳收益金作为经营性利用和流转宅基地的前提条件,农户需要在尚未获得土地收益时,就提前支付用地对价,一来给农民增加了负担,二来也不利于农户对宅基地的积极利用和流转。与其如此,不如农民集体在农户获得宅基地使用权增值收益时与其分享,既保障集体所有权的落实,也可充分保护农民利益。

其次,集体收益金与有偿使用费不同。试点地区宅基地有偿使用费主要适用于超面积占地、一户多宅和非本集体成员通过继承或其他方式占有和使用宅基地的情况。对超标宅基地收取有偿使用费是对静态占用土地行为的经济机制制约,其目的是解决宅基地空置闲置问题,实现对土地资源的集约利用和有效配置。② 关于缴纳了有偿使用费的超标宅基地使用权在权利性质和效力方面,实践中仍存在困惑,尽管在登记确权等处理上与标准内宅基地使用权存在差异,但其权利权能内涵尚未澄清。因此,要区分宅基地有偿使用与有偿取得。从产权角度看,有偿使用是宅基地所有权人对其收益权能的行使,而有偿取得是集体对其收益权能的处分。实际上,集体宅基地收益金属于有偿取得的范畴,也就是农户通过缴纳集体收益金取得宅基地收益权能,与有偿使用费有本质上的区别。

---

① 可类比国有划拨建设用地流转制度。划拨土地使用权人要流转土地必须先经批准且转为出让土地补交土地出让金后方可流转。

② 参见杨雅婷:《我国宅基地有偿使用制度探索与构建》,载《南开学报(哲学社会科学版)》2016 年第 4 期。

再次,集体调节金是集体基于宅基地管理权能获得的收益。土地增值收益调节金目前主要是地方政府参与集体经营性建设用地入市流转收益分配的方式。该调节金主要基于地方政府土地财政的考量,为避免巨大利益诱惑下政府土地征收权的滥用,保障集体经营性建设用地入市的顺利推行,允许地方政府以调节金方式参与增值收益分配。宅基地经营性利用和流转中,集体分享宅基地增值收益是基于其所有权下管理权能,有正当的权利基础,一方面有集体对宅基地经营性用途扩展带来的村庄公共服务负担加重的补偿,另一方面也有土地用途管制的管理权能下顺畅推行宅基地流转的考量。因此,在集体无法通过税收调节的情况下,以宅基地调节金的方式分享收益比较适宜。

最后,集体收益金与调节金不能相互替代。宅基地收益金与调节金的权利基础不同,不能混同也不能替代。试点地区有的集体收宅基地收益金,有的集体收宅基地调节金,实际上都没有搞清法律关系。收益金与调节金应并行成为集体分享宅基地增值收益的正当方式。从某种意义上说,这也是宅基地"三权分置"落实集体土地所有权的要求。

3.集体收益金和调节金缴纳规则

关于缴纳主体,集体收益金应当由无偿取得宅基地使用权的农户向集体缴纳,宅基地调节金应当由获得宅基地使用权一方向集体缴纳。具体而言,集体收益金实际上是宅基地所有权人让渡给农户收益权能的对价,发生在集体和农户之间,因此,应当由农户而不是承租或受让宅基地使用权的主体向集体缴纳收益金。尽管实践中农户可能通过加价流转将集体收益金部分转嫁给承租人或受让人,但向集体缴纳收益金这一义务应当由农户承担。关于集体调节金,因其主要基于宅基地经营用途扩张后带来的公共服务负担加重的补偿以及流转顺畅推行的考量,所以宅基地使用权的每一次流转都需要向集体缴纳调节金,且集体主要为实际利用宅基地的使用人提供服务,因此其缴纳主体不仅包括经营性自用的农户,也包括宅基地使用权历次流转的受让方。

关于缴纳金额,集体收益金应当规定占宅基地经营性利用或流转收益的最低比例,集体调节金应当规定按固定价格缴纳。有的试点地区按固定价格征缴集体收益金,如重庆市大足区规定集体土地收益金合法面积部分,按每年不低于 0.5 元/平方米标准缴纳。因历史原因形成超标准占用农村宅基地且无法退出的部分,按每年不低于 1 元/平方米标准缴纳。① 按固定价格计算集体收益金不能体现不同地块的差异性,实际上地块在地理位置区域、环境等方面优劣不同,宅基地收益权能对价也应当不同。因此,集体收益金应当与宅基地流转收益正相关,以分成方式计算集体收益金比较合适。具体而言,立法应规定集体收益金不得低于宅基地流转收益的一定比例,具体比例由集体决议确定。这里还需要指出,宅基地流转收益应当明确流转年限,集体收益金按一定比例计算的金额只是相应流转年限内收益权能的对价,超出该年限再发生流转收益时,应当再按比例提取集体收益金以换取再流转年限的收益权能。关于集体调节金宜按固定价格收取,集体因提供公共服务获得调节金时一般无须按实际地块交易价值差别对待,只需按每平方米固定最低价收取即可。

关于缴纳时间,应当在办理流转变更登记或备案前交齐集体收益金和调节金。对于流转宅基地的,可参考重庆市大足区的规定,以转让、入股(联建)等方式流转的,在办理农村宅基地使用权转移登记前缴纳集体收益金和调节金;以租赁方式流转的,在备案前缴纳集体收益金和调节金。对于经营性利用宅基地的,应借鉴租赁方式,要求农户在备案前缴纳。将宅基地使用权转移登记或租赁备案前作为缴纳集体收益金和调节金的时间节点具有合理性和可操作性。一般而言,登记是物权变动生效的要件,宅基地使用权受让人为了获得权利的法律保障,势必积极进行转移登记,也就必须满足集体收益金缴纳的登记前置条件。对于债权变动即租赁或经营性利用宅基地的情况,登记一般不是其生效要件,当事人履行备案登记的积极性不高,这将影响集体收益金和调节金的征缴。但值得注意的是,在统筹宅基地各制度下,对宅基地的租赁和经营性利用情况进行登记备案具有积极意义,一方面可以明确经营性利用或租赁状态且表明已缴纳集体收益金和调节金;另一方面有了经营性利用或租赁备案登记,超标占地农户就不用再缴纳有偿使用费。从这个角度看,备案登记的实施也将有所改善。将集体收益金和调节金的征缴置于登记之前,不仅能

---

① 根据《重庆市大足区农村宅基地使用权流转管理办法(试行)》的规定,具体标准由农村集体经济组织参照公布执行的城乡统一基准地价和土地收益系数自行确定。

根据流转合同明确宅基地收益，而且能有效保障收益金和调节金的收取。应当说，登记是保证集体收益金和调节金顺利征缴的重要手段和配套措施。

4. 集体收益金和调节金使用和管理规则

宅基地调节金由集体收取后应专款用于村庄公共服务，如村内基础设施建设、环境保护等。这是与集体调节金的权利基础相适应的。该部分集体收益应专款专用，不宜用作集体经济发展等其他用途。需要说明的是，在“三权分置”政策下，经营性利用和流转宅基地都要确保农户资格权不丧失，因此，不涉及农民的社会保障问题，集体调节金不应用于社保的提供。此外，要严防村干部资金截留、贪污腐败等违法行为。

宅基地收益金由集体决议决定使用用途及分配方案。集体收益金是集体财产权的体现。有的试点地区，如重庆市大足区规定集体收益金属于集体成员共同所有，依法纳入村集体资产管理；浙江省义乌市规定集体宅基地收益金不直接用于分配，主要用于村集体成员的社会保障、公共服务、增加积累、回购农户退出宅基地等。立法不应对集体使用其自己的财产收益作过多的干涉，而应该尊重意思自治，由集体决议决定用途和分配方案。但在程序设计上要按照《乡村振兴促进法》规定，保障成员从集体经营收入中获得收益分配的权利，可以参照《土地管理法》《村民委员会组织法》，规定集体宅基地收益金分配和使用方案须经村民会议的2/3以上成员或者2/3以上的村民代表同意，并报乡（镇）人民政府和县级人民政府农业农村主管部门备案。①

（三）政府参与宅基地收益分配的理论支持和具体规则

1. 理论支持

关于政府是否参与土地增值收益分配的问题，在集体经营性建设用地入市中讨论较多，并在实践中形成了政府以收取调节金的方式参与首次流转收益的分配模式。政府参与收益分配的正当性主要基于地租理论，在宅基地使用权增值收益分配中也同样适用。

对于宅基地收益，农民集体作为土地所有权人当然享有绝对地租，这也正

---

① 参见吴昭军：《集体经营性建设用地土地增值收益分配：试点总结与制度设计》，载《法学杂志》2019年第4期。

是农户需要有偿获得宅基地收益权能的原因。对于级差地租，集体和国家都各有贡献。集体的贡献主要体现为其作为公共服务提供者建设和维护村内基础设施及保护环境所形成的部分级差地租。这部分可以体现在集体基于管理权能分享的收益中。政府是村庄所在区域公共事务管理者，是城乡规划的制定者，也是区域基础设施建设的主要投入者，特别在乡村振兴战略的背景下，政府为改善农村环境，振兴乡村经济，投入了大量资本，大大提升了农村的区位优势，对宅基地价格形成中的级差地租Ⅰ和级差地租Ⅱ均有贡献。

鉴于此，政府参与宅基地使用权增值收益分配有其理论基础。此外，从实践来看，政府基于对宅基地经营性利用和流转市场的管理，也应当参与收益分配。很多试点地区[①]在宅基地使用权流转中设置了地方政府审核流转条件的程序，实际上是赋予了政府对宅基地流转市场的管理权力。在土地征收增值收益归地方政府的巨大财政诱惑下，如果不允许政府分得流转利益，其很有可能滥用权力，扼杀宅基地使用权流转，掠夺农民财产权利。从促进和保障宅基地经营性利用和流转彰显财产价值的角度，应当允许政府参与宅基地使用权增值收益分配。

2. 政府税收征收和管理规则

政府参与宅基地收益分配的正当方式应当为征税方式。

第一，税收种类应当为土地增值税。目前，土地增值税主要指国有建设用地使用权转让时须缴纳的一种税。类比国有建设用地流转，宅基地使用权流转同样属于再次流转范围，可适用土地增值税。该税种需要以土地增值收益为计税基数，宅基地使用权增值收益明确清晰，易于计算，不存在难以确定等适用障碍。建议将现行法上土地增值税的概念扩展，在国有土地适用之外增加宅基地等农村土地；该税在功能上也需进一步完善，不仅要有规范房地产市场交易秩序、抑制暴利和投机、调节土地增值收益、增加财政收入的功能，还要能反哺农村建设，促进宅基地经营性利用和流转市场健康发展，助力乡村振兴。

第二，缴纳主体应当为宅基地使用权转出方。土地增值税主要发生在宅

---

① 如江西省鹰潭市余江区、浙江省义乌市、重庆市大足区、浙江省温州市文成县等。

基地流转中,经营性自用情形下税收难以征缴。政府计税基数应当是宅基地使用权增值收益,是相对于缴纳主体而言每次转出宅基地时获得的增值收益,即需要核减缴纳给集体的收益金或之前获得宅基地时对价后的增值部分。因宅基地转出方基于政府对基础设施等的地租投入获得了在流转时的增值收益,因此应由转出方缴纳土地增值税。

第三,缴纳时间应当在流转登记前。土地增值税应当在每次宅基地使用权流转中有增值收益时缴纳,与集体调节金具有同时性,但缴纳主体不同。应将税收缴纳作为宅基地使用权变更登记或登记备案的前置条件,这是较为有效的制约途径。农户为了办理登记实现宅基地使用权的流转将有较高的纳税积极性。

第四,税收应当专款用于农村建设。政府对宅基地使用权增值收益的分配基于地价形成中地租的贡献。那么,政府征收的这部分税款也应当专款专用于农村的基础设施建设以及区位环境的提升等方面,而不应与城市土地增值税混同。在税收管理上,要坚持收支两条线,防止税收截留,确保用于农村建设。

三、改进国有建设用地流转收益分配管理

集体建设用地流转入市以后,为构建城乡统筹的建设用地市场,对于国有建设用地流转收益分配管理制度应当进行改进。

首先,应当保证国有建设用地流转收益支出中对农村建设的投入。集体建设用地流转后,势必会减少地方政府因征收土地带来的流转收益,为了保障城市的快速发展以凸显地方政绩,政府很有可能削减支农支出。但国有土地使用权流转的收益应当由全社会共享,而不仅仅在于城市,因此集体建设用地入市后,应特别强调地方政府的土地使用权流转收益向农村投入的规定和执行。此外,完善政府官员的政绩考核制度,不单以经济发展和形象工程为标准,也将是有效的解决途径。

其次,应当建立集体建设用地使用权流转收益基金,专账专用,保障农村基础设施建设。如前所述,可以考虑从农民集体的用地流转收益中计提一定比例,专设地方政府财政部门下的流转收益基金。严格管理收益基金用途,使其发挥“取之于农民,用之于农民”的作用,专门保障对农村建设的投入。

最后,应当提高国有建设用地使用权流转收入中的征地补偿份额。集体建设用地流转后,征地补偿标准将有了土地市场价格参考,政府可以考虑将征地补偿向用地使用权流转价格转换。这样虽然可能减少地方政府的财政收入,但是与前述所建立的博弈模型不同,地方政府并不是纯粹的经济人,以追求利益最大化为目的,而是一个社会角色,维持社会的和谐、促进城乡统筹协调发展也是政府的重要职责和作用。

总之,建立城乡统筹的集体建设用地使用权流转收益分配机制,是构建城乡一体化用地市场的核心和关键,处理好这一问题,将有利于城乡一体化的推进,更有利于整个社会的和谐发展。①

① 参见陶然、汪晖:《中国尚未完成之转型中的土地制度改革:挑战与出路》,载《国际经济评论》2010年第2期。

第六章　城乡建设用地统一市场构建的经验：试点地区实践探索

我国的土地制度改革始终奉行设立试点、先试先行的路径。在城乡建设用地使用权流转方面，近些年集中在集体土地的改革。城镇国有建设用地市场相对成熟，集体建设用地市场亟待培育和发展。我国先后设立多批试点，探索集体经营性建设用地入市、宅基地制度改革和城乡建设用地统筹流转利用等方面，为城乡建设用地市场的构建积累了实践经验，并提供了城乡建设用地融合发展思路。

第一节　集体经营性建设用地流转入市实践

一、实践概况

早在 1995 年江苏苏州就开展过集体建设用地使用权流转试点探索，并出台了相关政策。2000 年原国土资源部授权在南京、苏州、上海青浦、佛山南海开展集体建设用地使用权流转的实践。2005 年广东在全省开展试点，将集体经营性建设用地使用权流转限定在商业等方面，不允许用作房地产开发。2008 年成都市开展集体经营性建设用地使用权的有偿流转探索。2012 年北京和上海成为第一批集体建设用地建设租赁住房的试点。经过各地多年的实践探索，集体经营性建设用地使用权流转已经逐步得到国家的认可。2013 年党的十八届三中全会作出《中共中央关于全面深化改革若干重大问题的决定》，提出集体经营性建设用地实行与国有建设用地同等入市，建立城乡统一的建设用地市场。2015 年《关于农村土地征收、集体经营性建设用地入市、宅基地制度改革试点工作的意见》（以下简称《意见》）出台，决定在北京大兴区、浙江德清县等 15 个县（市、区）开展农村集体经营性建设用地入市试点。2016 年将集体经营性建设用地试点的范围扩大至"三块地"改革的全部 33 个县（市、区）。2017 年鉴于"三块地"改革时间紧、任务重等原因，加之中间做了一些调整，全国人大常委会将原本 2017 年年底结束的"三块地"改革延长至 2018 年年底，后又延长至 2019 年年底。农村集体经营性建设用地入市的主要目标是建立起城乡统一的建设用地市场，推动集体经营性建设用地与国有建设用地同等入市、同权同价。在具体的入市实践中赋予农村集体经营性建设用地出让、租赁、入股的权能，明确农村集体经营性建设用地入市的范围和途径，建立健全市场交易规则和服务监管制度。经过五年多的改革，集体经营性建设用地入市改革已经形成了相对成熟的交易规则，也形成了一批可供推广的成果，改革成果十分显著。

在实践过程中，各试点在入市主体、入市方式、入市范围等方面展开了探索，即在集体经营性建设用地入市过程中谁来入市、哪些土地能入市、如何入市的问题，都取得了一定的成效。其一，在入市主体方面，各地做法不尽相同。有些地区将入市主体明确为农民集体，例如内蒙古自治区和林格尔县就规定集体经营性建设用地入市的主体是农民集体；有部分地区将集体经济组织作为入市主体，例如重庆大足区规定由集体经济组织代表农民集体行使权利；也有部分地区将村委会作为入市主体，例如山西泽州县大多数入市主体为村民委员会；还有部分地区将具有法人资格的经营实体作为入市的主体，例如四川成都郫都区成立农村股份经济合作社作为集体经营性建设用地入市的实施主体；还有部分地区规定不同级别的土地分别由不同主体入市，例如浙江省德清县明确四级入市主体，建立了县、乡镇、村集体、农户四级的农村产权流转交易一体体系，镇集体所有的土地由镇资产经营公司实施入市，村农民集体所有的土地由村股份经济合作社实施入市，村民小组所有的土地由村股份经济合作社实施入市。其二，在哪些土地能入市的问题上，《意见》将入市范围限定在存量集体经营性建设用地范围内，即按照土地利用总体规划和城乡规划确定为经营性建设用地的土地。从各地实践情况来看，大部分试点将范围限定在已有的建设用地范围内，但是也有部分地区将建设用地入市的范围扩大至新增的范畴，即将原有的耕地、农用地或其他公益用地依法转变为经营性建设用地，例如广西北流市规定土地利用总体规划和城乡总体规划确定为工矿仓储、商服、住宅、旅游等经营性用途的农村集体土地，依法转为建设用地后，由农民集体入市。集体经营性建设用地已入市地块1万余宗，面积9万余亩，总价款约257亿元，收取调节金28.6亿元，办理集体经营性建设用地抵押贷款228宗、38.6亿元（截至2018年12月23日）。①其三，在入市方式上，《意见》规定了就地入市、调整入市、城中村入市三种方式，各试点地区积极探索，基本围绕上述三种方式，在入市过程中采取出让、转让、作价入股、出租等方式，和林格尔县在入市过程中还积极开展异地入市，对于村庄内零星、分散的农村集体经营性建设用地采取先复垦后调整入市的方式。

总体来说各试点的探索已经取得了一些成效，东部沿海地区的实践走在前沿，例如广东、江苏、福建等地的试点可入市面积比较大，成交的总金额比较大，例如试点期间，广东南海区入市地块158宗，土地面积3785.3亩，成交总金额达148亿元（截至2020年3月30日）。②但是中西部地区的入市面积偏小，可入市的土地宗数也偏少，截至2019年1月29日，河北省定州市156.2亩共13宗集体经营性建设用地实现入市，交易金额2652万元。收取有偿使用费

---

① 参见《国务院关于农村土地征收、集体经营性建设用地入市、宅基地制度改革试点情况的总结报告》，载中国人大网：http://www.npc.gov.cn/npc/c12491/201812/3821c5a89c4a4a9d8cd10e8e2653bdde.shtml，最后访问日期：2021年7月1日。

② 参见李欣：《有望解决"钉子户"问题！南海更新三旧改造政策》，载南方网：http://pc.nfapp.southcn.com/2631/3337275.html，最后访问日期：2021年7月5日。

84.4 万元,涉及 3224 户。[①]

二、典型试点地区实践探索

(一)广东南海——集体土地上建城市的先行者

广东省佛山市南海区是我国集体建设用地使用权流转试点较早的几个地区之一。在总结流转经验的基础上,南海区政府在 2014 年出台了《佛山市南海区集体建设用地使用权流转实施办法》,该办法在推进南海区集体经营性建设用地使用权流转方面发挥了积极作用。在 2015 年被确定为入市改革试点以后,南海区颁布了《佛山市南海区农村集体经营性建设用地入市管理试行办法》,该办法规定了集体经营性建设用地入市的条件、流程和管理,为南海地区集体经营性建设用地入市提供了具体方案,使南海地区集体建设用地入市取得了突破性的进展。2015 年还出台了《佛山市南海区关于加强农村集体经营性建设用地入市监管的指导意见》,形成了完善的建设用地入市监管体系。

广东属于工业化、城镇化发展较快的省份,其对建设用地的需求量也比较大。南海区地处广东省中部地区,距离广州较近,有着优越的地理位置。在被确定为试点试验区之前已经开展了相关的探索,有着丰富的建设用地流转经验。在集体建设用地入市改革中南海的成就也非常亮眼,到 2016 年年底就完成用地入市 42 宗,面积约 1670 亩,总成交金额达 36 亿元。[②] 南海通过建设用地入市改革打破政府垄断土地一级市场格局,改变了城乡分割的二元土地制度,集体土地整备效果明显,在集体经营性建设用地入市方面取得了较大的成效,形成以私权保护农民土地权益的法律体系,这是我国土地制度的一大创新,具有非常重大的意义。因此,选择广东南海作为试点典型地区,分析其入市改革的经验非常必要。

1. 南海模式的主要内容

其一,南海区在集体经营性建设用地改革中的一项重要举措是探索集体

---

① 参见张天虎:《定州市农村土地制度改革三项试点工作被国务院通报表扬》,载长城网:http://dingzhou. hebei. com. cn/system/2019/01/29/019422438. shtml,最后访问日期:2021 年 7 月 6 日。

② 李松杰:《以重点示范项目带动农村经营性集体建设用地入市——以佛山市南海区农村集体建设用地改革为视角》,载《广东经济》2017 年第 5 期。

土地整备,解决农村建设用地分散化、小块化的问题。南海地区创设性地成立了集体土地整备中心,并在区、镇两级成立整备机构。所谓"整备"就是对南海区内分散的零星的小块建设用地进行清理、开发,最终整合成规模化的建设用地以更好地开发利用,提升土地利用的效率。在尊重村民意愿的前提下,村集体可以将集体所有的土地交由整备机构进行整理和入市,所入市的土地必须是符合入市条件的,以委托或托管的方式交由整备机构,在土地入市以后所得的土地增值收益交还给村集体,整备机构收取一定的托管和经营费用。

其二,另外一项重要举措是探索集体经营性建设用地产业载体的开发。所谓产业载体是在建设用地上以商服、工矿仓储等用途进行开发,竣工验收后,按规划可以分割登记和分拆销售的模式。进行产业载体开发必须要满足一定的条件,例如要符合当地的土地利用规划,用途必须是商服和工矿仓储用地,土地具有一定的面积,项目容积率符合一定条件,等等。产业载体的开发使集体土地能够建立商服和工矿仓储项目,使得集体土地的价值进一步凸显,实现了国有建设用地和集体建设用地的同等入市、同等利用。

2. 南海模式的特点

广东南海集体建设用地入市模式基本尊重了实践中交易的市场规则,其特点集中体现在以下几个方面。

一是改革以"同地、同权、同价"为指导。"同地、同权、同价"是南海地区集体建设用地入市的核心指导思想,赋予集体建设用地与国有建设用地同等的权利。南海在这种指导思想的指引下建立了城乡统一建设用地市场,积极探索集体建设用地产业载体的开发,实现了工矿仓储和商服用地供应量的70%以上由集体建设用地供给,使集体建设用地站到与国有土地相同的高度,享有同样完整的产权权能,从根本上消除了城乡建设用地使用制度上的壁垒和差异。

二是改革以集体土地整备模式为重点。土地整备主要解决集体建设用地分散零星的问题。集体土地入市中最大的问题就是各集体拥有土地比较分散,存在不集中和面积小的问题。南海在实践中创设了土地统筹整备的模式,将零星的土地集中在整备机构手中,利用整备机构的专业化对集体土地进行整理和开发，最终形成规模化的集体经营性建设用地，再统一入市。这样优化了集体土地利用的格局，很好地解决了农村土地分散的问题，提高了土地利用的效率。

广东南海实行的集体建设用地入市模式探索，既有利于盘活农村原有的建设用地，减轻对新增建设用地需求的压力，又促进了农村工业化、农业产业化和城镇现代化的发展。南海区在国家所有和集体所有的大框架下，通过“面积相等、双方自愿、凭证置换”实现国有土地、集体土地间的空间腾挪置换，推动半城市化地区土地所有权的整合，实现规划开发地块边界与权属边界一致。① 南海区的探索取得了积极成效，土地整备制度的效果显著，积累了集体经营性建设用地入市的先进经验，其中有些做法值得全国推广。

（二）北京大兴——镇级统筹的探索者

北京市大兴区是距离北京市区最近的郊区，位于北京的南部，西红门镇位于大兴区的最北端。在总结城乡接合部改造经验的基础上，北京市大兴区2015年12月印发《大兴区农村集体经营性建设用地入市试点工作方案》。该试点工作方案创设性地提出农村集体经营性建设用地入市的“镇级统筹”模式。“镇级统筹”模式打破了村与村之间的行政边界限制，以镇为单位成立镇级集体联营公司作为入市主体，统筹该镇管辖范围内所有村的集体经营性建设用地。村集体经过民主决策，一次性授权将集体经营性建设用地入市事宜全权委托给联营公司，公司与镇政府没有隶属关系。② 西红门镇、北臧村镇等镇分批加入镇级统筹。2017年5月北京市大兴区印发《大兴区统筹协调推进农村集体经营性建设用地入市与土地征收制度改革试点工作方案》，提出以建立城乡统一的建设用地市场为目标，改革重点是探索建立“同权同价、流转顺畅、收益共享”的农村集体经营性建设用地。

北京市大兴区着眼于自身位于首都、土地资源比较紧张的实际情况，又结

① 参见但俊、吴军、闫永涛：《珠三角半城市化地区土地利用困境与策略——基于佛山市南海区、深圳市土地整备实践研究》，载《城市发展研究》2020年第1期。

② 参见胡如梅、谭荣：《集体经营性建设用地统筹入市的模式选择》，载《中国土地科学》2021年第4期。

合本地区的城乡接合部改造经验,创设性地提出了“镇级统筹”的模式,以镇为单位进行规划建设,打破村与村之间的行政界限。有利于促进土地节约利用,也发挥了镇级集体联营公司的作用,更好地保护了农民的利益,降低土地交易的风险。大兴模式是大城市进行集体经营性建设用地入市的有益探索,为其他大城市的入市改革提供了有益经验。因此将北京市大兴区作为典型地区对其集体经营建设用地入市的做法和经验展开讨论。

1. 大兴模式的主要内容

北京市大兴区在结合本地区实际情况的基础上,提出了“镇级统筹”的模式,《大兴区农村集体经营性建设用地入市试点工作方案》的主要内容有以下几点。

一是入市过程中发挥镇级集体联营公司的重要作用。不论是在前期的准备工作中以及中期入市交易过程中,还是在后期收益分配上,联营公司都有着不可替代的作用。按照“镇级统筹”要求,成立镇级集体联营公司(土地合作社)作为入市主体。各村集体经济组织按照“以地入股、以人入股、人地结合入股”等方式成立镇级联营公司,农民民主表决,“一次授权、全权委托”,在运行机制上采取股份制的现代企业治理模式,具有完备的公司章程,具有独立法人地位,对农民集体负责,向集体公布农村集体经营性建设用地入市交易、收益分配等信息。

二是大兴区形成了完善的入市交易程序和体系。大兴区根据各地不同的情况,将集体经营性建设用地赋予权能,与国有建设用地实现同权,为城乡统一建设用地市场的建设打下了良好的基础。在入市程序上,镇级集体联营公司负责开发前的准备工作和入市的申请以及交易收益分配等工作,入市过程中镇级集体联营公司主动申请通过镇级统筹、区级审批以及市级备案后即可入市交易。为了保证交易过程中的公平,大兴区搭建了集体经营性建设用地交易平台,入市的建设用地必须通过统一的平台交易,大兴区建立了综合性的管理平台,包括集体资产管理平台、产权交易平台、财务监管平台,三级联动促进城乡统一建设用地平台的发展。在区级监管层面,成立了区级联席审核委员会,一次性审批入市申请,大大节约了集体经营性建设用地入市的时间,提高了入市的效率。

2. 大兴模式的特点

北京大兴区的模式不仅仅是自身经验和实际的总结,也给其他地区的集体经营性建设用地的入市带来一定的启示。

其一,注重发挥"镇级统筹"模式的重要作用。大兴区以镇为单位开展入市工作,有效打破了村级行政界限的限制,使土地使用权流转跨越村的界限,升级到镇级统一开发建设。"镇级统筹"的模式可以破解村与村之间贫富不均的难题,使各村土地处于同一"起跑线",也可以有效破解单个村集体中集体经营性建设用地碎片化的难题。综合来看,北京大兴区的"镇级统筹"模式是集体经营性建设用地入市中的创新之举,可以有效优化大兴区总体的土地布局,将土地划归到镇一级统一开发,很大程度上提升了土地利用的效率,为城乡统一建设用地市场的构建打下了基础。

其二,深入推进入市主体的组织化、专业化。北京市大兴区明确了入市的主体是镇级联营公司,使集体经营性建设用地的入市操作更加规范化。大兴区的入市主体是村民民主表决出来的镇级集体联营公司,即土地合作社,以公司的模式运营,有完备的公司章程,村民和村集体通过集体所有的土地作价入股,使集体经营性建设用地入市的操作更加专业化、规范化。在政府的监管下联营公司公开化、市场化运作,可以降低入市成本和入市风险,也在一定程度上保障了村民的利益。

北京市大兴区的"镇级统筹"模式,有利于破解农村集体建设用地碎片化的难题,分散的土地通过调整入市,将集体经营性建设用地集中在最需要土地资源的工业区,使土地利用的效益实现最大化。集体经营性建设用地与国有建设用地同一平台交易,实现了集体建设用地与国有土地的同地同权同价,具有可取之处。

(三)浙江德清——整套入市制度的供给者

浙江省德清县位于浙江省北部,属于湖州市管辖,处于长江三角洲杭嘉湖平原西部和杭州毗邻,具有一定的区位优势,是第一批集体经营性建设用地入市的试点地区。2015 年 8 月德清县出台了《德清县农村集体经营性建设用地入市管理办法(试行)》,明确规定了入市途径和范围、入市主体、入市方式、入市程序、收益管理等内容。2016 年 3 月德清出台了《德清县农村集体经营性建设用地入市操作流程》,进一步规范了入市流程。被批准为入市试点以后,德清的改革工作取得了突破性进展,极大激发了农村经济的活力。

全国第一宗集体经营性建设用地的入市和抵押就发生在德清,这是我国农村集体经营性建设用地首次实现入市,对建设用地市场的发展具有重大意义。德清建设用地改革的案例入选了"伟大的变革——庆祝改革开放 40 周年大型展览"以及"伟大历程辉煌成就——庆祝中华人民共和国成立 70 周年大型成就展"。① 在《国务院关于农村土地征收、集体经营性建设用地入市、宅基地制度改革试点情况的总结报告》中也多次提到了德清的改革成效,部分德清经验已经被 2019 年修正的《土地管理法》吸收。德清模式在建设用地入市改革中非常具有代表性,因此将其作为典型地区展开介绍。

1. 德清模式的基本内容

德清模式在集体经营性建设用地入市上走在了全国先列,其入市制度是一项重大的创新,在农民权益保护、促进农村产业发展方面具有进步意义。其改革的重要举措有以下几点。

第一,对于不同土地划分不同的入市主体。德清县明确了入市的主体是代表集体经营性建设用地所有权的农村集体经济组织。在此基础上将入市主体分为三类:第一类是村集体经济组织所有的建设用地,可以合作入市,村经济合作社作为入市的实施主体;第二类是其他集体经济组织所有的经营性建设用地,如果该集体经济组织具备市场主体资格,就可以自主入市,如果不具备市场主体资格可以自愿委托村经济合作社入市;第三类是乡镇集体经济组织所有的集体经营性建设用地,可以由乡镇资产经营公司等全资下属公司自主入市。在实践过程中德清县积极开展建设用地摸底工作,摸清所有集体经营性建设用地的底细之后,进行确权颁证,土地可以作价入股成立村经济合作社,村民作为股东通过民主程序对村经济合作社进行监督,提高了入市过程中

① 参见章俊、赵旭、姚叶平:《农村集体经营性建设用地入市的"德清实践"》,载《浙江国土资源》2020 年第 4 期。

农民的参与性和入市的透明度。

第二，形成了规范的入市事项决定机制。德清县规定入市必须经过集体经济组织集体研究决定，并形成《集体经营性建设用地入市决议》。对于不同的用地由不同的主体决定入市事项：对于乡镇集体经济组织所有的建设用地，入市事项经过乡镇党政联席会议或乡镇长办公室会议集体决定；对于村集体经济组织所有的建设用地，入市事项由村股份合作社决议决定，到会成员达到应到会成员 2/3 以上，通过人数达到应到会成员的 2/3 以上方有效；对于属于其他集体经济组织的，入市事项由该集体经济组织成员会议或户主会议决定，人数要求同上述。由此可见，德清县入市过程中十分注重农民的参与，重要的入市事项都必须经村民讨论决定，尊重了农民的意愿，保障了入市过程的公开透明。

2. 德清模式的特点

德清作为首批集体经营性建设用地入市的试点，在改革之初就颁布了《德清县农村集体经营性建设用地入市管理办法（试行）》对入市的事项进行全面规制，强调以农民为主体，构建城乡统一的建设用地市场。在改革试点中，为城乡统一建设用地市场的构建贡献了德清经验，其特点主要体现在以下两个方面。

一是着力构建完备的集体经营性建设用地交易规则。在德清改革过程中，城乡统一建设用地市场基本形成。德清县鼓励集体经济组织实施“招拍挂”的交易形式，已入市土地采用挂牌、拍卖方式交易的达 92.47%。[①] 德清在实践探索中搭建了和国有用地统一的交易平台，使国有土地和集体土地使用统一平台进行交易，还建立了统一的基准地价体系，在交易过程中国有土地和集体土地使用统一的地价体系和交易规则。集体建设用地市场也从无到有，逐步规范成型，集体土地可以和国有土地公平竞争，初步实现了同权和同价，创造了公平、透明的土地市场交易环境。由此可见，德清模式从交易平台、交易规则、地价体系等方面着手，逐步推进同地同权同价，为城乡统一建设用地

① 参见浙江省德清县农业农村局：《德清农村集体经营性建设用地入市路径研究》，载《新农村》2020 年第 5 期。

市场的构建奠定了良好基础。

二是注重保障农民利益，促进农民增收。德清县的土地增值收益分配主要分为三个收益主体，分别是政府、集体和农民个人。在政府层面对不同的土地规定不同比例的土地增值收益调节金，用于农村公共基础设施的建设；在集体和农民个人层面，按照建设用地所属的组织不同，以不同的比例将收益留存给集体，然后收益再在村民之间分配。可见，通过三级收益主体的设置，德清保障了农民受益，形成了政府、集体和农民三方共赢的分配格局。可见，在入市改革过程中，除了政府收取的收益调节金之外，剩下的收益全部回归集体，由村集体按照规定进行分配，入市所得收益取之于民、用之于民，大大提升了农民的收入，在改革过程中农民的获得感和幸福感也进一步加强。

德清县的集体经营性建设用地入市模式，以尊重农民集体的土地所有权为基本原则，打通了城乡二元的土地市场，使集体土地和国有建设用地可以在同一平台进行交易，最终实现市场配置土地资源的作用。德清县在实践中不断探索，形成了德清特有的集体经营性建设用地入市的模式，其中一些做法值得其他地区借鉴。

三、成功经验

各试点在坚持习近平总书记强调的“不能把农村土地集体所有制改垮了，不能把耕地改少了，不能把粮食产量改下去了，不能把农民利益损害了”的前提下，勇于探索、因地制宜，形成了一系列的创新成果，有一些实践成果已经被吸收到2019年修正的《土地管理法》，具体成功经验如下。

一是逐步建立了城乡统一的建设用地市场。在试点过程中，各试点地区都开展了不同程度的探索。赋予集体建设用地与国有建设用地同等权能，使得集体建设用地能够入市交易，与国有建设用地“同地、同权、同价”，发挥市场配置土地资源的决定性作用，集体建设用地能够和国有建设用地在同一个市场、使用统一的交易规则进行交易。江苏省常州市武进区以出让方式取得集体经营性建设用地资产成功上市，首次在最高层级资本市场上得到认可。[①] 可以说本轮改革取得了一定成效，各试点地区在规则设计上基本实现了集体建设用地与国有建设用地的“同权”，使集体经营性建设用地能够上市交易，而且集体经营性建设用地在社会上的认可度也逐步提升。

二是盘活了存量土地，为乡村发展注入新活力。各试点地区积极探索，将集体经营性建设用地摸底、确权、颁证，厘清了现存的集体经营性建设用地的数量。通过入市将存量的建设用地盘活，给企业提供了工业和商业用地。相比于国有建设用地，集体经营性建设用地的成本低、交易快，企业取得也更加快速，因此更容易受到小微企业的青睐。通过集体经营性建设用地入市，将盘活的土地在农村进行配置，为农民产业发展提供了用地保障，为乡村发展注入了新的活力。

三是改革中注重农民权益保护，增加了农民和集体的收益。相比于征地收益而言，农民通过集体经营性建设用地入市所获取的收益会更高。各个试点地区都制定了收益分配机制，集体经营性建设用地入市后取得的收益一部分会用于农民发展，另一部分会直接或间接分配给农民，这在一定程度上就增加了农民和集体的收益。例如广西北流农民能获得入市总收益 17.15 万元/亩，比改革前的征地补偿增长了 13.2%。[②] 集体经营性入市给农民带来的不仅仅是收益的提升，更是给农村的发展带来了机遇，获得建设用地的企业给农民带来新的就业机会，土地增值收益使农村基础设施得以建设，增加了农民和集体的收益。

集体经营性建设用地改革主要围绕集体经营性建设用地交易市场的构建、入市的交易规则的完善、入市后收益分配方案以及后续入市的服务监管制度展开。在试点过程中，各试点地区都针对上述问题展开了有益探索，可以说在各地试点地区相应的制度也已经逐步完善，入市的规则和制度也逐步建立，集体经营性建设用地的改革取得了一定的成效，为全国范围内集

① 参见《国务院关于农村土地征收、集体经营性建设用地入市、宅基地制度改革试点情况的总结报告》，载中国人大网：http://www.npc.gov.cn/npc/c12491/201812/3821c5a89c4a4a9d8cd10e8e2653bdde.shtml，最后访问日期：2021 年 7 月 1 日。

② 参见赵龙：《为乡村振兴战略做好土地制度政策支撑》，载人民网：http://theory.people.com.cn/n1/2018/0418/c82288-29934488.html，最后访问日期：2021 年 7 月 11 日。

体经营性建设用地入市以及城乡统一建设用地市场的构建奠定了良好的基础。

四、不足之处

虽然改革已经取得了一些成效，但是也存在试点地区探索成效不均衡、入市主体意志未体现等问题。农村集体经营性建设用地入市不能简单地“一入了之”，而要减少直接的行政管制，提升入市的市场化程度，推动土地持有者作为真实的市场主体参与土地的入市交易。这才是本轮入市改革要把握的核心要义。①

其一，集体经营性建设用地入市改革过程中各地探索成效不均衡。经济发达地区的建设用地探索比较深入，例如广东、浙江，而经济落后地区的建设用地探索比较少，没有建立起体系化的集体经营性建设用地交易规则。主要是因为经济发达地区的经济水平高，其吸引企业的能力较强，建设用地有较大的区位优势，其土地需求量也自然较高，从而可以从集体经营性建设用地入市中获取大量收益。而落后地区经济水平发展不高，吸引企业能力不高，土地资源没有明显的区位优势，导致其成交量也低。例如成都市郫都区白玉村集体经营性建设用地入市后获得的出让金在去掉政府调节金、安置成本等各项成本之后面临收不抵支的现象。② 这就导致有一些试点地区对集体经营性建设用地改革的热情不高，推动缓慢，成效也就不显著，可以说是对中央改革精神没有理解透彻，没有真正地深入推进入市改革，最后的入市成效也当然不尽如人意。

其二，未形成真正有效的建设用地交易市场。综观各试点的入市探索，集体经营性建设用地市场并未真正形成，只是在试点地区根据政府意志建立起了一个市场，并不是一个真正意义上的市场，其交易价格也并不是由供求关系决定的，大部分是当地政府进行人为定价，并没有体现供需关系。入市主体在

---

① 参见陈明：《农村集体经营性建设用地入市改革的评估与展望》，载《农业经济问题》2018年第4期。

② 参见李怀：《农村集体经营性建设用地入市收益分配改革：模式、困境与突破》，载《东岳论丛》2020年第7期。

政府的指导或者领导下进行入市工作,也并非自发完成。而且试点地区的建设用地市场仅仅在本地区有效,并未形成真正意义上的统一交易市场。因此必须要推动建设用地市场化改革,集体经营性建设用地的价格由供需关系决定,入市主体和需地主体可以自主协商决定,而不是在政府的指导或者说干预下形成一个非"真实"的价格,政府主要通过监管和规划来进行事前和事后的监督。

其三,集体经营性建设用地未与国有建设用地实现真正的"同权"。国有土地的用途不仅仅包括商业和工业,在现实中还有一项重要的用途就是用于房地产开发。综观目前的试点实践,大部分地区都将集体经营性建设用地禁止用于房地产开发,有部分试点地区在建立租赁住房方面展开了一些探索,但是对于商业的房地产开发还是处于禁止状态。例如江苏省常州市出台了《常州市武进区农村集体经营性建设用地入市管理办法(试行)》,其中第43条第2款规定农村集体经济不得用于商品住宅开发。地方政府禁止将集体经营性建设用地用于房地产开发可能的原因是担心一旦允许集体经营性建设用地开发商品房,会对地方的土地财政产生冲击,另外就是相关法律对此没有规定,面临法律上的障碍。实际上探索建立统一的城乡用地市场,就是为了实现集体建设用地与国有建设用地的同地同权同价,实现同权就意味着集体建设用地拥有国有建设用地的权能,不仅仅包括能够入市交易,还能够用于房地产开发,这对于促进"房住不炒"、稳定房价将会有积极意义。因此可以稳妥推进集体经营性建设用地与国有建设用地的同权,允许进行房地产开发,但是在开发的同时应当注意做好监管以及法律保障,以平衡国家、集体和农民个人利益,防止不稳定事件的发生。

本轮集体经营性建设用地改革中,各试点都形成了一批成果,有一些也被2019年《土地管理法》和《民法典》所吸收。虽然目前试点地区的实践并没有真正实现与国有建设用地同权,但是这毕竟是一个新鲜事物,需要给予一定的时间让市场发展和完善,社会对集体经营性建设用地的认可也需要一定的时间。因此,在接下来的改革之中,应该针对上一轮遇到的困难,在坚持改革底线的前提下,勇于创新、深入探索,逐步推动城乡统一建设用地市场的形成。

第二节　宅基地流转制度改革实践

随着城乡经济、社会、空间结构的深刻变化，我国原有宅基地制度的种种弊端日渐显现，兼顾公平与效率、统筹稳定与放活成为宅基地改革的重要价值取向。[①] 2013 年 11 月，党的十八届三中全会提出，要改革完善农村宅基地制度，选择若干试点，慎重稳妥推进农民住房财产权抵押、担保、转让，探索农民增加财产性收入渠道。2014 年中央“一号文件”提出，选择若干试点，在保障农户宅基地用益物权的前提下，慎重稳妥推进农民住房财产权抵押、担保、转让。2015 年年初，中共中央办公厅和国务院办公厅联合印发《关于农村土地征收、集体经营性建设用地入市、宅基地制度改革试点工作的意见》，在全国选择了 15 个试点县(市、区)开展宅基地制度改革试点。2016 年 3 月，中国人民银行、原银监会、原保监会、财政部、国土资源部、住房城乡建设部联合印发《农民住房财产权抵押贷款试点暂行办法》，开启了农民住房财产权抵押贷款试点工作。2017 年 11 月，宅基地试点区域由原先的 15 个拓展至 33 个，并把试点期限延长至 2018 年 12 月 31 日。2018 年 1 月召开的全国国土资源工作会议首次提出探索宅基地所有权、资格权、使用权“三权”分置的概念。2018 年中央“一号文件”正式提出，完善农民闲置宅基地和闲置农房政策，探索宅基地所有权、资格权、使用权“三权”分置。至此，宅基地“三权”分置以更加明确的概念走进我国农地制度改革领域。

一、实践概况

2015 年以来，试点地区根据国家部署，在试点期内，针对进城务工的农户的自愿退出宅基地、超占和闲置宅基地有偿退出进行了探索，通过农房抵押、有偿退出、流转等方式，腾退出零星、闲置的宅基地。在实践中，各地积极结合区域实际，探索多元化的流转方式，在确保农民利益不受损的基础上，引导闲

---

① 参见李国权：《论宅基地“三权”分置的可能风险及防范对策》，载《河南社会科学》2020 年第 12 期。

置宅基地多元化的流转方式,更好地盘活农村闲置土地资源。从宅基地制度改革实践来看,宅基地流转可以类型化为农户自决和集体主导两种实践路径。各试点地区基于当地实际情况,在维护农户居住保障利益的前提下,探寻宅基地流转引致宅基地使用权适度放活的妥适路径,为宅基地“三权分置”改革目标的实现做出了一定贡献,但仍存在不容忽视的问题。

二、典型试点地区实践探索

实践中,因农房交易导致的宅基地使用权流转屡见不鲜,但在现行法规政策下,只有本集体经济组织成员间的流转是被允许的,向村外人特别是城里居民流转是被禁止的。[①] 宅基地改革试点地区试图打破宅基地使用权的身份等限制,探索放活宅基地“使用权”方面的新做法,以期有效利用闲置用地。比较有代表性的放活模式有以下几种。

(一)义乌:宅基地跨集体流转

浙江省义乌市作为33个农村土改试点之一,在宅基地“三权分置”特别是放活使用权改革方面进行了积极探索。义乌市出台了《义乌市农村宅基地使用权流转暂行办法》和《义乌市农村宅基地使用权转让细则(试行)》,允许已完成新农村建设的村庄,其宅基地使用权在本市行政区域范围内跨集体经济组织流转。该模式突破了宅基地使用权只能在本集体内部流转的限制,实现了宅基地使用权在本市范围内的自由流转,但仍限于农民身份,不能向城镇居民转让。参照住宅类国有建设用地使用权出让年限,为原始取得时无期限的宅基地使用权限定了跨集体转让最高年限70年,使用期届满后受让人可优先续期。跨集体转让时,在同等条件下,本集体经济组织有优先回购权,本村集体经济组织成员有优先受让权。跨集体受让人除支付出让人宅基地转让对价外,还要与村级组织签订宅基地有偿使用合同,按不低于宅基地基准地价的20%一次性缴纳土地所有权收益,具体标准由村级组织民主决策决定;在使用年限内再次转让的不再缴纳土地所有权收益,但应扣除已使用年限。

---

① 参见张勇:《乡村振兴背景下农村宅基地盘活利用问题研究》,载《中州学刊》2019年第6期。

(二)德清:宅基地+房屋使用权流转

2018年6月,浙江省德清县出台了全国首个基于“三权分置”的《德清县农村宅基地管理办法(试行)》。在放活宅基地使用权方面,德清县采取了“宅基地使用权+房屋使用权”流转模式。该模式不限宅基地使用权受让人身份,资格权人流转宅基地使用权要经集体经济组织同意,并报镇政府批准;流转方式主要包括出租、转让和抵押。出租宅基地的,地上房屋一并出租,最高年限不超过20年;宅基地使用权转让的,其地上房屋使用权一并转让,而不是转让房屋所有权,资格权人应当设定宅基地使用权和房屋使用权一致的转让年限,不低于5年,最长不超过30年,转让年限到期后,资格权人应当收回宅基地使用权和房屋使用权,资格权人未发生变化的,可约定续期流转,资格权人不收回的,集体经济组织有权收回;宅基地使用权抵押的,其地上房屋一并抵押,在抵押权实现时,其宅基地使用权和房屋使用权年限按30年设定,视同为转让;资格权人将宅基地使用权出租、转让的,交易双方和集体经济组织应当签订三方合同,且资格权人应当向集体缴纳合同价款1%～3%的土地增值收益调节金。

(三)安吉:农房(宅基地)租赁使用权流转

浙江省安吉县作为最新一批宅基地改革试点,积极探索对闲置宅基地和农房的盘活利用,于2020年9月出台了《安吉县人民政府关于农村闲置农房(宅基地)流转的意见(试行)》,该意见从农房流转角度出发但实际解决的是“地随房走”规则下宅基地流转问题,在放活宅基地利用上形成宅基地租赁使用权流转模式。该模式将农房和宅基地的流转方式限于租赁,并设立农房(宅基地)租赁使用权。农房和宅基地租赁时须经村集体流转,即村民向村集体提出申请,并与村集体签署流转协议、登记备案;村集体向承租方流转闲置农房(宅基地),并明确承租的方式、经营用途等。农房和宅基地的承租对象为工商主体和县域内有一定经济实力的村集体经济组织,主要用于发展民宿、康养、休闲等产业经营。农房和宅基地租赁期限按有关法律法规执行,即按《民法典》规定,最长不超过20年。农房和宅基地租赁使用权被明确为一项债权,但被赋予了某些物权效力。一是承租人经登记取得租赁使用权;二是承租人可利用租赁使用权作为债权向金融机构抵押融资,并予以登记,租赁使用权一经抵押，该农房所有权、宅基地资格权不得抵押；三是租赁使用权经出租人同意也可转租，且须依法申请登记。

（四）上海：宅基地转用途盘活利用

2018 年《上海市松江区关于加强农村村民宅基地管理的指导意见（试行）》出台，从盘活存量土地资源的角度提出拓展开发宅基地非居住功能的放活宅基地使用权模式。该模式鼓励社会资本和农户积极参与闲置宅基地（农房）的活化利用，明确可拓展开发宅基地的非居住功能主要有研发、商业、旅游、康养、办公等几个方面，但宅基地转用途须有两个前提：一是首先要确保村民基本居住权益和农村公共服务及配套设施；二是要经农村集体经济组织同意。该模式并未明确放活宅基地使用权的流转方式，但从"禁止农村村民擅自与社会资本签订宅基地租赁合同用于宅基地盘活利用"的规定来看，宅基地使用权主要通过租赁方式进行流转，且不得私下交易，必须经集体经济组织同意。

（五）泸县：宅基地共建共享

四川省泸县探索了宅基地共建共享模式，即在符合土地利用规划、村庄规划、生态规划和《四川省农村住房建设管理办法》的前提下，落实集体所有权、保障农民居住权、放活宅基地使用权，允许一户或多户农户以合法的、标准内面积的宅基地使用权入股，联合社会资本共同开发，出资方在约定条件下可获得一定年限的集体建设用地使用权。宅基地共建共享实际上是一种以宅基地使用权作价入股，流转后转用地为集体经营性建设用地的放活方式。农户出地，社会资本方出资合作建房。共建共享首先要符合各项规划和用途管制，主体资质满足要求。共建房屋可以作居住、商住或经营用途，但须保证农户住有所居，人均住房面积可因地制宜确定一定标准。同时，严禁城市资本下乡利用宅基地建设别墅大院和私人会馆。房屋建成后进行分割登记，农户对使用的土地部分仍享有宅基地使用权，出资方对使用的土地部分取得集体经营性建设用地，居住类最高年限为 70 年，商住类或经营类最高年限为 40 年，并向集体缴纳转调金。使用期满后，出资方将宅基地使用权归还农户，房产按双方协议评估作价处理或协商继续有偿使用，共建共享的农户和村集体有优先购买权。

到期房产未处理前,占用土地由出资方按土地市场价支付土地占用费。① 宅基地共建共享既保障了农户的住有所居,满足了出资方的用地需求,又显现了宅基地的财产价值,也确保了农户对宅基地使用权不丧失。

(六)高陵:建设共享村落

"共享村落"是陕西省西安市高陵区农村土地制度改革试点中放活农村宅基地使用权、促进城乡居民生活方式融合的一种新探索。具体实施是在保持农村集体土地所有权、农民宅基地资格权和房屋所有权不变的前提下,由村集体或农户将闲置宅基地及其地上房屋,统一委托给村集体经济合作社,通过区农村产权交易平台进行公开招租或有限期流转。承租人在共享期间(宅基地和房屋租赁期限内)可在宅基地上新建或改建房屋,也可利用宅基地及其房屋进行融资抵押贷款,从事自主经营,发展乡村旅游、民宿、文化、商贸、娱乐等产业,或仅用于个人休闲居住、养老。以单独宅院(包括宅基地和房屋)作为独立共享个体,共享年限原则上不高于20年。租赁期满后,承租人于"共享"期间在宅基地上投资的所有不动产均归原资格权人和房屋所有权人所有。此外,"共享"期间,如遇国家政策调整、重大项目或重点工程原因需要拆迁的,其拆迁安置对象仍为原宅基地资格权人和原房屋所有权人,出租方则须退还剩余年期的使用权租赁费用。

(七)滦平:城乡合作建房

合作建房是指村一级成立农宅合作社,将农民分散的宅基地统一整合,引入工商资本和社会资本开展合作建房,以解决农民"有宅基地、没钱"和投资方"有钱、没宅基地"的发展困境,实现农民、合作社、村集体、投资方的多方共赢。房屋建成后,在保证农宅性质不变且尊重社员意愿、满足农户居住的前提下,合建资格人有权享有剩余部分的财产处置分红和经营分红。合建出资人享有其他未利用房屋的占有、使用、收益、转让等权利。2021年6月9日上午,河北

① 参见《农村宅基地共建共享模式,允许一户或多户农户以合法的宅基地使用权入股》,载土流网:https://www.tuliu.com/read-96115.html,最后访问日期:2021年12月23日;参见《泸县闲房荒芜变资源 民富村美强支撑》,载四川省农业农村厅官网:http://nynct.sc.gov.cn//nynct/c100632/2021/12/1/b342a0a847f04c77ad12daa42752e296.shtml,最后访问日期:2021年12月23日。

省承德市滦平县农村产权交易中心颁发了全国首张合作建房房屋使用权(租赁)鉴证书。

(八)芜湖:多种模式盘活宅基地利用

安徽省芜湖市芜湖县(现芜湖市湾沚区)自2020年起开始探索农村闲置宅基地和闲置农房盘活整县试点,通过四种模式激发宅基地经济价值:一是项目入股模式,即根据农户意愿,经充分协商,农户有偿退出闲置的宅基地,所有权收归集体,由村集体将使用权入股经营主体,实行"保底+分红";二是打包出租模式,即农户将闲置宅基地和闲置住房打包出租给经营主体,由经营主体按照一定标准每年向农户支付租金,合同期满后如果农户需要可以收回,如果农户不需要收回,经营主体可以优先享受承租权;三是改造经营模式,利用当地丰富的旅游资源,在政府的引导和扶持下,将自有的闲置农房进行改造升级,发展民宿和农家乐自主经营;四是复垦整理模式,将农户破旧的危房进行拆除,通过增减挂项目整理改造变为耕地后,入股公司,获得租金收益。

三、成功经验

各试点地区因地制宜推动宅基地流转制度改革,所取得的成效虽不一而同,但存在成功经验值得借鉴。

(一)严格贯彻适度原则

在放活宅基地使用权的同时,必须坚持适度原则。所谓"适度",是指宅基地使用权的流转需要稳慎推进,在此过程中需要发挥好国家管制权、强化好集体所有权在防范化解重大风险、维护社会公共利益及促进乡村振兴战略实现等方面的重要作用。土地利益首要体现的是公共利益,而非财产层面的经济价值。"适度放活"方略需要国家以有形之手予以必要介入,保护承载其上的社会公共利益。宅基地作为自然资源,除了具有经济价值外,还承载着居住权益保障、生态环境保护、公平利用等关涉公共利益的非经济价值。宅基地使用权流转市场处在初步探索阶段,脱离了政府的干预,风险不可预估。各试点地区虽积极探索"放活"路径,但值得肯定的是,各地政府都严格贯彻适度原则,在促进宅基地流转市场化的同时,保证了各级政府的有效参与,有利于防范宅基地流转过程中的秩序风险、市场风险等重大风险。

(二)激发集体民主自治

集体所有权对公有产权的支配性决定了集体经济组织具有管理权能。宅基地的管理属于村民自治的范畴,其内涵包括了宅基地的分配、整理、转让、回收等,必须经过村民会议的决定。因为宅基地具有稀缺性,通过集体民主自治的方式统一规划、盘活有利于实现土地的集约高效利用。同时,宅基地流转过程容易产生强外部性,如侵占耕地、环境污染、生态损害等。由集体经济组织与宅基地受让人进行协商谈判并对宅基地统一规划、整理以及日常监督等方式有效保障了集体经济组织的管理权能。若排除集体民主管理的作用,则可能导致宅基地交易失范、村庄规划混乱,造成公共利益受损。结合上述各试点地区的实践做法,大部分地区都在实践中注重对集体民主自治的激发,农民的事情由农民办,农村的矛盾由农民化解,既可以保障农民在宅基地上的合法权益,同时也利于激发农民的流转意愿,促进宅基地流转制度改革的进一步推行,强化集体利益的实现与保障。

(三)坚持因地制宜策略

宅基地分配和利用在现实中的首要难题是如何落实"一户一宅"制度,要求土地管理部门提前做好现存宅基地居民点利用情况摸底与未分配宅基地的统计工作。同时,对于在不同区域如何实现户有所居,首先必须充分尊重当地农业生产经营条件和土地布局。如上述上海、义乌等经济较为发达地区与滦平、高陵等经济欠发达地区,在推进宅基地流转制度改革时,必然不可采用雷同手段。综合各试点地区改革措施,各地基本都坚持因地制宜策略,在摸清宅基地相关基本情况后,推进有针对性的改革手段,如陕西省通过建立宅基地管理信息数据库、编制城乡土地级别与基准地价更新报告等前置措施,因地制宜推动辖区内试点地区进行宅基地流转制度改革的做法值得借鉴。

(四)打造城乡融合关系

以工补农,以城带乡,打通城乡串联,实现城乡要素自由流动,形成城乡共融共享、互利共赢的可持续发展局面,是实现乡村振兴的重要手段。在宅基地流转制度改革试点进程中,多地注重引入社会资本,充分发挥城市资金要素在乡村的扶持作用,促进乡村产业的发展,取得了阶段性成效。

四、不足之处

从现有宅基地“三权分置”改革成果来看，在放活宅基地“使用权”方面制度创新仍然有限。总体而言，放活宅基地“使用权”的改革存在以下问题。

（一）改革力度不同

在原有33个市县的改革试点基础上，2020年又选择一批重点地区启动了新一轮农村宅基地制度改革，但各试点对宅基地“三权分置”探索中制度创新的突破程度差异较大。部分试点地区严格了宅基地管理、明确了资格权问题，但在宅基地使用权放活上仍以本集体经济组织内部流转为限，并未尝试有建设性的途径和办法。① 部分试点对宅基地流转改革大胆探索，在“三权分置”上形成了如前所述各具特色的制度创新。②

在改革中要不要突破之前禁止城镇居民购买宅基地的政策规定，也就是要不要限定宅基地使用权受让人身份，是试点地区放活宅基地使用权改革方案首要解决的问题，也是各试点改革程度存在差异的根本原因。2015年《全国人民代表大会常务委员会关于授权国务院在北京市大兴区等33个试点县（市、区）行政区域暂时调整实施有关法律规定的决定》中有关宅基地的法规调整只涉及2004年《土地管理法》有关宅基地审批权限的规定，始终并没有明确改革试点在宅基地使用权人身份限定政策适用方面的问题。2018年中央一号文件提出宅基地“三权分置”的同时，仅规定严格禁止下乡利用农村宅基地建设别墅大院和私人会馆。在没有法律禁止性规定的情况下，为探索新政策下宅基地利用新模式，对原有政策予以突破是先试先行改革的应有之义。因此应统一试点地区对政策障碍的认识，鼓励试点积极探索制度创新，才能有益于宅基地“三权分置”的法律实现。

（二）法权关系不清

从各地宅基地“三权分置”的改革来看，放活宅基地“使用权”的模式较多，但对分置下宅基地“三权”的法权关系认识并不清晰。两权分离下，宅基地所

---

① 如福建省晋江市、海南省文昌市等试点。

② 如浙江省义乌市、德清县、安吉县、河南省长垣市、上海市松江区、广东省化州市、四川省泸县等地区。

有权和宅基地使用权内涵外延在《民法典》中有明确规定。根据《民法典》第362条规定,宅基地使用权是一项用益物权,用益物权人仅享有占有和使用权能,宅基地用途是建造住宅及其附属设施。但政策上提出的"三权分置"下的宅基地所有权、资格权和其上使用权具有怎样的法律属性,是什么样的法权关系,从各地实践来看不难看出有不同的理解。[①] 就放活宅基地上的使用权而言,有的地方如浙江安吉、上海松江就认为放活的"使用权"是宅基地租赁权,将其明确为一种债权,受租赁合同最长20年期限的制约;有的地方如浙江德清将放活的"使用权"区分为以租赁方式流转的债权性宅基地使用权和以转让方式流转的物权性宅基地使用权,债权性宅基地使用权最长年限按《民法典》规定不超过20年,物权性宅基地使用权最长年限不超过30年,且根据房随地走的原则,房屋流转年限与宅基地一致;再如有的地方如浙江义乌放活的"使用权"就是具有物权属性的宅基地使用权,但限定了流转最长年限即70年,并在使用主体上放活到跨集体农户。可见,实践中对放活的宅基地上使用权的法律属性认识不一,宅基地资格权和放活的使用权之间的法权关系亦不明晰,导致实践对宅基地及其上房屋放活流转的方式和规则设计呈现出不同样态,虽有益于经验探索,但各地放活方案的创新仍需要符合法理的权利定位,理顺分置的宅基地"三权"的法权关系是将顶层设计入法亟待解决的关键问题。[②]

(三)统筹考量不足

2015年启动农村土地制度改革试点工作之初,33个市县分组进行单块地改革,有些地方进行宅基地改革,有些地方进行集体建设用地入市改革,有些地方进行征地改革,等等。后来才允许一些试点地区综合探索"三块地"改革。再加上宅基地、集体建设用地和农用地的功能定位不同,改革进度不同,使很多试点在土地制度探索中并没有统筹考量,而是就某块地单独进行改革。尽管有些地方如四川省泸县在宅基地改革中结合了与集体经营性建设用地的用

① 参见高海:《宅基地"三权分置"的法律表达———以〈德清办法〉为主要分析样本》,载《现代法学》2020年第3期。

② 参见肖鹏、王朝霞:《宅基地"三权分置"的制度演进、政策背景与权利构造》,载《云南大学学报(社会科学版)》2020年第3期。

途转换，但从很多试点实践来看，如何放活宅基地上的使用权仅局限于对宅基地制度的改造，而没有形成与具有类似用途的集体建设用地通盘考量的整体改革方案。这不利于实际解决农村土地问题，因为单打独斗是不可取的，统筹联动改革将是下一阶段农村土地制度改革的重点。

第三节　城乡建设用地统筹流转利用实践

土地是“三农”的根本，习近平总书记曾强调，新形势下深化农村改革，主线仍然是处理好农民与土地的关系。推动乡村振兴这一新时代“三农”工作的总抓手，我国始终将土地问题置于突出地位，意在盘活农村土地资源，激发乡村振兴活力。在国家城乡融合发展战略的背景下，城乡建设用地存在的城市人多地少、乡村人空地荒的矛盾局面亟须改变。为合理配置城乡土地资源，促进城乡融合发展以推动乡村振兴，我国对城乡土地关系进行了多次改革，基本确立了城乡建设用地统筹流转利用体系。现阶段，在我国城乡建设用地统筹流转利用体系中，城乡建设用地增减挂钩政策（又称地票制度）和集体土地建设租赁住房政策是促进城乡土地资源合理配置的两项开创性举措，对我国创新土地关系、深化农村改革将产生深远影响，其中地票制度尤为值得探讨。

一、实践概况

（一）城乡建设用地增减挂钩实践

土地增减挂钩，指的是城镇新增建设用地指标的增加，与之相对应的就有相当数量的耕地数量的增加。“增”主要指的是城镇建设用地指标的增加，“减”主要指的是农村建设用地指标的减少。具体操作来讲，就是拆除旧的农村建设用地地块，用于耕地复垦，集约整理增加的建设用地指标，定向用于城镇建设用地指标的使用。主要的开垦方式是，从村镇的宅基地中进行复垦，从而腾挪出相当数量的耕地。

2004年10月，国务院发布《关于深化改革严格土地管理的决定》，首次提出加强村镇建设用地管理，城镇建设用地增加要与农村建设用地减少相挂钩。

城乡建设用地增减挂钩政策开始进行初步探索。2005 年 10 月，为落实国务院决定，原国土资源部印发《关于规范城镇建设用地增加与农村建设用地减少相挂钩试点工作的意见》，正式出台城乡建设用地增减挂钩政策，并率先在天津、山东、江苏、广东、四川等 5 省（市）试点（该意见于 2016 年被废止失效）。2009 年，增减挂钩试点地区扩大至 24 个省（市），各级政府积极响应。2010 年后，增减挂钩政策在我国进入深化扩展阶段，增减挂钩节余指标流转范围不断扩大。2014 年 10 月，原国土资源部印发《关于下达 2014 年城乡建设用地增减挂钩指标的通知》，明确提出"集中连片特困地区、国家扶贫开发工作重点县和贫困老区，可将增减挂钩节余指标在省域范围内流转使用"。2015 年 11 月印发的《中共中央、国务院关于打赢脱贫攻坚战的决定》，提出"利用城乡建设用地增减挂钩政策支持易地扶贫搬迁"，这是中央层面首次明确增减挂钩政策在脱贫攻坚中的定位。2017 年以来，增减挂钩政策持续优化。2017 年 9 月，中共中央办公厅、国务院办公厅印发《关于支持深度贫困地区脱贫攻坚的实施意见》，提出探索"三区三州"及深度贫困县增减挂钩节余指标在东西部扶贫协作和对口支援框架内开展交易。2018 年 3 月，国务院办公厅印发《城乡建设用地增减挂钩节余指标跨省域调剂管理办法》，明确提出"三区三州"及深度贫困县增减挂钩节余指标由国家统筹跨省域调剂使用，确认了城乡建设用地增减挂钩节余指标跨区域流转，极大提升了指标的经济价值。

在国家的统筹指导下，增减挂钩政策目前有三种实践方式，即县域内试点支持新农村建设、省域内流转助推脱贫攻坚、跨省域调剂实施东西部扶贫协作。县域内试点目前已扩大至全国 30 个省份，省域内流转当前政策覆盖至 28 个省份、1250 个贫困县，东西部跨省域调剂交易规模逐年增长。增减挂钩政策不断升级，深度及广度得以不断扩展，其功能也逐步由保护耕地转向脱贫攻坚，且市场化职能随之凸显。据自然资源部统计，仅自 2018 年允许"三区三州"及其他深度贫困县增减挂钩节余指标由国家统筹跨省域调剂使用以来，增减挂钩政策已为贫困地区提供超千亿元资金，不仅有效统筹了发达地区与贫困地区间的空间资源，更为实现脱贫攻坚和助力乡村振兴带来了有力的资金支持。与此同时，增减挂钩政策为我国集体土地全面入市提供了经验与基础。

2020年3月印发的《中共中央、国务院关于构建更加完善的要素市场化配置体制机制的意见》，提出推进土地要素市场化配置，其中明确提出“深入推进建设用地整理，完善城乡建设用地增减挂钩政策，为乡村振兴和城乡融合发展提供土地要素保障”。2021年1月，《建设高标准市场体系行动方案》发布，其中提出“开展土地指标跨区域交易试点……探索建立全国性的建设用地指标跨区域交易机制”。增减挂钩政策将在我国集体土地入市前，进一步发挥其统筹职能，为建立健全城乡统一的建设用地市场提供宝贵经验，最终实现增加耕地有效面积、提高耕地质量、节约集约利用建设用地、城乡用地布局更合理的目标。

但同时，作为一种政府主导的变通性路径，增减挂钩政策实践中也存在不足与问题，如政府行政统筹绝对主导，市场发挥职能空间不足，阻碍土地资源市场化配置的进程；部分地区政府过度干预，忽视农民的自愿选择，一定程度上损害了农民和农村集体经济组织的权益；部分地区政府长远考虑不足，为指标而强制农民“上楼”、搬迁，而缺乏相应配套保障措施的落实，必然埋下社会不稳定因素的引线。

（二）集体土地建设租赁住房实践

集体租赁住房是一种农村集体经济组织持有或农村集体经济组织以入股、联营等方式与其他类型经济组织合作的方式，建成并持有的租赁物业，可通过出租获取收益。2011年9月，国务院办公厅发布了《关于保障性安居工程建设和管理的指导意见》，要求推进保障性安居工程建设，重点发展公共租赁住房，实现住有所居的目标。公共租赁住房是缓解住房供需矛盾的重要举措，但此时的公共租赁住房基本上是建立在国有建设用地之上的，2012年后才有了集体建设用地上建租赁住房的实践。2012年1月，原国土资源部批复北京、上海成为集体建设用地建设公租房首批先行试点城市。开展集体建设用地建设租赁住房探索以来，北京和上海均取得了一定的成效，其有益经验可以支撑将试点范围扩大，以形成在全国可以推广的经验。2016年12月召开的中央经济工作会议提出中国楼市的发展方向是促进房地产市场平稳健康发展，坚持“房子是用来住的,不是用来炒的"的定位。[①] 这是中央层面首次对"房住不炒"进行定位,明确了中国楼市未来的发展方向,让房子回归居住属性的本质,这对于引导房地产市场健康发展具有深远意义。2016 年 12 月 21 日,习近平总书记在中央财经领导小组第十四次会议上进一步指出,"要准确把握住房的居住属性"。在把握住房基本属性是居住属性的前提下,2017 年 8 月,原国土资源部与住房和城乡建设部联合印发了《利用集体建设用地建设租赁住房试点方案》(国土资发〔2017〕100 号)。该试点方案提出村镇集体经济组织可以利用集体建设用地建设租赁住房,建房的根本目的是保障"住有所居"的目标,禁止以租代售,以构建购租并举的住房体系为方向,着力构建城乡统一的建设用地市场。该试点方案确定的第一批试点城市是北京、上海、沈阳、南京、杭州、合肥、厦门、郑州、武汉、广州、佛山、肇庆、成都等 13 个城市。同年 10 月,党的十九大报告指出:"坚持房子是用来住的、不是用来炒的定位,加快建立多主体供给、多渠道保障、租购并举的住房制度,让全体人民住有所居。"进一步为集体建设用地建设租赁住房指明了发展方向。2019 年 1 月 11 日,自然资源部、住房和城乡建设部联合发布《关于福州等 5 个城市利用集体建设用地建设租赁住房试点实施方案意见的函》,增加福州、南昌、青岛、海口、贵阳 5 个城市作为利用集体建设用地建设租赁住房的第二批试点,要求按照区域协调发展和乡村振兴的要求,促进建立多主体供给,多渠道保障、租购并举的住房制度,实现城乡融合发展、人民住有所居,增加人民群众的获得感。至此,试点范围进一步扩大,由试点的城市可以看出,集体建设用地建租赁住房所选择的试点城市大多是大城市或者超大城市,其住房的供需矛盾更为突出,因此在这些城市试点集体建设用地建设租赁住房具有合理性和现实意义。同年 8 月修正的《土地管理法》删去了"从事非农业建设必须使用国有土地或者征为国有的原集体土地"的规定,规定经依法登记的集体经营性建设用地,允许土地所有权人通过出让、出租等方式交由单位或者个人使用,表明法律上允许农村集体经营性建

---

① 韩洁、王优玲:《中央经济工作会议明确楼市发展方向:"房子是用来住的,不是用来炒的"》,载中国政府网:http://www.gov.cn/zhengce/2016-12/16/content_5149066.htm,最后访问日期:2021 年 8 月 10 日。

设用地入市交易，进一步拓宽了集体租赁住房的建设路径。2021 年 6 月，国务院办公厅发布《关于加快发展保障性租赁住房的意见》(国办发〔2021〕22 号)。该意见指出为了解决大城市住房突出问题，要加快发展保障性租赁住房，人口净流入的大城市和省级人民政府确定的城市，在尊重农民集体意愿的基础上，经城市人民政府同意，可探索利用集体经营性建设用地建设保障性租赁住房。

18 个试点城市在实践中已经取得了有效成果，在集体建设用地建租赁住房的审批程序、运行机制、监管服务等方面均有所进展。试点内容主要围绕以下三个方面展开：一是完善试点项目审批程序，二是完善集体租赁住房建设和运营机制，三是探索租赁住房监测监管机制，四是探索保障承租人获得基本公共服务的权利。其中在审批程序上各地都坚持自愿原则，在农民自愿的前提下，村集体经济组织向当地政府提出申请，由当地国土部门牵头会同其他部门进行审核，符合要求的报当地政府批准同意，例如成都市规定严格项目报批(包括计划编制、预审、立项、规划、占地、施工)、项目竣工验收、不动产登记、项目运营管理等规范性程序，建立快速审批通道。在运营机制上各地坚持有自主运营能力的自主运营，不具备自主运营能力的，也可通过联营、入股等方式参与，以提高租赁住房管理的专业化水平，例如武汉市提出探索集体经济组织自主运营、委托专业机构运营等运营模式。在检测监管机制上由当地政府进行统一监管，也有地区建立了住房租赁交易服务监管，例如合肥市集体建设用地上建设租赁住房和租赁行为统一纳入住房租赁交易服务监管平台，实现租赁信息统一归集、租赁行为统一管理。在承租人保障方面，各试点都强调保障承租人的合法权益，例如广州规定对依法登记备案的承租人，可依法申领居住证，享受义务教育、医疗等国家规定的基本公共服务。此外，武汉提出建立住房租赁交易数据库，积极开展"互联网＋租赁"服务，佛山鼓励商业银行以项目用地使用权整体抵押担保、租金等应收账款提供质押担保等多种形式提供信贷支持等。

但是实践中也暴露了一些问题，例如各试点的进展程度有所差异，18 个试点城市中项目投入运营的屈指可数，大多城市还处在项目建设阶段，有的甚至仍停留在文件层面。北京市作为最早开展试点的地区，其试点项目进展较快，提供集体建设用地的数量也比较多。截至2021年7月20日,北京市已累计实现集租房开工6.3万套,建设规模居全国首位。① 其他城市进展也比较快速,上海、广州、杭州、武汉等城市的试点项目均开工建设,例如上海第一个集体土地建设租赁住房项目LINK新界(泗泾)未来社区于2021年5月29日正式开业,该社区可提供600套精装租赁住房,解决近千人的居住问题。② 但是也有一些城市进展比较缓慢,由于各种原因项目还未动工。例如南京市早规划了三块集体建设用地用于建设租赁住房,一是栖霞区南象山地块,二是浦口区林山村地块,三是六合区冶浦村地块,但是由于各种原因均未动工。其中栖霞区南象山地块由于地处偏僻,既不靠近园区也不临街,周边保障房还有许多剩余房源,导致了这块地没有租房的需求。浦口区林山村地块原为地铁收储用地地块,如果要建租赁住房需要给地铁公司交一笔巨额的土地转让费用,从经济的原因考虑不具有可行性。而六合区冶浦村地块还处于农用地状态,该地也比较偏僻,租房需求不高,另外村集体也没有经济能力开发。

由此可见各地虽然都展开了探索,但目前取得的进展不一,集体建设用地建租赁住房还需要走很长的一段路,才能形成一批可推广、可复制的经验,推广到全国范围开展。同时也应该看到集体土地建租赁住房是一项重大突破,赋予了集体对集体土地享有建设商品性住宅的开发权,这对推动集体建设用地入市、建立房地产平稳健康发展机制、构建城乡统一建设用地市场都有着重要作用,也是深化农村土地制度改革的应有之义。

二、城乡建设用地增减挂钩典型试点地区实践探索

(一)重庆地票制度探索

地票制度实为国家增减挂钩政策的一种延伸与创新。国家决策层面通过颁布文件指导、扩展城乡建设用地增减挂钩节余指标的流转范围、流转形式

① 参见赵莹莹:《集体土地租赁房累计开工6.3万套》,载北京日报网:https://bjrbdzb.bjd.com.cn/bjrb/mobile/2021/20210722/20210722_005/content_20210722_005_1.htm,最后访问日期:2021年8月15日。

② 参见林馥榆:《上海又一集体土地入市试点新建租赁住房项目亮相松江》,载央广网:http://www.cnr.cn/shanghai/tt/20210530/t20210530_525499601.shtml,最后访问日期:2021年8月17日。

等，地方则更多基于经济发展的考量探索增减挂钩政策的创新形式。重庆地票制度即为我国最典型、效果最显著的地方创新成果。

重庆1997年恢复直辖，2007年被国家批准为统筹城乡综合配套改革试验区，加之重庆市自身多山地丘陵的地形特点，使得城镇化快速发展进程与耕地保护红线之间的矛盾日渐激烈。为有效在耕地保护、节约用地的战略下统筹城乡建设用地配置，时任重庆市市长黄奇帆开始构思适合重庆的城乡建设用地使用权流转利用制度。2008年12月4日，重庆市经批准成立重庆市土地交易所，成为我国最早的地票交易场所，开展农村土地与指标交易制度的构建与实践，地票制度由此诞生。根据重庆地票制度实践，所谓地票，是指将农村闲置、废弃的建设用地复垦为耕地，腾出的建设用地指标优先保障农村自身发展，节余部分以市场化方式公开交易形成的可在全市规划建设范围内使用的指标。重庆地票制度虽是建立在2004年开始的增减挂钩政策基础上的创新形式，但与其他的城乡建设用地增减挂钩节余指标统筹流转不同，重庆地票制度更加市场化，形成了范围全市化、价格统一化、凭证票据化等市场化特点。

重庆地票的运行分为三个环节。一是复垦。以规划和复垦整理规程为指导，在农民自愿、农村集体经济组织同意的前提下，对土地利用总体规划确定的扩展边界以外的农村建设用地实施复垦。复垦完成后，由国土管理部门会同农业、水利等部门，对复垦产生的耕地从质量和数量两个方面验收把关。二是交易。在留足农村发展空间基础上确认腾出的建设用地指标，作为地票来源。地票由重庆农村土地交易所组织公开交易，具有独立民事能力的自然人、法人或其他组织均可参与购买。交易完成后对购得者颁发地票证书。三是使用。购得地票的主体选取符合城乡总体规划、土地利用总体规划的待开发土地，凭地票申请办理转用手续，国土部门按规定组织供地。围绕以上三个核心环节，重庆市构建起了以“自愿复垦、公开交易、收益归农、价款直拨、依规使用”为核心内容的地票制度体系。自愿复垦，即充分尊重农民和农村集体经济组织的意愿，在住有所居的前提下由农民自愿申请复垦，形成的新增耕地仍归农村集体经济组织所有，优先由原农户承包使用。公开交易，即地票制度实行市场定价，按照公开、公平、公正的原则在重庆农村土地交易所公开组织交易，采取挂牌或拍卖方式确认成交。重庆的地票交易突破了建设用地增减挂钩指标的县域限制,可以在整个重庆市范围内进行流转,由此为地票价值的充分发现提供了基础。[①] 收益归农,指地票价款扣除复垦成本后,净收益全部归农民和农村集体经济组织所有,其中复垦宅基地及附属设施用地形成的地票,由农户与农村集体经济组织按85%∶15%比例分配收益。价款直拨,指重庆市为减少中间环节,及时兑付价款,要求地票价款经重庆农村土地交易所核算后直接汇入农户和农村集体经济组织账户。依规使用,要求地票使用始终坚持符合城乡建设规划和土地利用总体规划,新增经营性建设用地实行"持票准用"。

2015年年底,重庆市总结地票制度多年实践经验,颁布《重庆市地票管理办法》,通过进一步优化交易方式、明确使用范围、规范制度运行等方式,对重庆地票制度进一步创新完善,标志着重庆地票制度趋于成熟。重庆市政府有效适度参与,市场充分发挥资源配置功能,重庆地票制度完成了在我国农村土地制度改革"三条底线"要求下的增减挂钩创新性实践。自2008年重庆首创地票制度,十余年来,重庆市地票制度运行平稳,成果显著。根据重庆农村土地交易所公开数据显示,2021年已完成约1.4万余亩土地交易,交易金额达28.71亿元。得益于不断完善且平稳有序的市场化地票制度,重庆市在坚守耕地红线的基本要求下,激活了农村土地资源,补给了城市土地供应,同步缓解了农村与城市不同的人地矛盾,优化了城乡建设用地配置与布局,城市建设发展一定程度上脱困于土地指标限制,极大提升了城镇化的速度与质量。同时,通过地票交易平台,重庆市构建了农村土地财产变现平台,打通了城市反哺农村的全新通道,为农民和集体经济组织增收、农村现代化发展、农业人口城镇化转移等提供了切实的支持,有效助力了城乡融合发展背景下的乡村振兴。

(二)其他地区地票实践探索

因重庆地票制度的成熟机制与显著成效,地票制度已受到国家层面的肯定与推广。2015年,地票首次写入中央文件,《深化农村改革综合性实施方案》中明确提出,按照有关法律法规,完善和拓展城乡建设用地增减挂钩、地票等

---

① 参见黄忠:《城乡统一建设用地市场的构建:现状、模式与问题分析》,载《社会科学研究》2018年第2期。

试点。国内其他城市同样希望借鉴重庆地票制度，缓解城市建设用地供需矛盾。2016年，郑州市发布《关于推行商品住宅用地出让“持券准入”政策的公告》，郑州市规定，商品住宅用地出让时需“持券（复垦券）准入”，即土地竞买人必须提前购买与出让土地同等新增面积的复垦券，方可参与土地竞买。2016年，浙江省义乌市印发《义乌市“集地券”管理细则（试行）》，实施范围为闲置农村宅基地、农村地区废弃工矿等其他建设用地。同年，浙江省诸暨市出台《关于建立诸暨市农村集体建设用地市场化盘活机制的意见（试行）》（现已失效），创新了地票使用方式，包括市域内流通交易、抵扣商品房住房款和置换年度建房指标。2018年，佛山市南海区政府印发《佛山市南海区地券管理暂行办法》，宣布实行“地券”制度，用以复垦村级工业园和低效的工业用地，将集体建设用地指标转为国有建设用地指标。各地地票制度实践中，虽名称不一，细则不同，但同我国增减挂钩政策和重庆地票制度核心逻辑基本一致。

综观现有各地区地票制度实践，地票制度已不仅仅是增减挂钩政策的延伸与创新，更是体现了集体建设用地入市、宅基地制度改革和农村土地征收的综合性制度改革。伴随我国经济高质量增长新态势以及人口老龄化加剧等新问题，地票制度与国家全面深化农村土地制度改革和健全城乡发展一体化体制机制方向一致，其所形成的建立城乡统一的土地要素市场、显化农村土地价值、拓宽农民收益渠道及优化国土空间等有益经验，值得进一步被推广。

三、集体建设用地建设租赁住房典型试点实践探索

集体建设用地上建设租赁住房的试点实践探索在2017年正式开始，这意味着集体建设用地的用途进一步突破，使农村土地可以用于发展城市租赁住房，打破了农村与城市之间的土地壁垒。集体建设用地上建设租赁住房既保障了城市中租赁住房的供应，缓解城市中的住房压力，又给农村居民带来一定的收益。利用集体建设用地建立租赁住房是缓解城市住房供需矛盾的重要举措，丰富了农村土地制度改革的实践，最终促进城乡融合发展、推动乡村振兴。

（一）北京集租房实践探索

北京是我国的首都也是一线城市，北京的教育、医疗等条件在全国名列前茅，对人才的吸引力也比较大，因此住房矛盾比较突出。根据第七次人口普查

数据,截至 2020 年 11 月 1 日零时,北京常住人口为 2189.3 万人,与 2010 年相比增加了 228.1 万人,平均每年增加 22.8 万人,年平均增长 1.1%。[①] 可见北京属于人口净流入城市,而且以平均每年 22.8 万人的幅度增长,也因此北京的居住用地市场火爆,住房紧缺。北京作为特大城市,其住房矛盾突出,另外也是第一批被选为集体建设用地建设租赁住房的试点,而且北京在试点工作中取得的成绩突出,居于全国首位,因此选择北京作为典型地区进行讨论。

北京早在 2011 年就提出了集体建设用地建设租赁住房,北京市政府发布《关于促进城乡结合部地区 50 个重点村集体产业发展的意见》,明确提出利用集体建设用地建设租赁住房。在 2012 年被确定为第一批试点后,北京积极开展探索,先后启动了海淀区西北旺镇唐家岭村、温泉镇太舟坞村等 4 批 5 个试点项目。[②] 其中海淀区的唐家岭试点项目可提供 2176 套住房,首批 927 套住房于 2017 年竣工,并面向海淀区保障房家庭开展入住工作。[③] 在不断总结实践经验的基础之上,2017 年北京市发布《关于进一步加强利用集体土地建设租赁住房工作的有关意见》,明确了集体土地建设租赁住房的基本原则,规范了项目的准入与审批、租赁模式、监管等内容。2018 年 12 月北京市发布《关于我市利用集体土地建设租赁住房相关政策的补充意见》,对集体租赁住房项目的合作模式、土地估价、用地选址、审批程序等配套政策进行了研究完善。至此,北京市的集体建设用地建设租赁住房的政策逐步完善。2020 年 7 月,北京市丰台区泊寓成寿寺社区开业,成为全国首个正式运营的集租房项目。北京市的试点探索开展较早,取得的成绩也居全国首位,与其他试点城市相比,北京市的集体建设用地建设租赁住房项目更加成熟和完善,形成了项目规模大、项目种类多、实践经验丰富、运行模式成熟等特点。

---

① 参见北京市统计局:《北京市第七次全国人口普查主要数据情况》,载首都之窗:http://tjj.beijing.gov.cn/zt/bjsdqcqgrkpc/qrpbjjd/202105/t20210519_2392982.html,最后访问日期:2021 年 8 月 19 日。

② 参见郭永沛等:《集体土地建设租赁住房试点政策研究——以北京市为例》,载《中国软科学》2020 年第 12 期。

③ 参见鲍聪颖:《海淀区唐家岭租赁住房项目 927 套房源选房入住》,载中国青年网:http://news.youth.cn/jsxw/201705/t20170524_9868296.htm,最后访问日期:2021 年 8 月 15 日。

北京市集体建设用地建设租赁住房试点项目的内容有以下部分。一是项目的准入条件，北京市的准入条件比较严格，要求租赁住房项目必须保障农民长远发展，项目具有合适的居住环境，配套完善，严格保障只租不售。二是项目的选点要求，首先符合北京市的土地利用总体规划，其次要有一定的基础设施配套，另外交通也要求便利，毗邻园区等有租房需求的地区，以市场为导向，重点建设职工集体宿舍、公寓及成套租赁住房。三是项目的申报主体以及合作模式，农村集体经济组织可以自主作为申报主体，可以土地使用权作价入股、联营的方式与国有企业合作，也可以项目经营权出租的方式与社会资本合作。四是项目审批程序，申报单位制定项目实施方案，经国土部门牵头会同农村、改革等部门批准后报市政府批准。五是项目的监管，由集体租赁住房项目所在区建设、规划行政主管部门依法进行质量安全监督管理。

北京的集体土地建设租赁住房项目经过近 10 年的发展，已经形成了成熟的模式，取得的成果也比较显著。例如朝阳区十八里店西直河集租房，是北京目前已开工规模最大的集体土地租赁房项目，可建设租赁房源约 6500 套。[①] 该项目不仅有不同主题的主题房，例如健身主题、女生主题等，还有近 3 万平方米的生活配套，包括超市、餐饮等配套设施。在试点工作中，北京始终坚持“房住不炒”的方针，所建集租房坚持“只租不售”的原则，取得了可观的成效，在实践中不仅盘活了农村的闲置土地，激活了农村土地市场的活力，还提高了农民及集体的收入，为乡村振兴提供了动力。

（二）其他试点实践探索

试点地区先后两批共有 18 个城市，除了北京成效比较突出之外，其他地区也各有特色，制定了不同的集体建设用地建设租赁住房实施方案，具体见表 6.1。

---

① 参见陈雪柠：《集体土地租赁房累计开工 6.3 万套　建设规模居全国之首 2021 年新增开工 0.9 万套》，载北京市人民政府网：http://www.beijing.gov.cn/fuwu/bmfw/zffw/ggts/202107/t20210722_2446398.html，最后访问日期：2021 年 8 月 10 日。

表 6.1　各地集体建设用地租赁住房的试点政策比较

城市名称	集体建设用地建设租赁住房方案中的特色内容
沈阳	运营采取两种方式:一是纳入沈阳市住房租赁信息服务与监管平台统一运营管理;二是由集体经济组织或入股、联营成立的新公司自行运营。 集体租赁住房的出租年期不得超过 20 年。项目可设置一定比例的商业服务等配套设施,建筑面积不超过总建筑面积的 15%。 职工连续足额缴存住房公积金满 3 个月,本人及配偶无自有产权住房且租房自住的,可凭租赁备案证明提取夫妻双方住房公积金支付房租。
南京	加强与国家开发银行等政策性银行合作,协调安排一定的贷款额度,支持以试点集体租赁住房项目预期收益向金融机构申请融资贷款。 集体经济组织可以通过入股、联营等方式与其他经济组织合作,合作双方需成立新企业开发项目的,集体经济组织所占份额比例必须高于 50%。
杭州	项目用地规模原则上不小于 15 亩。 注重舆情的作用,加强舆论正面引导,为试点工作营造良好的舆论氛围。 鼓励利用"三改一拆"、小城镇综合整治、"城中村"改造等盘活的存量集体建设用地用于租赁住房建设。
合肥	以联合体为申报主体的,集体租赁住房及其附属设施设备涉及的土地使用权和房屋所有权办至联合体名下,集体建设用地所有权仍归原集体经济组织所有。
厦门	利用农村集体预留发展用地指标建设租赁住房,不再收归国有,免收地价。 项目住宅户型以小户型为主,最大户型建筑面积不超过 90 平方米。 项目仅能由集体经济组织与市、区属国有企业合作开发建设。
郑州	采取村集体经济组织与国有控股公司成立租赁租房平台公司建设运营集体租赁住房。 承租人可按照国家有关规定凭登记备案的住房租赁合同依法申领居住证,居住满三年后享受规定的郑州市市民待遇及社会保障机制。

续表

城市名称	集体建设用地建设租赁住房方案中的特色内容
武汉	分不同的区开展不同的试点探索，在东湖高新区、江夏区、黄陂区、蔡甸区四个区先行开展试点工作。 东湖高新区主要作为整村统征储备先行区和武汉住房租赁市场试点区域，探索集体租赁住房的监测监管机制。江夏区作为武汉市农村集体建设用地及地上房屋确权登记试点区域和农房抵押贷款试点区域，重点探索集体租赁住房产权登记。蔡甸区、黄陂区与美丽乡村建设相结合，重点探索利用集体建设用地建设租赁住房来增加农村集体经济组织和农民收入渠道。
广州	集体建设用地建设租赁住房土地来源：节余存量宅基地、旧村改造中保留集体土地性质的用地、经审批的村经济发展用地（含留用地）、经审批的集体土地性质住宅用地、依法流转后的集体建设用地。 参与运营的村集体或企业须经工商注册登记为住房租赁企业，并自成立之日起30日内，在广州市房屋租赁信息服务平台注册。 预付的租金不得超过12个月，租赁期限不得超过20年。
佛山	构建多元化土地供给模式，鼓励多主体参与建设。市、区、镇级政府可成立国有住房租赁企业，以协议出让等方式取得集体建设用地使用权，引领、带动和规范集体租赁住房市场。 规范城中村住房租赁，构建存量集体租赁住房供应体系。鼓励村级工业园改造提升开展规模化租赁住房。 多渠道筹集资金，鼓励资本市场对建设运营主体提供股权投资，稳步推进房地产投资信托基金（REITs）试点工作，鼓励运营主体通过租赁住房租金收益权质押融资，符合条件的可通过首次公开募股（IPO）、债券及不动产证券化产品等方式融资。
肇庆	规范住房租赁流程，推行全市统一的住房租赁合同示范文本，明确各方权利义务。逐步实现住房租赁合同网上签约备案。 支持村集体经济组织优先发展人才公寓、青年公寓、养老公寓、酒店公寓等。 按照合同法规定最长租赁期限不得超过20年。
成都	分批试点，园区周边，充分满足产业园区对租赁住房的需求，实现园区周边"职住平衡"；特色镇周边，结合旅游、人口发展需求，推动特色镇发展；旅游型川西保护林盘等农村新产业新业态集聚区周边，在乡村产业集聚区域，满足农村新产业新业态发展对租赁住房的需求，推动农村发展，促进农村产业兴旺。

续表

城市名称	集体建设用地建设租赁住房方案中的特色内容
福州	集体租赁住房户型以小户型为主,最大户型建筑面积不超过75平方米。 集体经济组织内部可享受权益的成员平均持股,严禁个别人多占股份。成员个人股禁止转让。 合同约定租赁期限最长不超过6年,一次收取租金不得超过1年。
南昌	租赁住房户型以90平方米以下中小户型为主。 合同约定租期原则上不超过10年,一次收取租金一般不超过1年。
青岛	原则上以90平方米以下中小户型为主。项目可设置一定比例的商业服务等配套设施,建筑面积不超过总建筑面积的15%,与项目整体一并登记。 项目中可安排一定数量的集体宿舍,用以解决周边为城市生产运行服务的普通劳动者住宿问题。 最长租赁期限不得超过20年,具体承租人不得转租。鼓励当事人使用全市统一的住房租赁合同示范文本,一次收取租金不得超过1年。 职工连续足额缴存住房公积金满3个月,本人及配偶在青岛市行政区域内无自有产权住房且租赁住房的,可按照青岛市有关规定提取夫妻双方住房公积金支付房租。
贵阳	各租赁住房小区单个项目住房建筑面积不得低于3万平方米,并可按住房建筑面积配建不高于20%商业服务设施。 以90平方米以下中小户型为主。租赁住房单套户型按如下三类建设:"一室一厅"户型,面积不超过40平方米(1人户或2人户);"两室一厅"户型,面积不超过70平方米(2人户或3人户);"三室一厅"户型,面积不超过90平方米(3人户或4人户)。应进行装修并配置家具和家电设备,交付使用时实现"拎包入住"。 合同期限不超过5年,一次收取租金一般不超过1年,合同期满后若双方无异议可续租。
海口	以90平方米以下中小户型为主,集体租赁住房的出租年限不得超过10年,一次收取租金一般不超过1年,出租合同到期后原承租人可优先续租。

从表6.1可知,各地根据自己当地的实际情况不同,对集体建设用地建设租赁住房的方案也不同,各地都有自己创新的内容。例如厦门市规定项目仅能由集体经济组织与市、区属国有企业合作开发建设,而其他地区例如佛山,则鼓励多主体参与,有自主运营能力的村集体经济组织可以自主运营,没有自主运营能力的可以入股、联营等方式参与运营,还鼓励市、区、镇级政府成立国

有住房租赁企业，引领、带动和规范集体租赁住房市场。总体来看，各试点的政策措施在理解中央试点精神的基础上加上了自己的理解，在结合自己当地实际情况的基础上有所创新。

随着城市化的发展，越来越多的农业人口涌进城市，也有相当多的人口从中小城市向大城市转移，这些人口在大城市中根基薄弱，其家庭住房支出能力较弱，发展集体建设用地建设租赁住房有助于解决这些新进城人口的住房难题，缓解大城市中住房供需矛盾。村集体自行或者以联营、入股等方式合作开发集体建设用地租赁住房，可以实现多主体参与开发，降低土地使用成本，还可以增加农民和村集体的收益，最终在平衡多方利益的基础上探索出一条可持续发展的集体建设用地租赁住房开发道路，助力城乡一体建设用地市场建设和乡村振兴。

第七章　城乡建设用地统一市场构建的建议：制度安排和配套措施

基于前面对城乡建设用地使用权流转市场的相关研究，本章将勾勒出城乡统一建设用地流转市场框架，并在此基础上提出构建统一市场的制度安排和相关配套制度设计。

第一节　构建城乡统一建设用地市场的基本制度框架

一、城乡统一建设用地流转市场框架

构建城乡统一建设用地流转市场的基本含义是：打破国家对建设用地一级市场供给的垄断，赋予集体建设用地与国有土地一致的产权权能，在国家宏观调控下，允许集体经营性建设用地使用权入市和宅基地使用权流转，实现城乡建设用地市场在各运行机制方面的对接和统一，充分发挥市场对城乡建设用地资源统筹配置的基础性作用。基于此，勾勒出城乡统一建设用地流转市场框架，如图 7.1

所示。

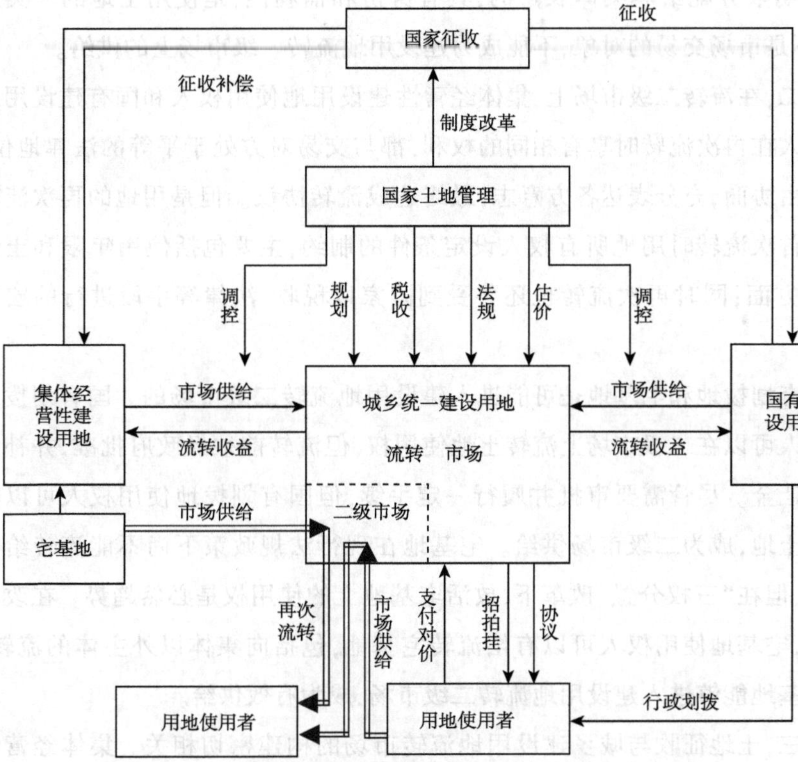

图 7.1　城乡统一的建设用地流转市场

第一，在流转一级市场上，集体经营性建设用地与国有建设用地作为同样的用地供给源进入市场流转；建设用地需求者通过协议或招拍挂的方式从城乡统一建设用地市场上获得用地使用权，并支付对价；作为建设用地所有权人国家和集体分别获得让渡用地使用权相应的流转收益；整个建设用地流转市场受到国家土地管理制度的调控，包括以税收、规划、法规等手段的市场管理，以及通过年度供地计划和用地估价程序等对建设用地供给和市场价格进行一定程度的调节。

这里需要说明的是，国有划拨建设用地和集体的宅基地无法进入用地流转一级市场。国有建设用地除出让外还有划拨流转方式，但因划拨是行政行为，由国家无偿划拨土地给符合法定利用用途的主体使用，是土地供给的一种方式,但不是市场交易行为。在集体建设用地中宅基地与国有划拨地类似,是无偿无期限分配给本集体农户的,具有身份和福利性,是使用土地的一类来源,但不是市场交易的对象,不能成为建设用地流转一级市场上的供给。

第二,在流转二级市场上,集体经营性建设用地使用权人和国有建设用地使用权人在再次流转时享有相同的权利,都与交易对方处于平等的法律地位,可以自由协商,充分表达各方意志,最终达成流转协议。但是用地的再次流转要受到首次流转时用地所有权人设定条件的制约,主要包括使用年限和土地用途等方面;同时再次流转也还要受到国家以税收、法律等手段进行的宏观调控。

国有划拨地和宅基地是可能进入建设用地流转二级市场的。国有划拨地使用权人可以在二级市场上流转土地使用权,但流转前须经政府批准,并补缴土地出让金。尽管需要审批并履行一定手续,但国有划拨地使用权人可以有偿流转土地,成为二级市场供给。宅基地在现行法规政策下尚不能流转给社会主体,但在“三权分置”改革下,放活宅基地上的使用权是必然趋势。在改革推动下,宅基地使用权人可以有偿流转宅基地,包括向集体以外主体的流转,使得宅基地能够进入建设用地流转二级市场,成为有效供给。

第三,土地征收与城乡建设用地流转市场的构建密切相关。集体经营性建设用地流转入市,为用地市场增加了供给,不再只能走征地后作为国有建设用地流转的路径,因此,我国的土地征收也要卸下经济发展土地供给的历史重任,在允许集体经营性建设用地入市后应回归征收本位,与集体土地使用权流转各司其职,成为城乡建设用地市场的重要制度保障。2019 年修正的《土地管理法》以列举方式明确并限定了土地征收的公共利益范围,提高了征地补偿标准,在一定程度上回应并解决了征地带来的社会矛盾。但从保障建设用地市场构建和发展的角度,土地征收制度仍有改进的空间。

二、构建城乡统一建设用地流转市场的制度安排

在用途管制下,建设用地市场可细分为工业、商业等经营性用地市场以及居住用地市场。在城乡建设用地流转市场构建中,上述两类细分市场是有差别的。经营性用地市场的供给有国有建设用地和集体经营性建设用地,能够

形成城乡融合的用地市场,关键在于集体经营性建设用地流转制度的建立与完善;居住用地市场从供给来看,城市有国有建设用地,农村有宅基地,集体经营性建设用地可否用于住房开发仍不明确,可见城乡在居住用地市场上的融合和统一仍存在障碍,关键在于宅基地等集体建设用地进入居住市场的突破和改革,以实现城乡融合的建设用地统一市场的构建。

(一)规范城乡统一的经营性用地流转市场

随着 2019 年《土地管理法》的修改,集体经营性建设用地被允许流转入市,城乡经营性用地市场构建的法律障碍被清除。但清除了法律障碍,并不意味着建立了完善的流转制度。《土地管理法》及其实施条例针对集体经营性建设用地的流转仅有数个条文规定,可谓捉襟见肘,流转规则亟待建立。对城乡统一经营性用地流转市场的规范,关键就在于与国有土地市场接轨下集体经营性建设用地入市制度的完善。

1. 应规范集体经营性建设用地流转主体

土地使用权流转分为首次流转和再次流转。集体经营性建设用地入市主要指的是首次流转。《土地管理法》规定,土地所有权人是集体经营性用地入市的主体。《民法典》明确,农民集体所有的不动产包括土地,属于本集体成员集体所有;对于集体经营性建设用地入市这样的重大事项应当依照法定程序经本集体成员决定。因此,《土地管理法》规定,集体经营性建设用地出让、出租等,应当经本集体经济组织成员的村民会议 2/3 以上成员或者 2/3 以上村民代表的同意。这体现了集体土地属于本集体成员集体所有的权利内涵,但经营性用地入市是一个市场行为,应由市场主体代表农民集体行使其所有权。《民法典》明确,对于集体所有的土地等,由集体经济组织或村民委员会、村民小组代表相应的集体行使所有权;在特别法人部分还规定,农村集体经济组织可依法取得法人资格,村民委员会具有基层群众性自治组织法人资格,可以从事为履行职能所需要的民事活动。由此,集体经济组织或村民委员会因具有法人资格宜作为入市实施主体,代表农民集体行使所有权。实践中,大部分试点地区以集体经济组织为入市实施主体,除民主决定程序外,其他入市事宜都由集体经济组织决策并完成。亦有一些试点委托企业或公司实际操作用地入市,对此,应当允许但要明确委托代理关系,应由集体经济组织或村民委员会这一入市实施主体与其成立的、下属的或其他具有法人资格的组织签订委托入市合同,明确委托事项,理顺入市主体、入市实施主体和入市委托实施主体的关系以及各方权利义务。由此,农民集体是入市主体,享有通过入市方案的决定权;集体经济组织或村民委员会是入市实施主体,取得法人资格的可以自己实施,也可以委托其他市场主体代理实施具体入市事宜。从用地流入主体来看,《土地管理法》规定用地交由单位或者个人使用,未对身份、资格等作出限制。但为避免土地资源浪费,在具体地块流转中,应当对流入方的资质和能力有所考察和要求。

2. 应规范集体经营性建设用地流转客体

《土地管理法》规定流转客体是土地利用总体规划、城乡规划确定为工业、商业等经营性用途,并经依法登记的集体经营性建设用地。对此,需要进一步明确的是"经营性用途"的内涵。《民法典》在国有建设用地规定中明确工业、商业、旅游、娱乐和商品住宅都属于经营性用地,但《土地管理法》对集体建设用地的规定仅列举了工业、商业两类经营性用途。那么,旅游、娱乐和商品住宅是否属于集体可入市的经营性建设用地范围?商品住宅涉及居住用地市场,在这里暂且不论。旅游、娱乐用地是否就是规范中"等"的内容?从试点规定来看,如德清市明确经营性用途为工矿仓储、商服和旅游等;泸县列举了工业、物流仓储、旅游、商业服务业设施用地为经营性用途的土地。由此,对集体建设用地的经营性用途理解应与国有建设用地规定对接,需明确旅游、娱乐用途土地属于可入市的集体经营性建设用地范围。这里需要指出,按《招标拍卖挂牌出让国有建设用地使用权规定》,工业用地包括仓储用地,但不包括采矿用地。对集体工业用地亦应做相同解释。此外,应明确可入市集体经营性建设用地的条件:一是符合土地利用总体规划、城乡规划,符合政府部门依据国土空间规划提出的具体规划条件;二是要符合产业准入和生态环境保护要求;三是要产权明晰并经依法登记,界址清楚,无权属争议、查封等情况,包括地上建筑物的产权无争议;四是要具备基本开发条件。

关于出让的集体经营性建设用地使用权是否是用益物权的问题,需要进一步明确。现行法规对此规定模糊。一是从《民法典》规定来看,用益物权分编中规定的建设用地使用权似乎仅指国有建设用地使用权,集体所有的土地作为建设用地的,按照土地管理的法律规定办理,集体经营性建设用地这一权利名称并未出现在《民法典》中,按照物权法定原则,集体经营性建设用地使用权是否是用益物权并不明朗。二是从《土地管理法》及其实施条例的规定来看,其并未使用设立集体经营性建设用地的表述,与用益物权的一般法律表述有所区别,且在登记制度上,亦未明确出让的集体经营性建设用地使用权是否适用登记生效规定。实际上,出让的集体经营性建设用地使用权应当是一项用益物权,自登记时设立,用益物权人享有占有、使用和收益用地的权利,适用有关用益物权的规定。对此应在法律中予以明确,以实现城乡建设用地的"同地同权"。

3.应规范集体经营性建设用地流转内容

关于流转内容,应规范以下几个方面。

(1)流转方式及年限限制。集体经营性建设用地首次流转方式主要有出让和出租,此外的作价出资(入股)和抵押的方式虽并未列明在《土地管理法》中,但为各试点实践所承认,且可作为流转方式条款中"等"的内容。作价出资(入股)是指集体土地所有权人以一定期限的集体经营性建设用地使用权作价,作为出资与他人组建新企业或增资入股到已有企业的行为,该土地使用权由企业持有,作价出资形成的股权由集体所有权人持有。可见作价出资(入股)方式对集体经营性建设用地使用权的流转实质上与出让方式无异,只是受让人是入股的企业,获得的出让金异化为企业股权。抵押是指将集体经营性建设用地使用权作为债权担保的行为,抵押期间土地不转移占有,但如果需实现抵押,就要流转集体经营性建设用地使用权并以所得价款优先受偿。在首次流转中,集体土地所有权人要抵押集体经营性建设用地时,应当履行与出让该地块相同的手续,以备可能面临的抵押权实现时的土地使用权流转。由此可见,首次流转中作价入股和抵押方式在某种意义上与出让方式相近,虽有其特殊性,但在实质内容上可参照出让方式处理。

关于集体经营性建设用地出让、出租的具体方式,可采取招标、拍卖、挂牌或协议等方式。竞价还是协议出让、出租应当由集体土地所有权人决定,不宜如国有建设用地那般强制竞价范围,只要有程序保障不侵害农民利益即可,这也是对集体土地所有权的彰显。

关于集体经营性建设用地首次流转最长期限问题,应与国有建设用地保持一致,以体现“同地同权”。以出让方式流转的,工业用地最长为50年;商业、旅游、娱乐用地最长为40年;综合或其他用地最长为50年。作价出资(入股)和抵押的集体经营性建设用地使用权最长期限按上述年限执行。以出资方式流转的,受《民法典》租赁合同最长期限的限制,最长租期不得超过20年。

集体经营性建设用地再次流转方式主要有转让、互换、出资、赠与、抵押等,这些方式针对的是通过出让等方式取得的集体经营性建设用地使用权,获得出让用地的使用者将用地再租赁出去,应当也算作再次流转的一种方式。此外,出租用地的再次流转只能是转租。用地的再次流转要受到首次流转时对土地使用权的制约条件,比如再次流转年限要在首次流转后尚未使用的期限范围内。

(2)流转合同及双方权利义务。集体经营性建设用地首次流转合同由土地所有权人与土地使用者签订,以明确双方的权利义务,并报市、县人民政府自然资源主管部门备案。从合同内容上看要载明以下几方面:一是土地信息,包括土地界址、面积、用途、使用期限;二是交付情况,包括交易价款支付、交地时间和开工竣工期限;三是条件要求,包括规划条件、产业准入和生态环境保护要求;四是提前收回或期满的处理,包括约定提前收回的条件、补偿方式、土地使用权届满续期和地上建筑物、构筑物等附着物处理方式;五是违约责任和争议解决。其中条件要求部分是效力性必备条款,按《土地管理法实施条例》规定,未依法将规划条件、产业准入和生态环境保护要求纳入合同的,合同无效;造成损失的,依法承担民事责任。从双方权利义务来看,用地所有权人在流转阶段最主要享有获得用地价款的权利,需履行按约定交付用地的义务;在使用阶段享有监督使用者依约使用土地,约定条件下提前收回用地,以及决定期限届满是否续期等权利,需履行保障使用者依约利用土地,提前收回土地时对用地使用者进行补偿等义务。用地使用者在流转阶段享有依约获得土地使用权及地上建筑物等所有权的权利，需履行及时支付用地价款、依法缴纳相关税费以及申请办理不动产登记的义务；在使用阶段享有依约利用开发土地、再流转土地、提前被收回土地时获得补偿以及申请续期等权利，需履行按照规划条件、产业准入和生态环境保护要求等利用或再流转土地的义务。

集体经营性建设用地再次流转主要指通过出让等方式取得的集体经营性建设用地使用权依法转让、互换、赠与或抵押的情形，当然还应包括通过租赁再流转的方式。再次流转合同由土地使用者之间签订，要求书面形式，以明确双方权利义务。按《土地管理法实施条例》的规定，出让用地再流转的应书面通知土地所有权人，但《城镇国有土地使用权出让和转让暂行条例》并未规定国有出让用地再流转时的通知义务。出让的国有建设用地使用权被法定为一项用益物权，用益物权人可自主行使权利，所有权人不得干涉，因此用地使用者再流转土地时无须通知或经所有权人同意。对于集体经营性建设用地使用者的再流转，虽没有要求经所有权人同意，但规定要书面通知所有权人。此通知义务的法律依据是什么？法律效力又如何？如若不通知是否影响再流转的效力？似乎又得不出否定性答案，也就是不通知应该也不影响再流转。由此，如将集体经营性建设用地使用权确定为一项用益物权，使用者的再流转可自主行使，无须通知所有权人；如不履行书面通知义务也不影响用地再流转，该书面通知的要求亦显鸡肋。因此，建议取消该通知规定。

关于集体经营性建设用地再次流转中双方的权利义务主要依据再流转合同，《土地管理法实施条例》规定，集体经营性建设用地转让等再流转的，参照同类用地的国有建设用地执行。这里需要说明两点。一是关于转让条件。参考《国有土地使用权出让和转让暂行条例》，针对集体经营性建设用地的转让，应规定，未按用地使用权出让合同规定的期限、条件和要求投资开发、利用土地的，用地使用权不得转让。如有的地方①还规定用地使用者开发总面积不足1/3或已投资额占总投资额不足25%的，不得转让用地，以防止对集体建设用地的空置倒卖。二是关于价格过低的优先购买。《国有土地使用权出让和转

① 如义乌市，参见《义乌市农村集体经营性建设用地入市管理办法（试行）》；又如焦作市，参见《焦作市农村集体经营性建设用地入市管理办法（试行）》。

让暂行条例》规定,土地使用权转让价格明显低于市场价格的,市、县人民政府有优先购买权。这里政府之所以有优先购买,是因为政府是国有土地的所有权人,当使用者之间的转让价格过低,所有权人有权介入。如此推之,集体经营性建设用地转让价格明显过低的,应由集体土地所有权人享有优先购买权。这里需要用地二级市场的价格申报制度予以保障,政府部门认为转让价格明显低于市场价格的,应建议集体所有权人行使优先购买权。因为政府部门是掌握市场价格的,有利于判断转让价格是否过低;集体所有权人在被建议后是否优先购买以及如何优先购买仍由自己决定。

4. 应规范集体经营性建设用地流转程序

集体经营性建设用地首次流转,以入市实施主体为主线梳理流程,可分为以下环节。

(1)入市准备阶段。集体经营性建设用地入市之前,入市实施主体应完成拟入市宗地的勘测定界,向市、县人民政府自然资源主管部门了解地方土地利用年度计划、拟入市宗地的规划条件,包括土地界址、面积、用途和开发建设强度等,以及产业准入和生态环保要求。入市实施主体应依据上述条件和要求,拟制集体经营性建设用地出让、出租等方案,方案中应当载明土地界址、面积、用途、规划条件、产业准入和生态环境保护要求、使用期限、交易方式、入市价格、集体收益分配安排等内容。关于入市价格的拟定,应当以评估价格或公示地价为依据,并说明理由。关于收益分配安排,应当写明法规规定和拟定依据。

(2)入市决策阶段。入市实施主体应当组织村民(代表)会议对集体经营性建设用地入市事宜进行表决。首先,应决议是否同意入市。其次,如同意入市应对用地出让或出租等方案进行表决。对于交易方式、入市价格、集体收益分配安排等重要事项应当逐一决议,实现集体决策。上述事项需经本集体经济组织成员的村民会议 2/3 以上成员或者 2/3 以上村民代表的同意,并形成书面意见。

(3)入市报批阶段。入市实施主体持入市方案及集体书面意见,应在出让、出租前不少于十个工作日报市、县人民政府。政府应对方案中的规划条件和产业准入、生态环保要求部分进行审查并出具审查意见,认为不符合的,应当在收到方案后5个工作日内提出修改意见。土地所有权人应当按照市、县人民政府的意见进行修改。从《土地管理法实施条例》来看,市、县人民政府仅有权对条件和要求部分进行审查,但从市场监管角度,还应当对集体决策程序瑕疵、入市价格过低、收益分配方案违反地方规定等问题提出意见,并要求土地所有权人进行修改。入市实施主体持入市方案、市、县政府的肯定性审查意见等资料即可申请入市交易,不宜再报政府审核。①

(4)入市交易阶段。入市实施主体持前期形成的资料,按照土地交易所要求提交入市申请。土地交易所通过申请后,按照入市方案要求,在交易平台公开发布信息,并按照招标、拍卖、挂牌或协议的具体方式组织交易。交易规则应当同国有建设用地规则,以实现城乡建设用地统一市场的构建。

(5)入市完成阶段。通过竞价或磋商确定土地使用者后,入市实施主体代表土地所有权人与土地使用者签订书面合同,并报市、县人民政府自然资源管理部门备案。合同签订后,用地使用者应依约支付土地价款、依法缴纳相关税费并依法申请办理不动产登记,以实现其对土地及地上建筑物等的权利。集体土地所有权人获得土地价金后,应当按照收益分配安排上缴地方政府调节金,并按方案规定对留存部分进行集体收益管理和内部分配。

集体经营性建设用地再次流转程序较为简单,主要是使用者之间的磋商过程。在建立二级市场流转价格申报的建议下,交易双方应在签订书面合同前向市、县人民政府自然资源管理部门申报流转价格。如果价格过低,政府部门会建议集体优先购买;如果价格不合理上涨时,政府部门可以采取必要措施。交易价格没有问题且双方达成一致后签订书面合同,办理过户登记。

(二)建立城乡融合的居住用地流转市场

在集体经营性建设用地允许流转入市的背景下,城乡经营性用地统一市场在逐步形成。而城乡居住用地市场仍呈现二元和割裂状态,统一市场的构建尚需对集体建设用地包括宅基地流转制度进行改革和完善。

---

① 有的地方如义乌市、焦作市等都规定再报政府审核后,核发入市核准书。

1. 深化改革:允许集体经营性建设用地供给居住用地市场

集体经营性建设用地流转入市是农村土地制度改革的一大成果,但基本限于工业、商业等用途的土地供给。实践中,试点地区大多以限制经营性用地范围的方式排除了居住用途。而可喜的是,《土地管理法》及其实施条例对于集体建设用地用于住宅开发的经营性用途并未明确禁止,而以“等”字留下了改革空间。

目前,很多城市国有居住类建设用地竞价结果居高不下,一定程度上推动了房价上涨。在“房子是用来住的,而不是用来炒的”思想指导下各地以高压的限购和金融政策抑制房价。但从市场供需和价格关系来看,国有居住用地的紧张,与住房需求间的巨大缺口是造成高地价高房价的直接原因。正因如此,各地“小产权房”屡禁不止,集体建设用地进入居住用地市场动力十足,暗潮涌动,但为防止对城市住宅市场的扰乱,国家始终拒绝放开集体建设用地对住宅市场的供给。而构建城乡融合的居住用地流转市场是解决当前人地关系紧张最重要的途径。因此,引导并规范集体经营性建设用地进入居住用地市场势在必行,也是集体经营性建设用地流转制度进一步深化改革的方向。

2017 年原国土资源部、住房城乡建设部印发了《利用集体建设用地建设租赁住房试点方案》,随后 2018 年,沈阳等 11 个城市出台了各自的试点实施方案。建租赁住房项目成为集体建设用地进入居住用地市场的先头部队。但从供地模式来看,建租赁住房与集体经营性建设用地的流转入市仍有差别。实践中,利用集体建设用地建租赁住房的土地模式主要有三种。一是集体经济组织代表集体自行进行开发建设,建成的租赁住房及所用建设用地都在集体经济组织名下,此模式下不发生用地流转。二是集体通过联营、入股等方式进行开发建设,联营模式下集体一方出地,联营一方出资,双方通过合同进行合作开发,此时建设用地使用权没有流转仍属于集体,合作成果收益包括地上建筑物的归属由双方按合同约定处理。入股模式下集体以建设用地使用权作价入股与国有企业或社会资本共同成立企业法人进行开发建设,此时集体经营性建设用地使用权流转至新成立的企业法人,地上建筑物所有权亦归该企业所有。三是集体出让土地给企业进行开发建设。如佛山规定,市、区、镇级政府可成立国有住房租赁企业,以协议出让等方式取得集体建设用地使用权,引领、带动和规范集体租赁住房市场。此时集体通过出让建设用地使用权直接引进企业建设,这是最接近集体经营性建设用地入市的模式,但差别在于用地使用者不是社会资本,且不具有竞争性,使得该用地供给不是市场化的供给方式。

国有建设用地市场上亦有租赁住房用地,如土地出让中"限地价竞自持"产生的项目,所谓自持就是开发商要自已持有土地使用权,当自持率达到100%时,开发商只能在该土地上建租赁住房。比较集体与国有建设用地上建租赁住项目可见,土地供给模式不同,国有建设用地直接进入土地市场通过交易供给,而集体建设用地市场化流转极少。

应当指出的是,利用集体建设用地建租赁住房试点政策出台早于《土地管理法》的修改,当时集体经营性建设用地尚未被允许入市,因此建租赁住房试点方案中的供地模式也相对保守。但这说明了一点就是国家还是有放开集体经营性建设用地进入居住用地市场意愿的,并已在政策上行动先试先行了。只是在2019年《土地管理法》背景下,集体经营性建设用地入市用于住宅建设,还可以走得更远。为构建城乡统一的居住用地市场,应当明确居住用途的集体经营性建设用地可流转入市,具体可分两步走。

(1)先放开租赁住房用地市场上集体经营性建设用地的供给

在利用集体建设用地建租赁住房试点政策基础上,结合集体经营性建设用地的流转入市,拓展供地模式,实现集体经营性建设用地向租赁住房用地市场的有效供给。首先,集体建设用地供给的租赁住房用地应不限于公租房等保障性住房项目。利用集体建设用地建租赁住房只能建公租房是一个认识上的误区,从各试点方案来看亦无此限制。集体经营性建设用地流转进入商业性租赁住房项目才能与国有居住用地市场接轨。其次,应鼓励社会主体建设运营集体建设用地上租赁住房项目。现各试点方案多对建设主体有限制,如佛山规定只能由国有住房租赁企业建设;南京规定集体入股成立新企业建设的,集体经济组织所占份额比例必须高于50%;厦门规定集体经济组织只能与市、区属国有企业合作成立项目公司进行开发等。国有企业的参与可以引领、带动和规范集体租赁住房市场,集体经济组织的自建和参与也能充分体现农民对自己土地的利用与收获,但社会主体更具有专业性和资本实力,应当鼓励社会主体的开发,而不是限于国有企业,并强制集体参与。赋予集体选择建设主体的权利,将更有利于项目开发,也有利于用地市场化流转,给农民带来更多土地收益。再次,应允许集体以竞价方式流转经营性用地使用权用于租赁住房建设。按照集体经营性建设用地入市规则流转集体租赁住房用地。此时集体在项目上只获得土地收益,但可通过竞价方式获得较高的土地出让金,以实现农民利益。最后,应加强对集体经营性建设用地流转进入租赁住房用地市场的管理。严格用地规划审批,做好用地供应计划,完善用地税费制度,以保障集体建设用地供应居住用地市场的有序进入。

(2)再全面放开居住用地市场上集体经营性建设用地的供给

租赁住房相对于巨大的商品房市场仅是其中一小部分,集体建设用地进入租赁住房用地市场对整个居住用地市场的冲击相对较小。在缓冲之后,全面放开集体经营性建设用地向居住用途的供给势在必行,也将有效缓解地价房价居高不下的住房市场顽疾。应当放开居住用途的集体经营性建设用地流转,与工业、商业用地适用相同入市规则。对于商品住宅项目,集体土地所有权人应采取竞价方式出让集体经营性建设用地使用权,最长期限为70年,因涉及集体所有权人利益不宜自动续期。土地受让方应为有资质有能力的开发商,避免项目烂尾浪费土地资源。地方政府应对开发的住宅项目提出具体规划条件和生态环保要求,以保护农村人居环境,实现城乡融合。全面放开居住用地市场上集体经营性建设用地的供给才能形成城乡统一的建设用地市场。

2. 制度变革:"三权分置"构造下放活宅基地上使用权[①]

从集体建设用地产权权能来看,宅基地作为农民居住用地的权能缺失最为严重。《民法典》规定宅基地使用权人仅享有占有和使用宅基地的权利,政

① 杨雅婷:《〈民法典〉背景下放活宅基地"使用权"之法律实现》,载《当代法学》2022年第3期。

策上禁止城镇居民在农村购置宅基地，[①]从而，将宅基地使用严格限定于农村村民，宅基地使用权的向外流转即使是“地随房走”也会被认定为无效。[②] 因此，宅基地占用了农村广袤的建设用地，在城镇化背景下，即便农房空置严重，[③]也因法规障碍无法流转利用，亦无法进入到居住用地市场，以缓解城市住房紧张的局面。

2018 年初中央一号文件在实施乡村振兴战略的意见中提出宅基地“三权分置”，以解决宅基地社会保障功能与经济价值功能之间的矛盾。[④] 宅基地“三权分置”政策为宅基地使用权的流转带来了契机。合理构造宅基地上分置的“三权”，在保障农民资格权的前提下，建立放活宅基地上使用权的实现制度，将有助于宅基地使用权流转进入居住用地市场，[⑤]以构建城乡统一的建设用地市场。

(1)“三权分置”下放活宅基地上使用权之应有之义

宅基地“三权分置”，就是要通过更合理的权利设置，在保障农民资格权、实现宅基地居住保障功能的基础上，适度放活宅基地及其上房屋使用权，解决现实中宅基地空置浪费严重的问题，通过流转以市场化手段优化配置土地资

---

① 2004 年《国务院关于深化改革严格土地管理的决定》（国发〔2004〕28 号）规定：“禁止城镇居民在农村购置宅基地。”参见 2004 年 11 月国土资源部《关于加强农村宅基地管理的意见》（国土资发〔2004〕234 号）规定：“严禁城镇居民在农村购买宅基地，严禁为城镇居民在农村购买和违法建造的住宅发放土地使用证。”2007 年 12 月《国务院办公厅关于严格执行有关农村集体建设用地法律和政策的通知》（国办发〔2007〕71 号）规定：“农村住宅用地只能分配给本村村民，城镇居民不得到农村购买宅基地、农民住宅或‘小产权房’。”

② 参见马某涛诉李某兰房屋买卖合同无效案（画家村案）；2011 年《最高人民法院关于印发〈全国民事审判工作会议纪要〉的通知》（法办〔2011〕442 号）明确指出：“将宅基地上建造的房屋出卖给本集体经济组织成员以外的人的合同，不具有法律效力。”

③ 我国《2021 年国民经济和社会发展统计公报》显示，到 2021 年年末全国外出农民工多达 17172 万人，其中还有不少是拖家带口外出务工，造成农村宅基地大量空置，一些村子甚至成为“空心村”。

④ 参见韩松：《宅基地立法政策与宅基地使用权制度改革》，载《法学研究》2019 年第 6 期。

⑤ 这里需要说明的是，宅基地使用权流转进入的是居住用地二级市场，而不是一级市场。宅基地的首次流转是由所有权人无偿无期限分配给农户的，农户再向他人流转宅基地使用权属于再次流转，进入的是二级市场。

源。[①] 但放活宅基地上使用权不应是简单的扩权赋能，[②]也不应是宅基地流转的全面放开，因为宅基地的福利属性和社保功能仍是根本，不可动摇。因此，放活宅基地上使用权，应当在农民居住保障性的宅基地权利之外构造一个"第三权"。该权与居住保障性宅基地权利相区别，去身份性，可流转，并具有一定期限，期限届满回到居住保障性宅基地权利人手中，从终极意义上来看，保障农户的宅基地权利不丧失。[③]

放活宅基地"使用权"从放活后的用途来看分为两类：一类是继续作居住使用；另一类是改变为经营性用途。[④] 从放活的方式来看，也可以分为农户经营性自用和向他人流转使用两大类。宅基地是用来建造住宅供居住使用的土地，如不作居住使用而转为商业等用途使用时就不应再被称为宅基地了，这块土地应当转变为集体经营性建设用地。因此，宅基地上的使用权应当限于居住功能，非居住功能的经营性放活应进行土地用途的转换，结合集体经营性建设用地制度予以构建。

(2)放活宅基地上使用权之实现路径

放活宅基地上使用权涉及宅基地上构造的"第三权"，因此先厘清宅基地"三权分置"的权利结构至关重要。宅基地相较于承包地有诸多特殊性，但是承包地"三权分置"的权利构造仍有借鉴意义。[⑤] 根据《农村土地承包法》和《民法典》的规定，承包地的"三权"是指土地所有权、土地承包经营权和土地经营权。土地承包经营权是一项用益物权，农户依身份无偿取得，体现福利保障性。土地经营权是承包权人通过出租、入股或其他方式向他人流转设定的，去身份性，体现农地财产属性。鉴于此，宅基地"三权分置"可以构造为土地所有

① 参见李怀、陈享光：《乡村振兴背景下宅基地"三权分置"的权能实现与深化路径》，载《西北农林科技大学学报(社会科学版)》2020年第6期。

② 参见韩松：《宅基地立法政策与宅基地使用权制度改革》，载《法学研究》2019年第6期。

③ 参见宋志红：《宅基地"三权分置"的法律内涵和制度设计》，载《法学评论》2018年第4期。

④ 参见李国强：《〈土地管理法〉修正后集体建设用地使用权的制度构造》，载《云南社会科学》2020年第2期。

⑤ 参见高圣平：《〈民法典〉与农村土地权利体系：从归属到利用》，载《北京大学学报(哲学社会科学版)》2020年第6期。

权、宅基地使用权和宅基地利用权。① 宅基地使用权就是《民法典》中规定的用益物权，依身份取得，一户一宅，实现对农户的居住保障，是政策上宅基地资格权的法律表达。② 宅基地利用权是通过宅基地使用权人流转设定的，具有去身份性，实现了宅基地及其上房屋使用权的放活。这样的三权构造能够体现“三权分置”在承包地和宅基地上的一致性，借用现行法上的权利概念，降低立法成本，形成逻辑自洽的权利体系。（见图7.2）

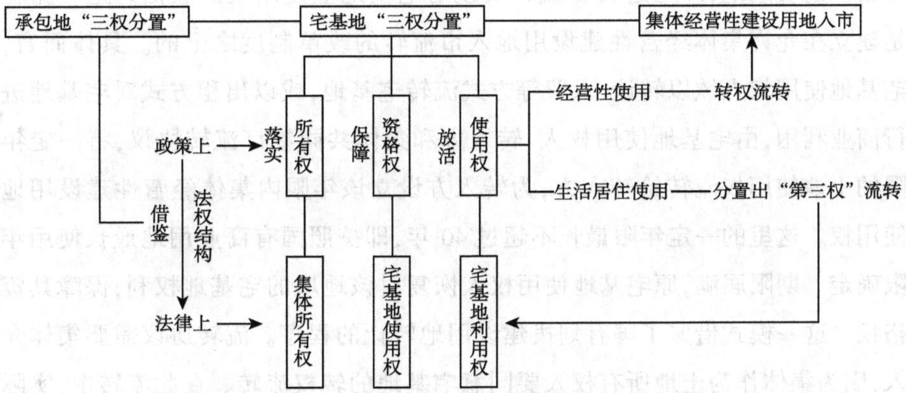

图7.2　联动改革下放活宅基地上使用权新思路

对于宅基地利用权性质，应分为债权性利用权和物权性利用权。宅基地放活后仍作居住使用时，宅基地使用权人可以通过出租的方式流转宅基地利用权，形成债权性利用权；或者宅基地使用权人可以通过在住房上设定居住权的方式，按地随房走规则流转宅基地利用权，形成物权性利用权；或者宅基地使用权人以转让的方式流转一定年限的宅基地利用权，形成物权性利用权。债权性利用权最长不得超过20年，可以通过登记起到增强物权保护的效果；居住权方式下的物权性利用权可以将期限设定为与居住权相同的长度；转让方式下的物权性利用权可以将期限设定为最长不超过70年。这里需要说明的是，从用途限定角度来讲，出租和居住权设定是可以限制住宅基地的居住用途的，但如果宅基地使用权人将住房转让而引起宅基地流转的，用途限制会很

① 参见李琳等：《宅基地“三权分置”的法律表达》，载《中国土地科学》2019年第7期。
② 参见宋志红：《宅基地资格权：内涵、实践探索与制度构建》，载《法学评论》2021年第1期。

难,这就需要在宅基地利用权设定及登记中载明居住用途。宅基地流转期限届满,利用权回到宅基地使用权人手中,地上建筑物也随之无偿收回,继续实现对农户的居住保障。如果农户成员全部死亡,该地块及其上建筑物由集体所有权人期满收回。一旦违反用途管制,宅基地使用权人有权提前收回宅基地利用权,农户消灭的,由集体提前收回。

宅基地放活后作商业等经营性使用时,应当将宅基地在一定期限内转为经营性建设用地,即通过转权流转实现对宅基地上使用权的放活。这一路径是建立在允许集体经营性建设用地入市流转的改革制度之上的。具体而言,宅基地使用权人欲以转让、入股等方式流转宅基地,或以出租方式对宅基地进行商业利用,由宅基地使用权人、转入方和集体共同签订流转协议,将一定年限的土地使用权流转给转入方,为转入方设立该年限内集体经营性建设用地使用权。这里的一定年限最长不超过 40 年,即按照国有商业用地最长使用年限确定。期限届满,原宅基地使用权人恢复对该地块的宅基地权利,保障其资格权。这一模式借鉴了国有划拨建设用地转让的程序。流转协议需要集体介入,因为集体作为土地所有权人要同意宅基地的转权流转。在此流转中,实际上是宅基地使用权人先将一定年限的宅基地使用权退还给集体,集体转为经营性建设用地后,再将该地块出让给转入方。当然土地使用权流转的价格由宅基地使用权人与转入方协商,集体可按照本集体关于经营性建设用地使用权流转收益分配规则分享利益。从保护农户的角度出发,集体在审查流转协议时应当要求写明宅基地使用权在流转期限届满后原路径返回给农户,以及期限届满后房屋所有权无偿收回给农户这两个条件。若流转期限届满农户资格消灭,由集体收回土地及地上物。

还有一点需要说明,即宅基地使用权人将房屋和宅基地使用权抵押的情况。抵押期间仍由宅基地使用权人使用,涉及宅基地流转的是抵押实现环节。应在抵押合同中明确一旦抵押实现处置抵押物时宅基地的用途限制。① 如果约定宅基地处置限于居住用途,就按照宅基地利用权的规则进行抵押;如果约

---

① 参见于水、王亚星、杜焱强:《农村空心化下宅基地三权分置的功能作用、潜在风险与制度建构》,载《经济体制改革》2020 年第 2 期。

定宅基地处置不限用途,就按照转权流转规则进行抵押。当然抵押合同中约定宅基地处置的不同用途,会对抵押贷款额度等内容产生影响。

在宅基地上使用权放活中还有经营性自用的情形,比如农户利用宅基地经营农家乐。① 此时虽然涉及土地用途的转变,但农户自住和经营难以区分,不宜再设置复杂权利或转为经营性建设用地。但集体无偿分配宅基地是为了保障农民住有所居,不是经营增收,因此农户利用无偿取得土地进行经营,应当经集体同意,并由集体分得相应收益。②

以上放活宅基地上使用权的途径都不应当再限定转入方的身份,因为宅基地利用权本身应当去身份化,可流转的权利;而转权流转下集体经营性建设用地的流转也没有受让方身份上的限制。③ 给宅基地上使用权的放活设定一个合理的期限,是平衡宅基地福利保障性和财产流转性的一个重要举措。(见图 7.3)

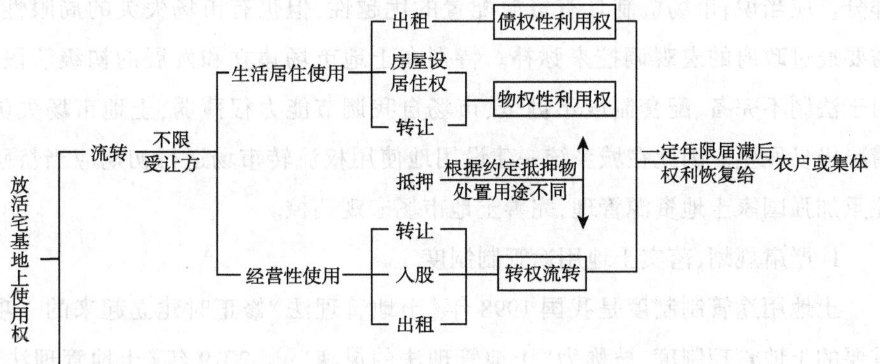

图 7.3　放活宅基地上使用权的实现路径

---

① 参见张勇:《乡村振兴战略下闲置宅基地盘活利用的现实障碍与破解路径》,载《河海大学学报(哲学社会科学版)》2020 年第 5 期。

② 参见史卫民、董鹏斌:《户有所居视角下共享宅基地使用权的法律规制》,载《湖南农业大学学报(社会科学版)》2021 年第 2 期。

③ 参见张先贵:《土地开发权与我国集体经营性建设用地入市》,载《北方法学》2017 年第 2 期。

上述放活宅基地上使用权的实现路径体现了“三权分置”政策意蕴,衔接了集体经营性建设用地入市。从居住用地市场角度来看,宅基地上“第三权”宅基地利用权的构造,实现了农村居住用地直接流转入市,成为城乡居住用地二级市场的有效供给;宅基地的转权流转,在全面放开集体经营性建设用地用于商品房开发的改革下,亦可能作为集体建设用地上建商品住宅的用地供给,经整理后进入城乡居住用地一级市场。由此,宅基地在“三权分置”改革后将成为集体建设用地,与国有建设用地“同地同权”,形成统一用地市场的关键。应尽可能探索宅基地制度改革经验,将“三权分置”政策落实进法律法规,放开“三块地”中最后一块宅基地的流转入市,解决农村宅地闲置浪费、城市房地一块难求的矛盾和现实问题,真正构建起城乡统一的建设用地市场。

(三)完善城乡建设用地市场管理与调控

国家对土地的宏观调控是城乡统一建设用地使用权流转市场的重要组成部分。应当说,市场机制具有资源配置的优越性,但仍有市场失灵的局限性,需要通过政府的宏观调控来弥补。特别在土地市场建立和发展的初级阶段,由于法制不完备、配套制度不健全、市场自我调节能力很薄弱,土地市场失灵情况极易发生。因此在城乡统一建设用地使用权流转市场运行初期应当特别注重加强国家土地资源管理,完善土地市场宏观调控。

1. 严肃规划,落实土地用途管制制度

土地用途管制制度是我国1998年《土地管理法》修正时建立起来的一项重要的土地管理制度,被称为“土地管理法的灵魂”①。2019年《土地管理法》的修正也保留并延续了这一制度,国家编制土地利用总体规划,规定土地用途,将土地分为农用地、建设用地和未利用地。严格限制农用地转为建设用地,控制建设用地总量,对耕地实行特殊保护。从城乡建设用地市场的准入和交易来看,都要严格实行土地用途管制,其中最重要的手段是用地规划,只有规划为建设用地的土地才能进入市场流转,规划为工业用途的土地只能交易用于工业厂房、仓储设施等的建设;规划为商业用途的土地只能交易用于商服

① 甘藏春:《重温〈土地管理法〉的全面修订》,载《中国土地》2011年第10期。

设施建设;规划为居住用途的土地只能交易用于住房建设。但实践中,规划水平不高,编制改动随意,常被唏嘘为“规划规划、市长画画、墙上挂挂”①,使得土地用途管制难以落实,导致肆意占用农用地开发建设或随意改变建设用地具体用途之类扰乱建设用地市场的行为频发。因此,加强城乡建设用地市场监管,首先就要规范用地规划。

第一,要理顺规划关系明确功能定位。从各部门发布的各项规定来看,名目繁多,有影响较大的国民经济和社会发展规划、国家主体功能区规划、城乡规划和土地利用总体规划,还有各种各样的产业规划、行业规划、生态环保规划等。各规划编制和组织实施权分属不同政府部门,致使有的地方规定交叉重复,有的地方成规定盲区,扯皮争论不断;且各规划的目标、编制方法、标准参数等存在差异,常出现规划不统一、不协调乃至相互冲突等问题。对此,2018年11月中共中央、国务院发布了《关于统一规划体系更好发挥国家发展规划战略导向作用的意见》,提出首先要明确各类规划功能定位,理顺国家发展规划和国家级专项规划、区域规划、空间规划的相互关系。其中专项规划和区域规划是局部性规划,从整体性规划来看,主要区分了发展规划和空间规划。明确国家发展规划即国民经济和社会发展五年规划纲要,是经济社会发展的宏伟蓝图,由国务院组织编制,经全国人民代表大会审查批准,居于规划体系最上位,是其他各级各类规划的总遵循。国家级空间规划以空间治理和空间结构优化为主要内容,是实施国土空间用途管制和生态保护修复的重要依据,要细化落实国家发展规划提出的国土空间开发保护要求,由国务院有关部门报国务院审批。地方各级亦要区分发展规划和空间规划,按照国家级规划体系建立地方规划体系,理顺各规划关系,以助于规划的编制与实施。

第二,要转变空间规划编制理念思路。土地利用总体规划和城乡规划一直以来都是最重要的空间规划,但由于分属不同部门编制实施,具体实践中城市范围内是要执行城市规划,还是要服从土地利用总体规划中对城市建设用地的安排?原建设部门和国土部门曾有争议,虽后来全国人大法律委员会给

---

① 程雪阳:《新〈土地管理法〉土地用途管制制度改革的得与失》,载《中国法律评论》2019年第5期。

出了结论意见①,但仍没有从根本上解决问题,各规划主次之争始终存在。对此,应改变空间规划"多规并存"的局面,建立起"一张图"的规划思路。为实现"多规合一",将主体功能区规划、土地利用规划、城乡规划等空间规划融合统一,我国提出建立国土空间规划体系,并已在2019年《土地管理法》修正时予以明确。经依法批准的国土空间规划是各类开发、保护、建设活动的基本依据,已经编制国土空间规划的,不再编制土地利用总体规划和城乡规划。也就是说国土空间规划将取代土地利用总体规划和城乡规划等空间规划,成为"多规合一"下的"一张图"。这是空间规划编制思路的重大变化。2019年5月中共中央、国务院发布《关于建立国土空间规划体系并监督实施的若干意见》,规定要分级分类建立国土空间规划,明确各级国土空间总体规划编制重点,在市县及以下编制详细规划。此外,《国土空间规划法》已列入立法议程,相关制度完善指日可待。

结合城乡建设用地市场,空间规划编制理念亦应有所转变。现《土地管理法》第19条规定,县级土地利用总体规划应当划分土地利用区,明确土地用途。乡(镇)土地利用总体规划应当划分土地利用区,根据土地使用条件,确定每一块土地的用途,并予以公告。这样的规划制度下,即便是国土空间规划也要编制出每一块土地的具体用途,也就是说每个地块具体要做什么用途不是由市场决定的,而是由规划师和政府预测兼利益权衡出来的。显然,这种体现计划经济时代思维的用途设定是不利于土地资源的有效利用的,因为没有任何一个规划师或政府能够精准预测,平衡千变万化的土地供求关系,设计出稳定又符合社会经济发展规律的规划方案。因此,预先设定具体地块用途的规划编制思路在城乡建设用地市场逐渐成熟的背景下,应当作出"由市场在资源配置中起决定性作用"理念下的调整。建议空间规划按照"负面清单式的空间管制"理念进行编制,为"土地和空间的开发和利用设定红线和底线",而不是

① 参见原全国人大法律委员会《关于〈中华人民共和国土地管理法(修订草案)〉初步审议情况的汇报》(1998年6月24日在第九届全国人民代表大会常务委员会第三次会议上):"从土地利用的角度看,城市总体规划应当服从土地利用总体规划对城市建设用地规模的安排,至于城市规划区内的土地利用,则应当执行城市规划。国务院和省级人民政府在批准两个规划时应当使之衔接。"

在详细规划中预设好每一个地块的具体用途。当然,这种地块用途的市场化决定并不是放任的,而是在不突破土地利用底线和用途管制红线的基础上,在符合规划清单要求的前提下,由市场供需双方共同决定地块的具体用途,并获得规划许可后开发利用。这样的空间规划理念对于非政府供地的集体经营性建设用地入市更为需要。鉴于此,《关于建立国土空间规划体系并监督实施的若干意见》中也提到,以国土空间规划为依据,对所有国土空间分区分类实施用途管制。在城镇开发边界内的建设,实行"详细规划 + 规划许可"的管制方式;在城镇开发边界外的建设,按照主导用途分区,实行"详细规划 + 规划许可"和"约束指标 + 分区准入"的管制方式。其中"约束指标 + 分区准入"的用途管制方式就体现了规划编制理念的转变,需要进一步细化落实,以更好地衔接集体经营性建设用地入市制度。

第三,要健全空间规划调整修订机制。根据《土地管理法》第 15 条的规定,发展规划是空间规划的依据。但发展规划以 5 年为一个周期,而空间规划周期在 10 ~ 15 年[①],那么发展规划变化,空间规划是否要跟着调整呢?这就涉及空间规划的调整修订机制,关系着空间规划的稳定性和严肃性。《关于统一规划体系更好发挥国家发展规划战略导向作用的意见》中指出,空间规划要细化落实发展规划提出的国土空间开发保护要求,空间规划的规划期与发展规划不一致的,应根据同期发展规划的战略安排对规划目标任务适时进行调整或修编。这就要求建立空间规划五年评估制度,根据发展规划五年实施评估结果,对空间规划进行动态调整完善,以解决空间规划周期较长,而作为依据的发展规划周期较短的矛盾。

从空间规划调整修订的程序来看,要求强化规划权威性和严肃性。《关于建立国土空间规划体系并监督实施的若干意见》提出,规划一经批复,任何部门和个人不得随意修改、违规变更,防止出现换一届党委和政府改一次规划的情况。如因发展规划修订,空间规划需相应进行调整修订的,由规划编制部门提出建议,经发展改革部门进行衔接论证后报原审批主体批准。如因国家重

---

① 如土地利用总体规划(2006 ~ 2020 年,期限为 15 年)、国家主体功能区规划(2010 ~ 2020 年,期限为 10 年)。

大战略调整、重大项目建设或行政区划调整等确需修改规划的，须先经规划审批机关同意后，方可按法定程序进行修改。可见，随着社会经济发展的变化空间规划的调整修订是不可避免的，但随意修改规划将破坏规划的权威性和严肃性，也使得规划的市场管理手段形同虚设。因此，为了使空间规划既有稳定性又能有适应性，就要求空间规划在编制上具有一定的弹性，提高科学性，预留一定的发展和变更空间。

第四，要加强建设用地规划许可管理。空间规划许可是规划实施落实的手段。2020 年自然资源部办公厅发布《关于加强国土空间规划监督管理的通知》要求坚持先规划、后建设。严格按照国土空间规划核发建设项目用地预审与选址意见书、建设用地规划许可证、建设工程规划许可证和乡村建设规划许可证。只有许可证齐全才能开展工程建设。特别提出，不得以集体讨论、会议决定等非法定方式替代规划许可、搞“特事特办”。在用地方面，政府通过用地审批核发用地规划许可证的方式落实建设用地使用是否符合空间规划。在国有建设用地出让的情形下，国家出让的土地应当是符合空间规划的，因此用地使用权人在获得建设用地使用权的同时，应当获得用地规划许可。在集体建设用地出让的情形下，入市程序中要求地方政府首先审查入市土地是否符合规划并提出意见，通过审查的才能在市场上流转集体土地，因此集体经营性建设用地使用权人获得土地的同时也应当可以取得用地规划许可证。可见，城乡建设用地入市流转程序设计已经保证了空间规划的落实。未取得用地规划许可的建设，不仅建设本身违法，而且意味着用地使用权的取得也是违法的。因此，应当简化审批程序，将用地使用权取得和用地规划许可合二为一，落实“放管服”，优化营商环境。

2. 合理计划，统筹城乡建设用地供给

土地利用计划是与空间规划同等重要的一项土地管理措施。《土地管理法》规定，各级人民政府应当加强土地利用计划管理，实行建设用地总量控制，并明确，土地利用年度计划应当对集体经营性建设用地作出合理安排，编制审批程序与土地利用总体规划相同，一经审批下达，必须严格执行。2016 年原国土资源部审议修订了《土地利用年度计划管理办法》，但于 2020 年 3 月被自然资源部废止。随后2020年6月自然资源部发布了《关于2020年土地利用计划管理的通知》，改革土地利用计划管理方式。

土地利用年度计划根据国民经济和社会发展计划、国家产业政策、土地利用总体规划以及建设用地和土地利用的实际状况编制。而实践中，常出现用地与项目不匹配的问题，“指标给多了，没有项目用不了地，造成土地闲置；给少了，有项目却上不了马，造成普遍性的违法用地。另外，计划供地还常因地征不下来，或规划变更，或冗长的审批程序，造成大量批而未供、供而未用的闲置地”①。还会存在城乡用地指标分配不合理的问题。土地利用年度计划下的建设用地指标是自上而下逐级分解配置的，地方政府每年从上级政府获得的指标是有限的，大多只愿将指标用于城市主城区，一来可以获得更多土地财政，二来可以促进城市繁荣发展。而农村地区可获得的用地指标少得可怜，导致指标计划外的违法用地频频出现，特别在允许集体经营性建设用地入市的背景下用地指标的获得显得尤为重要，直接关系着入市的可能性与合法性。

鉴于此，自然资源部在改革2020年土地利用计划管理方式中提出，以真实有效的项目落地作为配置计划的依据。要坚持土地要素跟着项目走，在控制总量的前提下，计划指标跟着项目走，切实保障有效投资用地需求。要坚持节约集约用地，既算“增量”账，更算“存量”账，统筹安排新增和存量建设用地，推动全面高质量发展。要坚持分类保障，对纳入重点保障的项目用地，在用地批准时配置计划指标。对未纳入重点保障的项目用地，以当年处置存量土地规模作为核定计划指标的依据，加大存量盘活力度。这样的计划管理能够有效解决用地与项目不匹配的矛盾。但要各地落实项目为依据的用地指标配置，尚需要各地政府在项目引进计划与管理、谈判统筹能力等方面具有较高水平，以保障用地计划的科学性。与此同时，建议将土地利用计划的时间拉长，改年度计划为五年计划，与发展规划同一周期，在稳定的空间规划周期内计划用地指标更具有统筹性。当然，这里的五年计划也是要分解到每年的用地指标，只不过以五年为周期可以在年度内协调统筹。五年供地计划的公布，亦能有效

---

① 郑振源：《〈土地管理法〉需要大改　不是小改》，载财新网：http://opinion.caixin.com/2017-07-03/101109321.html，最后访问日期：2020年12月10日。

稳定市场预期,减少价格波动。

在城乡建设用地市场供给方面,土地利用年度计划体现了国家主导的集体经营性建设用地入市模式,该模式更有效益的前提是用地指标的合理分配。在用地指标跟着项目走的计划管理方式下,除公共利益项目外,应当将有意流转的集体经营性建设用地作为存量用地一并作为可供应的土地予以考量。在城乡用地指标分配中,亦应当充分考虑集体经营性建设用地入市的要求,在计划中作出合理安排。地方政府不得以用地指标卡集体经营性建设用地入市,不得有存量集体建设用地不用而非要走土地征收"增量"用地。

3. 明细规则,健全用地市场调节机制

以上空间规划和用地计划的措施都是对建设用地市场准入的管理,对交易行为的管理和对用地市场的调控亦尤为重要,主要体现在以下三个方面。

第一,要坚持统一管理。集体建设用地使用权流转入市打破了国家垄断土地市场局面,建设用地供给将呈现国家、农民集体和二级市场上的个人用地者的多元化和复杂化,对此国家应当坚持统一管理原则。首先,统一管理部门。对用地使用权流转准入、交易、使用的全流程管理应当统一到自然资源管理部门,以避免政府各部门之间重复管理或互相扯皮。这里需要指出的是,2019年《土地管理法》规定国务院农业农村主管部门负责全国农村宅基地改革和管理有关工作。而宅基地是建设用地的一种,农民在宅基地上进行住宅建设会涉及是否符合空间规划和用途管制要求等问题,这些审批的主管部门又是自然资源管理部门。因此,宅基地的审批管理比较特殊,需要划清农业农村部门和自然资源部门对宅基地管理的权责界限,建立部门间协调机制。为此,2020年农业农村部和自然资源部联合发布了《关于规范农村宅基地审批管理的通知》,明确了农业农村部门和自然资源部门各自对宅基地的审批权限。简单而言,农业农村部门负责审查申请宅基地的条件、标准和程序是否符合要求;自然资源部门负责审查用地建房是否符合空间规划、用途管制要求,办理规划许可。事实上,宅基地在使用和管理特点上与建设用地更为接近,自然资源部门作为建设用地的主管部门,具有更为丰富的建设用地方面的管理经验。从统筹城乡建设用地市场角度出发,自然资源部门对宅基地进行管理也更为适宜。因此,建议在宅基地"三权分置"改革经验推行并成熟之后,宅基地作为城乡建设用地市场的有效供给,其主管部门应与其他建设用地主管部门一并统一为自然资源部门。其次,统一管理规则。对各用地供给者在用地市场上的行为适用统一的管理规则,不能厚此薄彼,区别亲疏远近,特别在对待新入市的农民集体上,不能实行与国家不同的管理规则和尺度,要一视同仁。

第二,要细化交易规则。国有建设用地使用权流转交易规则较为完善,有《城镇国有土地使用权出让和转让暂行条例》《招标拍卖挂牌出让国有建设用地使用权规定》《协议出让国有土地使用权规定》等法规,以及原国土资源部、原国家工商管理总局联合发布的《国有建设用地使用权出让合同》示范文本。而集体经营性建设用地交易规则尚有待细化。《土地管理法》提出,集体经营性建设用地的出租,集体建设用地使用权的出让及其最高年限、转让、互换、出资、赠与、抵押等,参照同类用途的国有建设用地执行。同时也明确具体办法由国务院制定。尽管《土地管理法实施条例》进一步规定了集体经营性建设用地入市条件和程序,但具体交易规则并未细化,仅重申了《土地管理法》参照国有建设用地执行的规定,增加了"法律、行政法规另有规定的除外"条款。鉴于集体经营性建设用地入市主体与国有建设用地有区别,政府在入市中的角色和定位有重大差别,国有建设用地交易规则不宜直接适用于集体建设用地,因此,有必要出台针对集体经营性建设用地的"协议出让规定"、"招标拍卖挂牌出让规定"或制定《集体经营性建设用地流转办法》,以细化集体经营性建设用地交易规则。2020 年上海市发布了新版《上海市土地交易市场管理办法》,将集体经营性建设用地入市规则纳入其中,为建立城乡统一建设用地交易市场提供了法律依据。在各地方成熟经验基础上,建议建立全国性土地交易所,并出台市场管理办法,明确交易规则和管理手段,规范城乡建设用地使用权流转市场。

第三,要健全调控机制。政府对建设用地市场的管理仍应坚持"由市场在资源配置中起决定性作用",因此,应健全市场调节机制,通过适当干预避免市场失灵。土地市场失灵多表现为土地价格的不合理波动和供给失调,而对土地市场的干预只能由政府通过对国有建设用地价格和供给的调节予以实施。在市场机制作用下,土地价格与土地供应量是相互影响的。当土地价格上升时,土地供给就会增加,土地供给增加又会使土地价格平稳下滑。这是市场经济发展的一般规律。但是从我国目前情况来看,由于人地关系紧张,土地供给弹性较小,因此土地供给的变化对土地市场价格影响不大。但是反过来,土地市场价格的变化作为市场信号对土地供给会产生一定影响。如在建设用地市场上,当用地市场价格下降,作为供给者特别是农民集体可能会因为少于流转收益预期而选择押后供给,从而减少当下用地供给量。因此,政府可以通过国有建设用地出让价格调控来影响整个用地市场价格,从而调节总体土地供给。这里要想适当降低土地价格,政府可以在出让国有建设用地时以较低价位水平推向市场,或实行限价销售等手段。应当指出,对建设用地市场价格的行政干预应当限制在价格的上涨或供给的失调已经严重影响经济发展全局的情况下,不宜随意干预调节。

第二节　构建城乡统一建设用地市场的配套措施

一、保护农业用地,健全农地发展权制度

我国土地用途管制制度是通过农用地转用审批和征地审批实现的。集体经营性建设用地允许入市后,大部分农用地转为建设用地无须征收,建设用地将主要通过转用审批进行控制。农村集体土地所有者基于农用地和建设用地比较利益的存在,会设法将一部分农地变为建设用地,而国家对这种转变的控制是采取传统的农用地转用审批来实施。如果审批权把关不力,会对耕地保护产生一定的不利影响。因此,建立健全农地发展权对控制农地向非农建设用地的转化具有积极意义。

农地发展权是西方国家为保护自然资源、保护农地、保护生态环境和公共利益而设定的一种权利。在我国,可把农地发展权设定为一种可以将农地转

化为建设用地进行开发利用的权利。[①] 当今世界上对农地发展权主要有两种不同的处理方式：一种是认为农地发展权同地上权、抵押权等一样，应自动归属于原土地所有人；另一种是农地发展权一开始就属于国家，如果土地所有者或土地使用者要改变土地用途，必须先向国家购买农地发展权。[②] 我国法律体系中并无"农地发展权"的概念和规定，但在"建设用地使用权""宅基地使用权"制度中暗含了农地发展权的功能。[③] 实践中，建设用地增减挂钩政策的出台实际上也规定了农地发展权的配置和转移。城乡建设用地使用权流转的重要前提就是对农业用地的保护，对粮食安全的保障，对此，笔者有两方面建议。

第一，防止农地减少，完善增减挂钩机制。2008 年原国土资源部开始了城乡建设用地增减挂钩试点工作，在县域范围内通过将农村建设用地整理复垦为耕地以获得等面积用于城镇建设的地块，实现各类土地面积的平衡。后来国家增减挂钩政策纵向拓展为结余指标可在省域内或跨省流转，但限于脱贫攻坚要求下的深度贫困地区。[④] 增减挂钩为城镇开发建设在计划用地指标之外提供了新的来源，与此同时，因为需要复垦建设用地为耕地以获得指标，又增加了农业用地的面积。因此，增减挂钩政策为解决建设用地需求与农用地保护之间的矛盾提供了思路和方案。重庆地票制度、长三角地区的试点经验取得了良好的实践效果，但增减挂钩机制仍存在一些问题亟须完善。一要严格把好复垦质量关。实践中复垦为耕地的农村建设用地大多为宅基地，而宅基地本身多因为不宜耕种才被划作农户住房保障用地。现复垦宅基地，尽管

---

① 参见梁振杰、葛燕平：《对完善我国当前耕地资源保护法律制度的探讨》，载《中国国土资源经济》2004 年第 5 期。

② 参见范辉、董捷：《试论设定农地发展权对土地征用的积极意义》，载《新疆农垦经济》2004 年第 4 期。

③ 参见程雪阳：《土地发展权与土地增值收益的分配》，载《法学研究》2014 年第 5 期。

④ 2016 年中共中央办公厅、国务院办公厅印发的《关于支持深度贫困地区脱贫攻坚的实施意见》提出，深度贫困地区开展增减挂钩不受指标规模限制，"三州三区"及深度贫困县增减挂钩节余指标可跨省域流动；2017 年原国土资源部颁布《关于进一步运用增减挂钩政策支持脱贫攻坚的通知》，明确了省级扶贫开发工作重点县的增减挂钩节余指标可在省域范围内流转使用。2018 年国务院办公厅印发的《城乡建设用地增减挂钩节余指标跨省域调剂管理办法》进一步规范了深度贫困地区增减挂钩节余指标跨省域调剂，允许主要帮扶省份及其他有条件的省份结合实际情况将跨省域调入、调出节余指标任务明确到市、县。

有验收制度保障,但复垦质量依然堪忧。农用地数量是一方面,而土地质量或产出率更为重要。因此,复垦要达到一定质量要求才能验收合格发放指标,这是增减挂钩政策落实农地保护的关键。二要逐步扩大指标交易范围。现阶段政策以县域范围内的指标交易为主,但为了更加合理利用土地,因地制宜,应当扩大指标交易范围。重庆地票制度也践行了省域内交易的可行性。亦有学者提出实现全国范围内节余指标自由交易是最终目标。① 三要放宽节余指标交易主体。目前,增减挂钩政策主要体现在城乡建设用地之间,减的是农村建设用地,增的是城镇建设用地,地方政府为获得城镇建设用地指标,主导农村土地复垦获得节余指标,从而成为指标供应主体参与市场交易。但随之集体经营性建设用地入市,农民集体也成为建设用地市场供给者,集体亦有动力获得节余指标参与交易获得收益。因此,应允许集体主导通过宅基地等的复垦形成新增经营性建设用地指标,直接供地入市交易。增减挂钩机制仍在探索之中,相关制度尚需进一步探讨和完善,以期为农地保护和城乡统一土地市场构建提供支持。

第二,保护永基农田,创设开发指标补偿。为保护耕地,《土地管理法》确立了永久基本农田制度。编制土地利用总体规划要求严格保护永久基本农田,严格控制非农业建设占用农用地。永久基本农田经依法划定后,任何单位和个人不得擅自占用或者改变其用途。永久基本农田转为建设用地或被征收的,须由国务院批准。这些规定极大限制了永久基本农田向建设用地的转化,目的是保障国家的耕地红线和粮食安全,但也意味着国家为了公共利益需要剥夺了这些土地的开发权以及土地权利人的发展机会,应当考虑对永基农田权利人进行补偿。与此同时,在集体经营性建设用地入市的利益驱动下,要想保证永久基本农田不被乱占,强制性的法律规定能够起到一定作用,但一味忽略两相境遇下巨大的利益落差,亦不利于永基农田的保护,因此也应当通过对永基农田的补偿以减少违法占用农地开发建设的经济动力。这一补偿实际上是对永基农田权利人土地发展权的补偿。就补偿的形式而言,如与增减挂钩

① 参见钟晓萍、于晓华:《长三角区域一体化背景下城乡建设用地增减挂钩政策的创新与完善》,载《南通大学学报(社会科学版)》2021 年第 1 期。

政策相联系,无须直接货币补偿,可采取指标禀赋的方式。也就是说,被划定为永久基本农田的土地权利人无须复垦,可直接取得一定的建设用地开发指标,并通过指标交易获得收益作为补偿,而开发商可凭购买的永基农田指标获得建设用地竞买的资格,并折抵部分土地出让金。这里开发商获得的指标不宜直接落地为土地利用计划外的用地指标,因为永基农田指标不是通过复垦得来的,并没有增加农业用地面积,如直接增加建设用地指标就会破坏占补平衡。对永基农田补偿方式的构想尚需进一步论证,但以经济手段抑制农地非农化的思路值得肯定并应建立制度实施落实。

二、保障交易安全,完善土地登记制度

对农村土地登记制度进行完善是保障城乡统一建设用地使用权流转市场有序运行、保障交易安全的一项重要举措。建设用地使用权是一种用益物权,物权因其法定主义规则,具有绝对性属性,以及排他性、优先性效力,对第三人的利益影响很大,所以规定因物权公示原则而产生物权公信力,物权公示在不动产以登记为方式。目前我国国有建设用地的登记已较为完善,但在集体所有制土地方面,土地登记制度极不规范。为规范建设用地使用权流转,应加强土地登记工作,因此有必要建立完善集体土地物权登记制度,依法确定集体土地的权属范围,明晰土地产权主体,保障交易的安全性。

土地登记制度是为了确定土地权利的归属、变更以及土地的权利状态而对土地上各种权利确立、变更、转移所作出的记录。土地登记制度既是财产转让制度在登记程序中的体现,又是国家对土地进行管理的体现。它不仅有助于明确土地所有权、使用权的权利和义务,规范使用权流转,还能为土地市场参与者提供文字依据和保障,为地方政府机构提供税收和其他方面的信息,是政府规范土地市场的重要手段,是实现土地交易安全的重要保证。在城镇和村庄,土地产权多元化,权属复杂,集体建设用地使用权流转中涉及各类企事业单位、经济组织以及个人等众多利益主体,必然要求建立完善的土地产权登记制度。

根据《土地管理法实施条例》,用地使用者应当对集体经营性建设用地使用权及其地上建筑物等的所有权,依法申请办理不动产登记。基于此,尽管集体经营性建设用地使用权的用益物权属性及登记效力仍有争议,但并不影响集体经营性建设用地使用权的登记能力。至于集体经营性建设用地所有权登记,是用地使用权流转的前置条件,亦应当依法办理登记。[①] 关于宅基地使用权,作为一项用益物权尽管在流转上受限,但应当进行所有权和使用权登记。《民法典》规定,已经登记的宅基地使用权转让或者消灭的,应当及时办理变更登记或者注销登记。

《土地管理法》规定,土地的所有权和使用权的登记,依照有关不动产登记的法律、行政法规执行。《不动产登记暂行条例》于2014年颁布、2019年3月修订,其中明确了依条例规定办理登记的权利包括集体土地所有权、建设用地使用权和宅基地使用权。《不动产登记暂行条例实施细则》细化了不动产登记规则。明确不动产首次登记是指不动产权利第一次登记,而不是地块的第一次登记;提出市、县人民政府可以根据情况对本行政区域内未登记的不动产,组织开展集体土地所有权、宅基地使用权、集体建设用地使用权、土地承包经营权的首次登记;并对集体土地所有权、宅基地使用权、国有和集体建设用地使用权、抵押权等的登记规则进行了规定。结合《土地管理法》及其实施条例的修改,登记规则应进一步完善,建议明确集体经营性建设用地使用权在登记中的体现方式;按照集体经营性建设用地使用权入市要求规范首次登记材料和程序;预留宅基地"三权分置"登记规则适应空间等。

"不动产登记法"已列入第十三届全国人大常委会立法规划,且是条件比较成熟、任期内拟提请审议的法律草案。鉴于登记制度对于产权等重大基本物权的确立具有越来越重要的意义,建议适时出台《不动产登记法》,提高规范层级。《不动产登记法》应在现行《不动产登记暂行条例》及其实施细则的基础上予以进一步完善,建立一整套土地产权登记规则,保障城乡建设用地市场的健康和平稳运行。

---

① 《土地管理法》第63条第1款规定,规划确定为经营性用途,并经依法登记的集体经营性建设用地,土地所有权人可以流转。这里流转前须依法登记的是集体经营性建设用地所有权还是使用权?规定并不清楚。而《土地管理法实施条例》第38条明确了,规划确定为经营性用途,且已依法办理土地所有权登记的集体经营性建设用地,土地所有权人可以流转。

三、明确政府角色,转变政府评价绩效

在城乡统一建设用地使用权流转市场中,政府具有双重角色,它既是国有建设用地使用权的出让方,又是流转市场的管理和调控者。政府应当分清不同事务中所充当的角色,特别在集体经营性建设用地使用权流转中,政府只是市场管理者和服务者,不能越俎代庖,介入到如确定使用者、签订流转合同等用地交易的具体事宜中。根据政府的职能和行政审批制度改革的要求,对于集体经营性建设用地入市,应明确政府只对入市方案是否符合规划条件及产业准入和生态环境保护要求等进行实质审查,不符合的提出修改意见,对其他内容进行形式审查。通过审查的土地所有权人自主进行用地使用权流转,确定用地使用者,签订合同办理土地登记。应进一步明确上述政府对入市方案的审查不是项目审批,仅是一种把关,避免出现用地入市流转后因不合规划条件和要求无法获得规划许可的情况。

此外,在明确政府角色的基础上,还应当转变政府的绩效评价体系。政府不是单纯追求利润最大化的经济人,它不仅是国有建设用地使用权流转的参与者,还是整个土地市场的调控者,承担着监管市场、维护市场、服务市场、保障市场等责任;同时它还是整个社会和谐发展的主导者,承载着城乡统筹、乡村振兴、社会公平、民计民生、生态保护等可持续发展的重任。因此,对政府及政府官员的评价不应当仅以财政收入、经济发展指标等作为标准,应当综合各方面进行全面考察。只有转变政府的绩效评价体系,才能使政府角色真正转变,避免对农民利益的掠夺,维护好城乡统一的建设用地使用权流转市场。

四、健全中介服务,促进流转市场发展

中介服务是指介于政府、企业和个人之间,为市场交易活动提供沟通、协调、咨询、经纪和评估等各项业务的行为。随着我国市场经济的发展,伴随着房地产市场的兴起,房地产交易的不断增加,我国房地产中介服务也逐渐发展起来,极大地活跃了房地产市场。但是,目前我国房地产中介生存和服务的空间还主要针对的是城市房地产的各项服务行为,随着农村集体建设用地的流转入市,农村房地产中介服务的推广势在必行。

在城乡建设用地市场上,中介服务机构应当主要包括咨询机构、价格评估

机构以及经纪机构。咨询机构是指为用地交易当事人提供法律法规、政策、信息、技术等方面咨询活动的机构。咨询机构的专业化可以为农民集体或农民等新加入建设用地使用权流转市场的主体提供房地产方面的知识和情报，提供项目策划和可行性研究等服务，有助于非专业人士在土地交易中的权益保护。价格评估机构是指对土地进行测算，评定其经济价值和价格的经营活动机构。价格评价机构一方面可以接受政府委托，测算基准地价、标定地价、各类服务的价格，作为政府或农民集体出让建设用地使用权的价格参考；另一方面可以接受用地交易当事人的委托，为进入建设用地使用权流转市场的用地进行价格评估，以促进公平交易，保护双方当事人的合法权益，同时保障国家的税收，维护市场价格秩序。因此，价格评价机构在建设用地使用权流转市场的发展中将处于十分重要的地位。经纪机构是指为委托人提供房地产信息和居间代理业务的经营活动机构。经纪机构在完善市场媒介、提高成交率和加速建设用地使用权流通等方面具有重要作用。

由此，加快专业中介机构的建立与发展，特别是健全针对农村集体建设用地市场的中介服务，是城乡统一建设用地使用权流转市场平稳运行和健康发展的前提和重要保证。